本书为作者主持的国家社科青年项目《污染环境罪的刑罚配置及其优化研究》（项目编号：16CFX028）的研究成果之一

FADINGFAN SHIYEXIA DE WURAN HUANJINGZUI YANJIU

法定犯视野下的污染环境罪研究

何群 著

知识产权出版社
全国百佳图书出版单位
—北京—

图书在版编目（CIP）数据

法定犯视野下的污染环境罪研究／何群著．—北京：知识产权出版社，2021.9
ISBN 978－7－5130－7710－1

Ⅰ.①法… Ⅱ.①何… Ⅲ.①破坏环境资源保护罪—研究—中国 Ⅳ.①D924.364

中国版本图书馆 CIP 数据核字（2021）第 186977 号

责任编辑：彭小华　　**责任校对：**王　岩
封面设计：刘　伟　　**责任印制：**孙婷婷

法定犯视野下的污染环境罪研究
何　群　著

出版发行：	知识产权出版社有限责任公司	**网　　址：**	http：//www.ipph.cn
社　　址：	北京市海淀区气象路 50 号院	**邮　　编：**	100081
责编电话：	010－82000860 转 8115	**责编邮箱：**	huapxh@sina.com
发行电话：	010－82000860 转 8101/8102	**发行传真：**	010－82000893/82005070/82000270
印　　刷：	北京建宏印刷有限公司	**经　　销：**	各大网上书店、新华书店及相关专业书店
开　　本：	720mm×1000mm　1/16	**印　　张：**	15
版　　次：	2021 年 9 月第 1 版	**印　　次：**	2021 年 9 月第 1 次印刷
字　　数：	302 千字	**定　　价：**	78.00 元

ISBN 978－7－5130－7710－1

目 录 Contents

第一章

作为法定犯的污染环境罪

污染环境罪属于典型的法定犯，其所当然具有法定犯的地域性、变化性、时代性等特点。我国刑法对环境资源的保护集中在第六章妨害社会管理秩序罪的第六节——破坏环境资源保护罪，污染环境罪也被规定在我国刑法第六章第六节里。能有目前的立法状态，与几十年来学者们的集体努力息息相关。从环境法学者们力推《中华人民共和国环境保护法》（以下简称《环境保护法》）为独立的部门法，到1997年《中华人民共和国刑法》（以下简称《刑法》）专节规定破坏环境资源保护罪，宏观上体现了立法对环境资源保护的现代性和前瞻性。从污染环境罪立法和司法状况可以看出，该罪一直处在变化和发展中。整体的发展方向是，随着污染环境罪之罪名属性的悄然变化，其惩处力度增大、惩处范围变广、配置的法定刑也逐渐提升。

而从污染环境罪的修法过程来看，不管是2011年通过的《中华民人共和国刑法修正案（八）》（以下简称《刑法修正案（八）》），还是2020年通过的《中华人民共和国刑法修正案（十一）》（以下简称《刑法修正案（十一）》），在确定修法之前都有相关司法解释的影子。立法吸收了司法实践中诸多有益经验，当然，也根据具体情况，适时调整了不合时宜的规定。同时，在确定相关司法解释之前，相关政策指导下的刑事政策，起了关键作用。如中共中央、国务院发布的《生态文明体制改革总体方案》提出："严格实行生态环境损害赔偿制度。强化生产者环境保护法律责任，大幅度提高违法成本。""对造成生态环境损害的，以损害程度等因素依法确定赔偿额度；对造成严重后果的，依法追究刑事责任"。根据这一要求，《最高人民法院、最高人民检察院关于办理环境污染刑事案件适用法律若干问题的解释（2016）》（以下简称《2016年司法解释》）明确将"造成生态环境严重损害"规定为"严重污染环境"的情形之一。在此基础上，《2016年司法解释》第3条，还对污染环境罪的结果加重情节"后果特别严重"的认定标准作了相应完善。增加规定，非法排放、倾倒、处置危险废物一百吨以上，或者造成生态环境特别严重损害的，应当认定为"后果特别严重"，处三年以上七年以下有期徒刑，并处罚金。

第一节　从环境法律体系到生态文明法治体系

1979年，在组织修订和创建我国真正意义上的各部门法时，环境法学者们作出了很大的努力，试图将《环境保护法》推上独立的部门法的位置。但是，因为种种主客观原因，最终《环境保护法》成为一部试运行法律。环境法到底应该成为一部法典，还是瘦身为一部单行法，争议很大，且到目前还争论不休。具体看，现在有关环境保护的相关法律法规，相互之间重复率很高，除去重复的部分，每个具体的法规法条所剩无几，很多都是原则性的宣誓。还好，经过多年的努力，《环境保护法》虽然没能争取到普通部门法的立法地位，但已经被普遍认可为环境保护领域里的骨干地位。目前，各部法律（规）的修订都在不断突破。如《中华人民共和国大气防治法》（以下简称《大气防治法》）、《中华人民共和国水污染防治法》（以下简称《水污染防治法》）等，每一部之后修订的法律（规）在原则和内容上都对之前的法律（规）有一些突破，在位阶和关系上，又很难简单地将各法律概括为一般法与特别法的关系，抑或是后法与先法的关系。环境法的法典化，到底是法典的编纂，还是既编纂又创设法律？对于以上问题，需要认真研究。在环境资源法对环境资源保护在立法方面呈现不统一，甚至用语和精神都可能出现矛盾冲突的情况之下，刑法作为各部门法的最后保障法，在环境资源保护方面被赋予了相当的历史使命。

有学者指出，“刑事立法规制的正当根基和规范边界在于对刑法法益保护的形式正义、实质正义和分配正义规则的坚守，而刑事司法规制的教义学适用指引则在于对前置法定性与刑事法定量相统一原则的秉持。”① 田宏杰教授认为，刑法法益来源经验事实，接受宪法价值的评判，并最终通过规范的承认而确立②。因此，在社会生活发生变化的状况下，刑法法益的内涵当然会发生相应的变化。学界所争论的法益侵害说与规范违反说，在罪刑法定原则的框架下，事实上存在着某种交叉和重叠。只是，法益侵害说会认为，法益的实质性内涵，对现有的法规范具有检验的作用，规范本身并不能自证其合法性和有效性。而规范违反说则认为，在法教义学的立场下，法规范的存在便具有了天然的正当性，规范的确立

① 田宏杰：“刑法法益：现代刑法的正当根基和规制边界”，载《法商研究》2020年第6期，第75页。

② 田宏杰：“刑法法益：现代刑法的正当根基和规制边界”，载《法商研究》2020年第6期，第78—79页。

便是法益存在的载体，规范是更可靠的概念，公民对法规范的忠诚和遵守，从秩序的角度看，也是一种抽象法益的保护。继而，在法定犯时代，法益的内涵被规范完全覆盖，特别是对风险社会下，从国家和集体立场出发提前预防风险而设立的规范，无须被分割为具体个体的法益而证明法规范的合理性，只需在立法时经过足够的商讨，只要法规范成立，对法规范的遵守便是公民必须履行的义务。以此，确保在风险社会中，民众在民族国家的护佑下，继续平安幸福地生活。而生态法益的提出和在刑法中的具体体现，也是国家出于整体利益的考量而进行的法律保护。

因此，"随着人类对环境资源价值认识的不断深入，环境资源的生态功能越来越受到重视，生态利益作为一个重要的利益进入了立法者的视野，环境刑事立法也开始发生了显著变化：一是将环境犯罪作为一类独立的犯罪予以规范；二是将生态利益作为独立的法益加以保护。这样，环境刑事立法就从保护生命、健康和财产安全转向生态安全，生态利益成为环境刑法保护的法益，即生态法益。"① 当然，从立法的层面，我国的立法的确展现了这样一种客观发展的情况，即生态法益的地位越来越高。深究其背后原因，应该跟我国的社会道路以及国家战略相关联。

因此，应当从我国的具体实际、具体国情出发，突破西方的个人自由主义以及实用主义的思想指引，在我国现有的制度和理论基础上，锚定生态法益的国家战略地位和法律定位。如有学者指出，"到现在为止，我们实际在走着既不同于西方也不同于传统的'第三条道路'，但却还没有产生于自己脚下这块热土的中国人自己的经济学理论。理论界实在是非常苍白的，还没有从我们自己的发展过程中脚踏实地调研，一个一个地去界定社会经济范畴，去发现它们之间的本质关联，去挖掘出质的规定性，去总结提炼出我们的基本理论和概念……要么照搬苏联的理论，要么照搬美国的理论，照搬理论是没出息的"。② 在寻找中国道路的征途上，中国经历了漫长的探索和实践。当然，人类自由文明以来，对法律和规范的倚赖，是共同的。因此，在现代文明社会，几乎各国都认同，"法律是治国之重器，法治是国家治理体系和治理能力的重要依托"。③

"在我国，随着大规模、高强度的工业化和城市化发展，环境问题日趋严重。特别是2010年以来，以'雾霾'为代表的环境危机全面爆发，国家和社会对环境法治、环境法学的需求迅速增强。然而，我国环境法学研究较为薄弱，即

---

① 郭会玲："生态法益视角下破坏森林资源犯罪立法之完善"，载《林业经济》2012年第8期，第112页。

② 温铁军：《解构现代化：温铁军演讲录》，东方出版社2020年版，第93页。

③ 习近平："关于《中共中央关于全面推进依法治国若干重大问题的决定》的说明"，载《〈中共中央关于全面推进依法治国若干重大问题的决定〉辅导读本》，人民出版社2014年版，第42页。

便是在环境法学与传统法学的关系以及环境法学之学科地位等基本理论问题上，也存在诸多疑问或争议。应对环境危机、建设生态文明和美丽中国，离不开环境法治的保障，离不开环境法学理论的支撑；建立和完善我国社会主义法律体系，也需要环境法学作出应有的贡献。这关涉今世后代人们的健康、安全和生存基础，也关涉中国乃至整个地球生态系统的平衡与存续。”① 由此，要解决环境污染问题，需要集各种研究方法之所长，汇集各部门法的优势力量，共同解决环境污染问题。在提升国家治理能力和治理体系现代化的过程中，法治化道路是多数国家所认同的道路。具体到生态文明建设，根据我国的具体实践，从环境法律体系到生态文明法治体系，也是国家治理能力与治理体系现代化进程中的一种必然趋势。

一、习近平生态文明思想：人与自然协同发展

习近平生态文明思想是习近平新时代中国特色社会主义思想的重要组成部分，是马克思主义关于人与自然关系思想在中国的最新发展，是我们党对人类社会发展规律和中国特色社会主义事业发展规律认识所取得的重大理论成果。坚持生态兴则文明兴、坚持人与自然和谐共生、坚持山水林田湖草是生命共同体、坚持良好的生态环境是最普惠的民生福祉、坚持绿水青山就是金山银山、坚持用最严格的制度保护生态环境、坚持建设美丽中国全民行动、坚持共谋全球生态文明建设，并将其总结归纳为文明观、自然观、价值观、发展观、治理观和共赢观是习近平生态文明思想的丰富内涵。

中共十八大以来，党中央在治国理政实践中提出了一系列关于生态文明制度建设的新理念新思想新战略，逐步形成了生态文明思想。中共十八大报告中，党中央第一次把生态文明纳人我国总体布局当中。中共十九大报告中，习近平同志再一次强调：“要牢固树立社会主义生态文明观，推动形成人与自然和谐发展现代化建设新格局，为保护生态环境作出我们这代人的努力。”并在社会主义现代化奋斗目标中增加了“美丽”的要求，在我国现代化建设蓝图当中指明了生态文明的位置。中共十八届四中全会《关于全面推进依法治国若干重大问题的决定》提出“全面推进依法治国，总目标是建设中国特色社会主义法治体系，建设社会主义法治国家”，标志着法治体系逐步取代法律体系成为我国法治建设的工作重心。在法治中国与美丽中国的双重语境下，对于环境法而言“法律体系只是法治体系的逻辑起点”。② 生态文明是在对人类历史经验的辩证综合基础上

---

① 王明远：“环境法学：拥抱生态文明的新兴交叉学科”，载《清华法学》2018年第5期，第5页。

② 徐燕、朱燕红：“法律体系是法治体系的逻辑起点——全国人大常委会委员徐显明谈中国特色社会主义法律体系”，载《中国人大》2011年第10期，第17页。

探索出来的协调人与自然的关系，正确处理整个自然生态环境和社会生态环境关系的积极成果，体现了人—自然—社会的良性运行与和谐发展。建设生态文明社会作为一个政治目标，是中共为中国的未来描绘的美丽蓝图。

中共十八大以来，以习近平同志为核心的党中央创造性提出总体国家安全观，将生态安全作为其中之一，体现出维护生态安全的重要性和紧迫性。习近平总书记指出，生态环境问题既是经济问题，也是重大社会和政治问题。要建立健全以生态系统良性循环和环境风险有效防控为重点的生态安全体系，实施主体功能区战略，划定并严守生态保护红线，实施重大生态修复工程，构建科学合理的生态安全格局，筑牢国家生态安全屏障。我国资源约束趋紧、环境污染严重、生态系统退化的问题十分严峻。习近平总书记关于生态安全的重要论述，提出了一系列根本性有力举措，对维护国家和区域生态安全具有重要意义。生态法益是实现生态文明、维护生态安全的法律载体，生态法益的保护具有鲜明的现代价值和时代特征。

发展生态文明，应当贯彻落实新发展理念，协同推进经济高质量发展与生态环境高水平保护。习近平总书记强调，绿水青山就是金山银山。这深刻揭示了生态环境保护与经济社会发展之间辩证统一的关系，阐明了保护生态环境就是保护生产力、改善生态环境就是发展生产力的道理，丰富和拓展了马克思主义生产力基本原理的内涵，已成为新发展理念的重要组成部分。必须牢固树立和践行绿水青山就是金山银山的理念，坚持走生态优先、绿色发展之路不动摇，推动形成人与自然和谐发展的现代化建设新格局。

发展生态文明，完善生态文明制度体系，提升生态环境治理效能。习近平总书记指出："保护生态环境必须依靠制度、依靠法治""让制度成为刚性的约束和不可触碰的高压线"。生态文明制度体系建设，是坚持和完善中国特色社会主义制度、推进国家治理体系和治理能力现代化的重要组成部分。必须加快构建源头预防、过程控制、损害赔偿、责任追究的生态环境保护体系以及党委领导、政府主导、企业主体、社会组织和公众共同参与的现代环境治理体系，把建设美丽中国转化为全民自觉行动。

共谋全球生态文明建设，深度参与全球生态环境治理。习近平总书记指出："建设美丽家园是人类的共同梦想。面对生态环境挑战，人类是一荣俱荣、一损俱损的命运共同体，没有哪个国家能独善其身""加快构筑尊崇自然、绿色发展的生态体系"。当今世界正面临百年未有之大变局，新冠肺炎疫情正在全球蔓延，保护主义、单边主义抬头，逆全球化思潮进一步加剧，对全球生态环境保护造成不利影响。必须秉持人类命运共同体理念，坚决维护多边主义，建设性参与全球环境治理，为实现全球可持续发展贡献中国智慧和中国方案。

习近平总书记指出："我们既要绿水青山，也要金山银山。宁要绿水青山，不要金山银山，而且绿水青山就是金山银山"。"第一个阶段是用绿水青山去换金山银山”，对环境资源的承载力不考虑或者鲜有考虑；“第二个阶段是既要金山银山，但是也要保住绿水青山”，基于经济发展与资源、环境和生态问题之间的矛盾显现，人们意识到“要留得青山在，才能有柴烧”；“第三个阶段是认识到绿水青山可以源源不断地带来金山银山，绿水青山本身就是金山银山”，“常青树就是摇钱树”“生态优势变成经济优势”，从而形成“浑然一体、和谐统一”的关系。从整体看，这三个阶段是经济增长方式转变的过程，是发展观念不断进步的过程，也是人和自然关系不断调整、趋向和谐的过程。由此可见，习近平总书记所揭示的自然辩证法，饱含三层环环相扣的递进关系。

二、生态文明思想下的经济转型：从产业文明到生态文明

从我国的发展状况来看，照搬西方的工业文明（产业文明）的发展套路，明显是不行的。尽管后发国家有后发优势，但工业文明对于环境和生态的破坏是长久而深刻的。早期发展起来的西方国家通过产业转移的模式，将工业文明对环境造成的相当破坏的严重后果，转嫁给了欠发达国家。然而，我国的经济社会发展，当然不能以牺牲生态环境为代价，不管这种生态损害是对本国生态的损害还是对他国的影响。在走向民族复兴的道路上，我们既要讲求发展，也要敢于担当。在社会发展的同时，把生态环境守护好，获得绿水青山，将社会经济发展的进程推向可持续。经济的可持续发展，核心的点在于将生态文明建设与人类的发展内在统一起来，且相互促进，相互影响。不再以牺牲环境为代价，换取 GDP 的增长，以实质的人类损害（生态环境被破坏）换取形式上的发展（GDP 增长数）。

有学者总结道，“西方在 80 年代之前是产业资本为主的自由资本主义时代，80 年代之后是金融资本为主的新自由主义时代。……因为产业资本下降，下降的产业向外转移的时候，就由产业的海外收益和国内的资本市场直接结合了，西方这时候发生了历史转转，进入了金融资本主义阶段，金融资本的新意识形态叫作新自由主义”。[①] 在西方与中国的较量和交往的过程中，去除意识形态的评价，在很大程度上，还是经济与产业的转移和被转移的关系。“中国在产业文明时代竞争中，已经完成了它的历史使命，再继续沿着产业文明时代的产业竞争道路走下去，就只能是典型的生产过剩”。[②] 因此，在当下百年未有之大变局之下，需要对产业进行革命，转变之前的工业文明的发展方向，转向生态文明时代。

“在产业资本经济阶段奉行自由主义的国家都被经济危机打垮了，但罗斯福新政下的美国和希特勒主义的德国却没有垮，它们在本质上都是国家主义，政府

① 温铁军：《告别百年激进》，东方出版社 2016 年版，第 436 页。

② 温铁军：《告别百年激进》，东方出版社 2016 年版，第 428 页。

直接干预，用看得见的手把过剩的工业生产能力投入没有回报的基本建设中，就是去自由化的国家都站住了”。[①] 考虑到国际国内局势的变化，目前我国的国家战略，从工业文明转向了生态文明视野下的乡村振兴。“新农村建设、生态文明建设、或者说解决‘三农问题’特别有现实意义。……新中国成立以来已经发生过八次周期性经济危机。……中国经济周期性危机能不能软着陆取决于危机的代价能不能从城市产业向‘三农’转嫁”。[②] 客观而言，从目前我国的国家战略来看，不管是产业革命的变化，还是努力实现乡村振兴的生态文明时代，都在某种意义上承认和认可了生态法益的独立价值。

学者指出，“生态文明和产业文明最大的不同是，产业文明因产业作为一种资本，它只有把人类资本转化为人力资本，或者说资本化为劳动力要素，才能由产业资本来占有人力资本或劳动力要素的剩余价值，这是产业资本对社会文明的要求。……生态文明时代农业从一般的经济从社会脱嵌，再回嵌到乡土社会，农村、农业、农民本身是一个因和自然结合而本质上具有内生多样性的领域。……而生态文明时代和产业文明时代最大的不同就是人不应该再作为产业资本所对应的越来越‘去人化’的劳动力。”[③] 意即，在生态文明时代，人应该作为一个有精神内涵的主体，与生态共生共进。在生态文明时代，人应该是目的，而不应该是工具。因此，人的生活环境，应该是和谐而美好的，环境权应该是普通公民的基本权利。相对应的，在产业文明时代，人被异化成机器，就像厂房的机器一样劳作。甚至，因为要提升劳动生产率，而大肆污染环境，剥夺了人基本的生活环境。从产业革命的角度看，生态法益的相对独立地位，将会日益得到认可。在不久的将来，生态环境，将成为人类文明很重要的一个指标。甚至，生态法益，将内生为人类的一个具体的利益，而得到法律的认可和保护。

三、生态文明时代的生态法益观辨析

何为生态法益？客观而言，生态法益是现代化发展之后，基于现代文明对生态造成了极大破坏，进而严重影响到人类的社会生产生活。反映到环境法和刑法中，便是对生态法益之内涵和地位的讨论。基于生态法益的不同内涵，以及对生态法益的不同解读，出现了不同的理论学说。即围绕着谁是中心的观点，分为人类中心主义、生态中心主义以及二者的折中学说。人类中心主义主张，生态法益不具有独立性，只有与人的利益关联时，生态法益才有实质的内涵和意义。而生

---

① 温铁军：《告别百年激进》，东方出版社2016年版，第437页。

② 温铁军：《告别百年激进》，东方出版社2016年版，第434—435页。

③ 温铁军：《告别百年激进》，东方出版社2016年版，第426页。“去人化”的劳动力，即除了劳动力剩余价值其他作为人的要素都被剔除掉了。

态中心主义则认为，生态法益具有独立性，可以独立于人的利益而存在，即便是与具体的人的利益不关联，在法律上也应该保护此种生态法益。“具体而言，纯粹生态中心说认为惩罚环境犯罪与人类法益无关，环境刑法所保护的法益是生态系统本身以及动植物利益等其他环境利益；纯粹人类中心说认为环境刑法的目的在于保护人的生命、健康等法益免受被破坏的生态环境的危害，环境只是行为对象而非法益本身；折中说则认为只有存在与现存人以及未来人的环境条件的保全相关的利益时，环境才能成为独立的保护法益”。①

以上可以看出，基于不同的学说观点，生态法益的内涵有所不同，特别是关于是否具有独立性的问题，生态中心主义的立场最为坚定。当然，从现有的刑法规范来讲，立法和司法的目的，也都是为了人的利益。因此，人类习惯于以人为中心，进行利益的分配和具体思考。但对利益解读时，又有不同的解读。即人的利益，是单个人的利益，还是集体的利益，抑或是整个人类的利益？而利益，其具体内涵是眼前的利益，长远的利益，还是包含了后代们的整体的利益？基于不同的立场和考虑，对生态法益的理解和定位会有所不同。

（一）人类中心主义 VS 生态中心主义 VS 生态人类中心主义

“人的理性决定个人必须与集体和谐共存”。② 在人与集体和谐共存的关系中，体现的是人与人如何相处的问题。但人在与个人和群体相处时，背后隐藏着一个重要问题，即人与自然该如何相处？现代科技和工业文明宣导的理念是“人定胜天”，人是王者，是宇宙的中心。于是，基于现代科技高度发展之下的工业文明，对环境和生态破坏视而不见，将人类的“享乐”发挥到了极致。而人类在这个发展过程中，似乎忘了人作为动物存在之自然属性。于是乎，各种富贵病，现代类精神疾病，以及基于生态被破坏而出现的各种各样的怪病，成为现代文明发展背后人类正在遭受的苦难，但人们似乎对此缺乏清醒认识。因此，笔者认为，在人与自然的相处过程中，人不是绝对的中心，尽管人类一直在追求自身的全面发展以及人类的共同进步。

人类中心主义者认为，“刑法保护生态法益主要是对人的正当利益的保护。由于‘国家法益、个人法益、社会法益’的‘法益三分法’的巨大影响，有学者错误地认为，主张‘生态法益’就是为‘生态’主张法律主体资格，这其实是一种误读。③‘生态法益’并非与‘国家法益、个人法益、社会法益’等以享

---

① 张明楷：“污染环境罪的争议问题”，载《法学评论》2018 年第 2 期，第 2—4 页。

② 耿步健：《集体主义的嬗变与重构》，南京大学出版社 2012 年版，第 80 页。

③ 这种误读的广泛存在可能与环境法发展过程中环境伦理与环境法律没有准确界分有关，部分环境法学者对“大自然权利”“动物福利”等的论证在宏观层面上引发了非人类存在物法律地位的探讨，但就法律的微观运行而言，人的法益保护显然是现实运行中法律的中心任务。

有主体为分类标准的法益，而是以法益的内容为分类标准的法益类型，也即‘生态法益’与‘财产法益、人身法益’等刑法保护的客体在同一层面上，强调‘生态法益’的独立性并非强调‘生态（尤其是动物）’的法律主体地位。刑法以保护人之权益为首要出发点，在法益保护上也以保护人的法益为主要目的，通过刑法手段保护生态法益首先是对人在生态领域的正当利益的保护，这既是刑法在法益保护上的正常逻辑，也是生态文明先进国家刑法已经或正在承担的使命。”① 当然，从目前人类的发展历程来看，还是围绕着人类的利益，特别是可见的利益为中心，甚至主张“万物为我所用”的观点，将自然生态等作为实现利益的条件或工具进行掠夺和利用。

但是，将个人利益发挥到极致的想法，是功利主义思想影响人类行为的结果，这种影响似乎已经根深蒂固，目前还在深刻影响着人类的各种行为。这种思想，值得深刻反思。“人以极端个人主义为核心的新古典自由主义在现实经济、政治、文化生活中所产生的严重的负面作用，以及西方社群主义对新古典自由主义进行批判所引起的思考，可以看出集体主义在当今资本主义社会尽管不占意识形态的主流，但却是一种不可或缺的思想，甚至无论从方法论角度分析还是从价值论角度分析，西方社群主义本身是属于西方集体主义的一种新的表现形式。”② 因此，笔者认为，尽管我们习惯于以人的利益或者以人类的利益作为中心，认为万物为我所用，强调人是世界的中心。但是，作为生物学意义上的生物的人，本身便是自然的一部分。人与自然应当和谐共处，可持续发展，而不是过分强调人或是生态，谁应该为中心。

人类社会发展的历程证明：“人类必须尊重自然、顺应自然、保护自然，而不能妄图去统治征服自然，否则就会受到大自然的报复，这个规律谁也无法抗拒。人与自然和谐共生的科学理念，深刻揭示了人与自然不可分割的客观规律，夯实了自然辩证法和历史唯物论相统一的本体论基础，继承和丰富了马克思主义关于人与自然关系的理论，也拓展了社会主义现代化的内涵和实践。”③ “从20世纪70年代开始美国率先出现产业外移，到80年代引发了西方产业外移潮，西方把产业外移到发展中国家占有那里的劳动力剩余价值，于是海外收益增加，金融资本阶段上升由此开始。”④ 事实上，产业文明发展下的西方经济繁荣，是以产业转移，牺牲欠发达地区的生态环境为代价换来的。人类越来越意识到，人类

---

① 焦艳鹏：“生态文明视野下生态法益的刑事法律保护”，载《法学评论》2013年第3期，第90—97页。

② 耿步健：《集体主义的嬗变与重构》，南京大学出版社2012年版，第195页。

③ 何毅亭：“建设美丽中国的根本遵循——深入学习习近平生态文明思想”，载《中国党政干部论坛》2021年第3期，第6—10页。

④ 温铁军：《告别百年激进》，东方出版社2016年版，第441页。

作为生物物种之一面对恶劣环境时所处的命运共同体的位置。因此，对产业文明深刻反思之后，人类对自然有了新的认识。生态环境对于人类生存和发展的重要性，不言而喻。

“传统法律在公民利益保护方面较为关注人身法益、财产法益等传统类型法益的保护，并形成了较为成熟的法律机制。西方工业革命引发环境危机以来，在争取环境权利过程中，人们逐渐意识到，对生态环境的合理与适当利用也应是国家法律应保障的公民的正当需求，因此逐步产生了生态法益的观念[①]”。[②] 在对生态法益的讨论过程中，基于目前世界各国的状况以及几千年来人类征服自然、利用自然、发展自然而服务于人类自身的生产生活方式，人类与生态的关系应当被解释为一种共进共生的关系。即生态法益在某些状态下的独立性法益价值，也是基于人类作为主体的视角，对生态这个观察课题的评价。因此，即便是强调生态法益的重要性，也应该被解读为是一种共进的生态人类中心主义。

有学者言，“试图在法律上引入生态中心主义的做法无疑是在某种程度上对人的价值的贬抑。生态中心主义认为动植物既然是有生命的存在，当然就有其存在的自在价值，而由于人生活在万物间息息相关的自然生态圈中，任何生态要素对人类而言都是事关生存的，因而对这些非生命自然体也要履行道德关怀，人类不可随意侵犯。我们绝不反对爱护自然的行为，而且，与之相反，还十分赞同善待生命、善待环境的倡导，但是，这并不意味着我们就要认可非人自然体的自在价值。非人自然体是存在的，在这一点上与同样是以物质形式存在于地球上的人类没有任何区别，可这并不意味着它们是同人类一样有思考能力、能够履行义务维护自身权利的智性存在。”[③] 当然，生态中心主义者对生态法益的内涵和定位，是否如批判者所理解的已经超越了人的利益，并独立存在，这是一个对生态法益内涵的理解问题。正如有学者评价纯粹人类中心说和折中说的概念解读是：“‘纯粹人类中心说和折衷说都恪守人本主义的立场，认为保护生态法益的终极目的是保护人类法益，但在生态法益与个人法益的关系上，两种观点出现了分歧。纯粹人类中心说认为“现代风险犯罪如环境犯罪也不过是为了保护不特定或者多数人的生命、健康利益，即使不承认集体法益的概念，刑事立法也不会停止对上述法益的保护。’[④] 折中说批评这种观点是对生态法益独立性的否认，并宣称从重大环境污染事故罪到污染环境罪的立法变化已经表明我国刑事立法对这

---

① 这里所谓的“生态法益的观念”是指人们所具有的利用法律手段保护以人为核心主体的生态利益的观念，而并非“生态”与“法益”简单叠加后形成的“生态法益”的概念。

② 焦艳鹏：“生态文明视野下生态法益的刑事法律保护”，载《法学评论》2013 年第 3 期，第 90—97 页。

③ 赵星：《环境犯罪论》，中国人民公安大学出版社 2011 年版，第 54 页。

④ 雷东生：“刑法保护法益的判断规则”，载《法制与社会发展》2015 年第 6 期，第 165 页。

种纯粹以个人为中心的法益观的放弃,① 其认为"生态法益应当是一种生态系统提供给人类的,脱离了传统的人身、财产法益而独立存在的集体法益。"②

因此,基于二者对生态法益以及人的利益的界定,在对概念的解读上,两派学者有些微的差别。笔者比较赞同折中的学说,认为两种观点是可以融合的,并在取长补短的基础上,发展生态人类中心主义,将人与生态和谐发展。因此,笔者更赞同共进的生态人类中心主义。

(二)本书观点:共进的生态人类中心主义

在人类强调发展的阶段,人类中心主义,曾经很长一段时间内盛行,并早已深入人心。但是,随着人类工业文明积累到一定程度,反观人的诸多行为的妥当性,特别是注意到人的行为对生态造成了不可逆转性的损害,继而影响到人类的生存和发展时,在这个阶段,提倡生态中心主义,是一种长远和理性的做法。但是,在人类还没有得到完全发展的时候,将生态法益提到一个独立且核心的地位,与目前世界各国的状态不太相称,过于超前。因此,在现今的后工业时代,笔者赞同共进的生态人类中心主义的观点,从长远来看,应当将生态法益作为一种独立的法益对待,以此应对不可逆转的生态环境。而在某些特定的场合,可以考虑将生态法益作为独立的法益对待,但是,一般而言,对生态法益的考量视角,是从人类的利益和福祉出发,人类和生态协同发展下的法益考察视角。

"改革开放以来,在我国经济社会获得高速发展的同时,环境污染问题也变得日益突出。为此,国家明确将环境保护作为一项必须长期坚持的基本国策。党的十九大报告也强调,必须树立和践行绿水青山就是金山银山的理念,坚持节约资源和保护环境的基本国策,像对待生命一样对待生态环境。由此可见,国家从未将人类法益置于生态法益之上。"③ "人类法益论会不当延迟污染环境罪犯罪既遂的成立时间。由于刑法的目的是保护法益,所以污染环境罪犯罪既遂与未遂必须以保护法益是否受到侵害作为判断标准。人类法益论主张人的生命、身体、财产等利益为污染环境罪的保护法益,换言之,只有当人的生命、身体、财产等利益受到污染环境行为的实际侵害时,污染环境罪才成立犯罪既遂,至于环境本身受到何种程度的污染则在所不问。显然,这样的学术主张只是将保护环境作为保护人类利益的手段。主张人类法益论的学者辩称:我国环境犯罪治理应坚守以侵

---

① 张志钢:"摆荡于激进与保守之间:论扩张中的污染环境罪的困境及其出路",载《政治与法律》2016 年第 8 期,第 81 页。

② 李琳:"立法'绿色化'背景下生态法益独立性的批判性考察",载《中国刑事法杂志》2020 年第 6 期,第 39—54 页。

③ 李永升、袁汉兴:"污染环境罪的司法困境与出路——以生态和人类双重法益为中心",载《湖北社会科学》2021 年第 1 期,第 141—151 页。

害或者威胁人的生命身体等保护法益的人类中心主义环境法益观，以充分实现刑法的谦抑主义。”① 然而，需要指出的是，“坚持刑法谦抑原则并不意味着处罚范围越窄越好。如果认为越是限定刑法的处罚范围就越好，无疑等于没有刑法更好。”② 因此，对绝对的人类中心主义的立场，应该是批判地继承，而不是绝对地继承。

当然，对于生态中心主义立场下的生态法益的独立性和优先性的讨论，笔者也有自己的看法。尽管主张生态中心主义的学者认为，主张生态法益的独立性，已经势在必行。但是，笔者认为，不管是基于长远还是短期利益考量，人类还处在自我发展的阶段，人与生态的协同发展，是一种较好的发展模式。若提倡生态中心主义，是否有生态发展模式下人被去中心化，甚至被边缘化的可能。

在现有条件下，到底是继续之前的人类中心主义思想，或者稍微修正一下，兼顾生态利益进行考虑呢？还是需要理念先行，将生态利益摆在一个非常关键，甚至是核心利益的位置呢？笔者认为，从长远看，特别是结合我国的乡村振兴，生态强国的战略计划的大背景下，需要对之前的传统思想进行反思和重构。坚持共进的生态人类中心主义。在某些特定的、生态不可逆转的状态下，承认生态的独立价值，是必要的。因此，本书主张生态中心主义思想。因此，本书的立场为：共进的生态人类中心主义，在共进的生态人类中心主义者看来，“生态价值的实现是实现人类价值目标的必要前提”。③

在刑事法中提倡共进的生态人类中心主义，这是有一定的理论和理性基础的。“共进的生态人类中心主义环境观基于人自身的族类属性、对高质量生活品质的追求以及对后代的道德义务，认可人类价值和环境价值的双重优先性，主张在实践活动中兼顾人类经济社会活动与自然环境的维护和提升，以实现人与自然的共同繁荣、共同进步和共同发展。从这种理念可以看出，人类的生存和发展与自然生态系统的保护和提升同为社会活动的本体和目的。这种伦理观完全摒弃了传统上的人类中心主义和生态中心主义片面强调人类或生态单维价值的缺陷，把人类的利益和生态的价值有机地统一了起来，使两者不再是紧张对抗的两极，而成为社会活动都不可忽视或者或缺的价值指向和目标。”④

---

① 刘艳红：“环境犯罪刑事治理早期化之反对”，载《政治与法律》2015年第7期。

② 李永升、袁汉兴：“污染环境罪的司法困境与出路——以生态和人类双重法益为中心”，载《湖北社会科学》2021年第1期，第141—151页。

③ 苗俊玲：“人类中心主义：一个价值论命题”，载《哈尔滨学院学报》2005年第5期，第22页。

④ 赵星：《环境犯罪论》，中国人民公安大学出版社2011年版，第55页。

四、生态法益的内涵及其刑法地位

从生态法益的内涵和学说定位来看，尽管不同的学说对生态法益的论述有所差别。但是不管哪种学说，基本上都承认生态法益之刑法保护的重要性，并希望在我国刑法分则中能有更具体和明确的体现，加大对生态法益的保护力度。而从生态法益本身的内涵来看，生态法益不单单是当下时空可见的具体的生态利益，而应该从更长远和更宏观的视角，承认生态法益的代际利益性。基于生态法益的稀缺和难以修复，甚至不可修复，在考虑生态利益时，兼顾生态利益的代际利益性，具有较强的理论和实践意义。

（一）生态法益从属说

支持生态法益从属说的学者认为，生态法益从属于社会法益。生态法益虽然也可以说是一种新型的法益，但它并没有超越法益原有的框架和范畴，因此将之列在社会法益之下并无任何不妥。对生态法益的侵害不仅侵害每个公民的利益，不仅违背国家的政令、法规，更是对全社会的危害，只有把生态法益纳入社会法益，才能充分体现它主体的广泛性和价值取向上的全民性。虽然将之列入社会法益的范畴，但仍然认同生态法益是一种新型而重要的社会法益。因此，随着这一法益的日益重要，刑法或早或迟应该要作出回应。①

（二）生态法益独立说

主张生态法益独立说的学者认为，应该承认生态利益的基础性、根本性地位，并将生态法益确立为独立的法益类型，通过刑法大力保护。现代社会的利益结构正在由以往的“国家利益—个人利益—社会利益”的三元利益结构朝着“国家利益—个人利益—社会利益—生态利益”的四元利益结构演变。与此相适应，现代的法益结构也必然发展为“国家法益—个人法益—社会法益—生态法益”的四元法益结构，这样一种法益结构也应当在法律中得到充分体现。然而，我国现行刑法的内容是依据“国家利益—个人利益—社会利益”三元利益结构创制的，与现代社会的四元利益结构很不协调。因而确立生态法益在刑法法益中的独立地位，正是使刑法的法益结构与现代的利益结构保持协调一致的需要。②

（三）本书观点：生态法益相对独立说

客观而言，随着现代社会的发展，特别是在我国即将战略性地进入生态文明

---

① 高飞：“从生态法益视觉重新认识犯罪本质”，载《重庆大学学报》（社会科学版）2011 年第 17 卷第 6 期。

② 黄锡生、张磊：“生态法益与我国传统刑法的现代化”，载《河北法学》2009 年第 27 卷第 11 期。

时代的当下，我们越来越发现：不管是理论界还是实务界，对生态法益的认同感日益加强。有学者认为，环境刑法应该包含以下功能，“（一）刑法的环境保障法功能；（二）刑法的环境风险防范功能；（三）刑法的环境法益①保护功能。”②尽管目前我国还没有把生态法益作为独立的法益进行保护，但生态法益在事实上的客观存在，已经得到了越来越多理论界和实务界相关人员的认同。笔者认为，人类社会始终是以人与自然和谐共处发展基础之上的社会，而生态法益的关注，也始终是为了人类社会的和谐美好发展。因此，具体到刑法所保护的法益，生态法益的地位越来越高，而其相对独立性价值也日益得到各界关注。基于生态法益的重要性及其相对独立性，本书认为：生态法益应当具有相对独立的价值，在某些重要的领域和重要的生态利益方面，刑法应当对其进行单独的保护，以凸显生态文明时代生态法益的重要价值。

第二节　污染环境罪的立法沿革

客观而言，“当下我国日益增长的刑事法治诉求与有限的刑事法治建构能力之间的内在矛盾，直接导致了我国刑法的科学化发展。层出不穷的社会问题和转型期各种制度性和结构性矛盾，给法治带来了现实困难。刑法立法的科学化是刑法现代化发展的重要内涵，也是我国刑事法治发展的必然要求。刑法立法的科学化，直接关系到刑法正义实现的效果。”③ 在具体考察污染环境罪的立法时，也的确存在立法的科学性和民主性等问题的考察。

污染环境罪，“是指自然人或者单位违反国家规定，排放、倾倒或者处置有放射性的废物、含传染病病原体的废物、有毒物质或者其他有害物质，严重污染环境的行为。”④ 与其他行政刑法发达的国家不一样，我国《刑法》第 338 条的污染环境罪需要对包括污染大气、水体、土壤以及噪声等污染环境行为之犯罪予以惩处。我国污染环境罪的立法，呈现出粗犷性和高度概括性，立法的缺陷加重了司法的困惑和适用障碍。诸多司法困境和不解之难题，最终反馈为立法之不足。近年来，学者们针对污染环境罪相关问题进行了热烈的讨论，热议之焦点既有法教义学问题，又有立法学问题。纵观各种问题之综合，立法不完善的问题更为突出。当然，立法适当性问题，是一个相对的概念，因为社会是动态发展的。

① 环境法益基本等同于生态法益，经常被相互替换使用。

② 喻海松：“环境资源犯罪实务精解”，法律出版社 2017 年版，第 15—17 页。

③ 何群：“论我国刑法立法的科学化发展”，载《学术论坛》2016 年第 6 期，第 88 页。

④ 张明楷：《刑法学》，法律出版社 2016 年版，第 1129 页。

犯罪所保护的法益的内涵及其重要性，在不同时代背景下，会有不同的内容。而这种变化，对于法定犯尤其明显。

最新通过的《刑法修正案（十一）》，不但在总体上提升了污染环境罪的法定刑，将之前规定的法定最高刑七年，提升为特殊情形下的“七年以上有期徒刑”。在调整法定最高刑的同时，还具体规定了影响法定刑升格的具体情节。之前我国的法律规定为，“违反国家规定，排放、倾倒或者处置有放射性的废物、含传染病病原体的废物、有毒物质或者其他有害物质，严重污染环境的，处三年以下有期徒刑或者拘役，并处或者单处罚金；后果特别严重的，处三年以上七年以下有期徒刑，并处罚金。”尽管此种规定已经是多次修改的结果，但对于何为“后果特别严重”，实务中认定起来仍困境重重，继而通过司法解释的形式加以具体化，但指导性仍然有限。

目前，我国《刑法》第338条对污染环境罪的规定为：“违反国家规定，排放、倾倒或者处置有放射性的废物、含传染病病原体的废物、有毒物质或者其他有害物质，严重污染环境的，处三年以下有期徒刑或者拘役，并处或者单处罚金；情节严重的，处三年以上七年以下有期徒刑，并处罚金；有下列情形之一的，处七年以上有期徒刑，并处罚金：

（一）在饮用水水源保护区、自然保护地核心保护区等依法确定的重点保护区域排放、倾倒、处置有放射性的废物、含传染病病原体的废物、有毒物质，情节特别严重的；

（二）向国家确定的重要江河、湖泊水域排放、倾倒、处置有放射性的废物、含传染病病原体的废物、有毒物质，情节特别严重的；

（三）致使大量永久基本农田基本功能丧失或者遭受永久性破坏的；

（四）致使多人重伤、严重疾病，或者致人严重残疾、死亡的。

有前款行为，同时构成其他犯罪的，依照处罚较重的规定定罪处罚。”

一、从建议稿到1997年《刑法》的重大环境污染事故罪

追溯污染环境罪的前身，需要追溯到1979年《刑法》起草时。在制定1979年《刑法》时，学界曾对环境污染问题是否要追究刑事责任进行过研讨。在当时以发展生产、实现国家现代化为主要任务的大背景下，基于客观历史状况之基本国情考虑，虽然当时也有学者提议要在发展生产的同时规定污染环境犯罪，但最终1979年《刑法》没有规定污染环境犯罪。

1988年在全面研究修改刑法的过程中，《刑法修改稿》在“危害公共安全

罪”一章中规定了严重污染环境罪①。该稿第115条规定：“违反环境保护法规，严重污染环境，有条件治理而不治理，致人重伤、死亡或者造成公私财物重大损失的，处五年以下有期徒刑、拘役或者管制，可以单处或者并处罚金。”到了1989年12月26日，全国人民代表大会常务委员会（以下简称全国人大常委会）通过的《环境保护法》第43条规定：“违反本法规定，造成重大环境污染事故，导致公私财产重大损失或者人身伤亡的严重后果的，对直接责任人员依法追究刑事责任。”②

在刑法修订的过程中，为了与《环境保护法》的规定相衔接，1996年的《刑法修订草案》（征求意见稿）在分则第六章“妨害社会管理秩序罪”第六节“破坏环境和生态环境罪”中增设了重大环境污染罪。1997年《刑法》第338条规定，“违反国家规定，向土地、水体、大气排放、倾倒或者处置有放射性的废物、含传染病病原体的废物、有毒物或者其他危险废物，造成重大环境污染事故，致使公私财产遭受重大损失或者人身伤亡的严重后果的，处三年以下有期徒刑或者拘役，并处或者单处罚金；后果严重的，处三年以上七年以下有期徒刑，并处罚金。”

作为其他部门法的最后保障法，刑法对环境资源的保护从无到有，这表明了立法上对环境污染问题的重视，这也是对民众基本生活环境的国家保护。随着经济社会的不断发展，环境问题日益凸显。在制定1997年《刑法》时，有诸多专家建议要将重大环境污染行为，纳入刑法惩处的范围。1997年3月14日颁行的《刑法》，其雏形初现于1996年8月8日的刑法分则修改草稿。根据该草稿，土地污染、大气污染和水体污染不仅拟分别规定于不同条文，而且犯罪构成亦不尽一致。具体而言，水体污染犯罪拟设置为实害犯，大气污染犯罪拟按危险犯规制，而土地污染犯罪则以行为犯规定。③ 此后，历经1996年8月31日刑法修改草稿、1996年10月10日刑法修订草案（征求意见稿）、1996年12月中旬刑法修订草案、1997年3月1日刑法修订草案调整完善，最终形成了1997年《刑法》第338条。同年12月，最高人民法院发布有关罪名的司法解释，将该条犯罪的罪名确定为“重大环境污染事故罪”。

（一）1997年《刑法》将法定最高刑从建议稿的有期徒刑五年提升为七年

从1988年的《刑法修改稿》对污染环境罪的法定刑设置为“五年以下有期徒刑、拘役或管制，可以单处或者并处罚金”。1997年《刑法》第338条规定，

---

① 1988年《刑法修改稿》分则第二章“危害公共安全罪”中的“修改说明”。

② 利子平、蒋帛婷：《新中国刑法的立法源流与展望》，知识产权出版社2015年版，第1106页。

③ 高铭暄：《中华人民共和国刑法的孕育诞生和发展完善》，北京大学出版社2012年版，第561—562页。

对重大环境污染事故罪的法定刑设置规定为“三年以下有期徒刑或者拘役，并处或者单处罚金；后果特别严重的，处三年以上七年以下有期徒刑，并处罚金。”1997年《刑法》对污染环境罪之前身重大环境污染事故罪之法定刑进行了细化规定，基础刑为三年，对后果特别严重的法定刑升格，规定了最高刑为有期徒刑七年的法定刑，并处罚金。

（二）1997年《刑法》删除了建议稿“管制”的规定

之前《修改稿》对污染环境犯罪有管制的规定，大概是出于对该罪性质、主观恶性等方面的考虑，对某些轻微的环境犯罪行为，应当处以较为轻缓的刑罚。本书认为，在法定刑配置中，设置不同层次和不同种类的刑罚，对应不同危险程度、不同危害后果的污染环境犯罪行为，比较合理，也较能适应目前我国刑法轻缓化发展的趋势和具体情况。而从目前污染环境罪的基础刑来看，一般而言，污染环境罪为轻罪，因为其基础刑之法定最高刑为有期徒刑三年。针对轻罪的刑罚规定，本书认为，刑罚体系越是完善，越能具体应对实务中的具体难题，最大化刑罚威慑之具体效果。

（三）从“可以处”罚金，到“并处”罚金

建议稿配置的法定刑为“可以单处或者并处罚金”，1997年《刑法》的规定为“并处或者单处罚金；后果特别严重的，并处罚金”。因此，不管是之前的重大环境污染事故罪，还是目前的污染环境罪，其财产刑规定，都表现为必须要处以罚金刑。罚金刑的具体表现形式为：单处罚金和并处罚金。

二、从重大环境污染事故罪到污染环境罪

污染环境罪是目前我国《刑法》第338条规定的罪名。现有污染环境罪罪名是在1989年《环境保护法》第43条规定的基础上修改而来的，并经《刑法修正案（八）》第46条所修正①。虽然1997年《刑法》施行不久即发生了全国首例重大环境污染事故刑事案件②，但“据统计，1998—2006年，全国每年审理的重大环境污染刑事案件均未超过10件”。③ 为此，最高人民法院2006年6月26日通过了《关于审理环境污染刑事案件具体应用法律若干问题的解释》（以下简称《2006年司法解释》），以期加大重大环境污染事故犯罪的刑法规制力度。应当说，《2006年司法解释》的出台，在一定程度上激活了空置的环境刑法条文，使

---

① 利子平、蒋帛婷：《新中国刑法的立法源流与展望》，知识产权出版社2015年版，第1105页。

② 国家环境保护总局《关于山西省运城市天马文化用纸厂环境犯罪案有关情况的通报》（环发〔1998〕350号）。

③ 喻海松：《环境资源犯罪实务精释》，法律出版社2017年版，第23页。

其从静态的立法文本渐变为鲜活的司法现实。

但是，这种推动作用甚微。从数量上看，2007—2012 年，全国法院每年审理的重大环境污染刑事案件均超过了 10 件，但与每年动辄上千件的环境污染行政处罚案件相比，显然严重失衡。上述司法困境的持续存在，不仅引发了相关部门的广泛关注与深入研究，而且表明环境污染刑事案件的稀少，并非完全源于相关司法解释的阙如以及由此引发的司法人员主观能动性的丧失，其实可能在于环境污染刑事立法规制包括实体、证据以及程序等方面规定的科学性有待提升，从而最终促成了 2011 年《刑法修正案（八）》对《刑法》第 338 条的重大修改。①

2011 年 2 月 25 日全国人大常委会通过的《刑法修正案（八）》，将第 338 条的罪名修订为污染环境罪。从之前的重大环境污染事故罪到污染环境罪，依照刑法教义学的视角观察之，该罪的犯罪构成之构成要素发生了相当变化。主要体现为：降低了入罪门槛，增强了可操作性。法条具体规定为，"违反国家规定，排放、倾倒或者处置有放射性的废物、含传染病病原体的废物、有毒物质或者其他有害物质，严重污染环境的，处三年以下有期徒刑或者拘役，并处或者单处罚金；后果特别严重的，处三年以上七年以下有期徒刑，并处罚金。"对《刑法修正案（八）》确定的污染环境罪罪名，有学者指出"《刑法修正案（八）》将第 143 条生产、销售不符合安全标准与第 338 条污染环境罪从先前的侵害犯（实害犯）改为具体危险犯。"②

（一）污染环境罪与重大环境污染事故罪之比较

具体内容如表 1－1 所示。

表 1－1　污染环境罪与重大环境污染事故罪的比较

司法解释名称	《最高人民法院、最高人民检察院关于办理环境污染刑事案件适用法律若干问题的解释》（法释〔2013〕15 号）	《最高人民法院关于审理环境污染刑事案件具体应用法律若干问题的解释》（法释〔2006〕4 号）
罪名	污染环境罪	重大环境污染事故罪
定罪标准	在饮用水水源一级保护区、自然保护区核心区排放、倾倒、处置有放射性的废物、含传染病病原体的废物、有毒物质的；	

① 田宏杰："立法演进与污染环境罪的罪过——以行政犯本质为核心"，载《法学家》2020 年第 1 期。

② 吴贵森：《刑法修正案研究——以刑事政策为视角》，法律出版社 2019 年版，第 45 页。

续表

司法解释名称	《最高人民法院、最高人民检察院关于办理环境污染刑事案件适用法律若干问题的解释》（法释〔2013〕15 号）	《最高人民法院关于审理环境污染刑事案件具体应用法律若干问题的解释》（法释〔2006〕4 号）
罪名	污染环境罪	重大环境污染事故罪
定罪标准	非法排放、倾倒、处置危险废物三吨以上的；	
	非法排放含重金属、持久性有机污染物等严重危害环境、损害人体健康的污染物超过国家污染物排放标准或者省、自治区、直辖市人民政府根据法律授权制定的污染物排放标准三倍以上的；	
	私设暗管或者利用渗井、渗坑、裂隙、溶洞等排放、倾倒、处置有放射性的废物、含传染病病原体的废物、有毒物质的；	
	两年内曾因违反国家规定，排放、倾倒、处置有放射性的废物、含传染病病原体的废物、有毒物质受过两次以上行政处罚，又实施前列行为的；	
	致使乡镇以上集中式饮用水水源取水中断十二小时以上的；	
	致使疏散、转移群众五千人以上的；	致使传染病发生、流行或者人员中毒达到《国家突发公共卫生事件应急预案》中突发公共卫生事件分级Ⅲ级情形，严重危害人体健康的；
	致使三十人以上中毒的；	
	致使基本农田、防护林地、特种用途林地五亩以上，其他农用地十亩以上，其他土地二十亩以上基本功能丧失或者遭受永久性破坏的；	致使基本农田、防护林地、特种用途林地五亩以上，其他农用地十亩以上，其他土地二十亩以上基本功能丧失或者遭受永久性破坏的；

续表

<table>
<tr><td>司法解释名称</td><td>《最高人民法院、最高人民检察院关于办理环境污染刑事案件适用法律若干问题的解释》（法释〔2013〕15号）</td><td>《最高人民法院关于审理环境污染刑事案件具体应用法律若干问题的解释》（法释〔2006〕4号）</td></tr>
<tr><td>罪名</td><td>污染环境罪</td><td>重大环境污染事故罪</td></tr>
<tr><td rowspan="5">定罪标准</td><td>致使森林或者其他林木死亡五十立方米以上，或者幼树死亡二千五百株以上的；</td><td>致使森林或者其他林木死亡五十立方米以上，或者幼树死亡二千五百株以上的；</td></tr>
<tr><td>致使公私财产损失三十万元以上的；</td><td>致使公私财产损失三十万元以上的；</td></tr>
<tr><td>致使三人以上轻伤、轻度残疾或者器官组织损伤导致一般功能障碍的；</td><td rowspan="2">致使一人以上死亡、三人以上重伤、十人以上轻伤，或者一人以上重伤并且五人以上轻伤的；</td></tr>
<tr><td>致使一人以上重伤、中度残疾或者器官组织损伤导致严重功能障碍的；</td></tr>
<tr><td>其他严重污染环境的情形。</td><td>其他致使“人身伤亡的严重后果”或者“严重危害人体健康”的情形。</td></tr>
<tr><td rowspan="4">结果加重情节</td><td>致使县级以上城区集中式饮用水水源取水中断十二个小时以上的；</td><td rowspan="2">致使水源污染、人员疏散转移达到《国家突发环境事件应急预案》中突发环境事件分级Ⅱ级以上情形的；</td></tr>
<tr><td>致使疏散、转移群众一万五千人以上的；</td></tr>
<tr><td>致使一百人以上中毒的；</td><td>致使传染病发生、流行达到《国家突发公共卫生事件应急预案》中突发公共卫生事件分级Ⅱ级以上情形的；</td></tr>
<tr><td>致使基本农田、防护林地、特种用途林地十五亩以上，其他农用地三十亩以上，其他土地六十亩以上基本功能丧失或者遭受永久性破坏的；</td><td>致使基本农田、防护林地、特种用途林地十五亩以上，其他农用地三十亩以上，其他土地六十亩以上基本功能丧失或者遭受永久性破坏的；</td></tr>
</table>

续表

司法解释名称	《最高人民法院、最高人民检察院关于办理环境污染刑事案件适用法律若干问题的解释》（法释〔2013〕15号）	《最高人民法院关于审理环境污染刑事案件具体应用法律若干问题的解释》（法释〔2006〕4号）
罪名	污染环境罪	重大环境污染事故罪
结果加重情节	致使森林或者其他林木死亡一百五十立方米以上，或者幼树死亡七千五百株以上的；	致使森林或者其他林木死亡一百五十立方米以上，或者幼树死亡七千五百株以上的；
	致使公私财产损失一百万元以上的；	致使公私财产损失一百万元以上的；
	致使十人以上轻伤、轻度残疾或者器官组织损伤导致一般功能障碍的；	致使三人以上死亡、十人以上重伤、三十人以上轻伤，或者三人以上重伤并十人以上轻伤的；
	致使三人以上重伤、中度残疾或者器官组织损伤导致严重功能障碍的；	
	致使一人以上重伤、中度残疾或者器官组织损伤导致严重功能障碍，并致使五人以上轻伤、轻度残疾或者器官组织损伤导致一般功能障碍的；	
	致使一人以上死亡或者重度残疾的；	
	其他后果特别严重的情形。	其他后果特别严重的情形。

（二）小结

从立法的规定来看，随着罪名的变化，犯罪构成也发生了很大变化。主要是入罪标准的降低，以及各种特别情节的规定，在立法的规定方面，规定得更为具体、精确。在构罪的要件上，既有情节也有结果，而之前的规定，只规定了结果，只有造成了相当严重的特定的结果，才构成犯罪。

当然，与重大环境污染事故罪相比，污染环境罪在规定情节犯的基础上，也规定了结果犯，即出现某些具体的结果，也构成犯罪。但从能够构罪的结果来看，污染环境罪要求的结果较低，即污染环境罪的入罪标准更低。

在立法的沿革上，也保留了诸多的情节，这也体现了法的延续性。同时，也说明这些情节或条款，在实践中是可行的，具有一定的合理性，值得继续沿用。从实践理性的角度看，我国的法律制度更多借鉴大陆法系的立法特点，用成文的形式对相关法律法规进行规定，因此，在法的更新发展过程中，一些合理的成分，便以成文的形式被记载和保留了下来。“大陆法系非常注重成文法典的编纂，几乎每个国家在各个领域都制定了系统完整的法典。与古代、中世纪的法典不同，大陆法系各国的法典，作为近代型成文法典的代表，无论在立法理念、立法技术和制度规定上，都显示出巨大的优点。”①

三、从《刑法修正案（八）》到《刑法修正案（十一）》

从修法的过程来看，2011 年 2 月 25 日通过的《刑法修正案（八）》，和 2020 年 12 月 26 日通过的《刑法修正案（十一）》，都对污染环境罪进行了调整。虽然罪名没有更改，但是罪状及法定刑配置等，都发生了较大变化。

客观而言，刑法中关于污染环境罪的相关规定，修法频率算是高的。如此高的修法频率背后，是相关司法实践的现实需求。在从《刑法修正案（八）》到《刑法修正案（十一）》几年的时间里，为了应对实务中频繁出现的难题，主要通过司法解释的形式对相关实务问题，进行指导和梳理。《刑法修正案（八）》将类似罪名更改为污染环境罪之后，分别于 2013 年、2016 年都出台了司法解释。当然，对司法实践指导时间更长、对 2020 年修法影响更大的，应该是 2016 年 12 月 23 日最高人民法院、最高人民检察院出台的《2016 年司法解释》，诸多司法实务中之困境和难题，在该司法解释中得到了回应和有效解决。2013 年 7 月至 2016 年 10 月，全国法院新收污染环境、非法处置进口的固体废物、环境监管失职刑事案件 4636 件，审结 4250 件，生效判决人数 6439 人；年均收案 1400 余件，生效判决人数 1900 余人。相较于过去年均二三十件的案件量，污染环境刑事案件量增长十分明显。这对于强化环境司法保护，推进生态文明建设，发挥了十分重要的作用。

近年来，环境污染犯罪又出现了一些新的情况和问题，如危险废物犯罪呈现出产业化迹象，大气污染犯罪打击困难，篡改、伪造自动监测数据和破坏环境质量监测系统的刑事规制存在争议，等等。为有效解决实际问题，进一步加大对生态环境的司法保护力度，最高人民法院会同最高人民检察院，在公安部、环保部等有关部门大力支持下，经深入调查研究、广泛征求意见，起草了《2016 年司法解释》，对 2013 年《最高人民法院、最高人民检察院关于办理环境污染刑事案件适用法律若干问题的解释（2013）》（以下简称《2013 年司法解释》）作了全面修改和完善。2016 年 11 月 7 日最高人民法院审判委员会第 1698 次会议、2016 年 12 月 8 日最高人民检察院第十二届检察委员会第 58 次会议审议通过了《2016

① 何勤华等：《大陆法系与西方法治文明》，北京大学出版社 2014 年版，第 20 页。

年司法解释》。

在《刑法修正案（八）》之后，尽管最高人民法院、最高人民检察院有《2013年司法解释》和《2016年司法解释》对第338条规定的“严重污染环境”进行权威解读。但关涉污染环境罪的理论和实务问题，一直争论不断。刑法理论界对于风险社会下是否要发展风险刑法理论，继而在对污染环境罪作教义学解读的过程中，该罪的理论定性存在较大争议。即该罪到底是结果犯，还是可以解释为行为犯？是实害犯，还是危险犯？如果是危险犯，到底是抽象危险犯，还是具体危险犯，或者是介于二者之间的累积的抽象危险犯①？除此之外，在现有立法状态下，学者们对污染环境罪的犯罪构成，也发生了很大争议。特别是关于污染环境罪保护的法益、罪过形态，以及刑罚问题等，争论较为热烈。当然，随着《刑法修正案（十一）》的出台和生效，污染环境罪的罪状和法定刑都发现了较大变化。而诸多之前热议的点，也渐渐清晰。

四、《2013年司法解释》与《2016年司法解释》比较分析

污染环境罪在发展变化的过程中，司法解释在解决司法疑难问题方面起到了较大作用。同时，司法解释的诸多条款，在某种意义上，也决定了《刑法修正案（十一）》的具体内容。基于《2016年司法解释》对2020年《刑法修正案（十一）》影响甚大，也为了探讨修法进程中污染环境罪立法修订的具体演变过程，特对《2013年司法解释》和《2016年司法解释》进行对比，以找寻作为法定犯的污染环境罪立法变化的具体规律。

（一）《2016年司法解释》第1条的修改

1. 严重污染环境情形的增加

《2013年司法解释》规定了认定严重污染环境的14项具体情形，《2016年司法解释》第1条予以吸收，并根据司法实践情况作出完善，形成了48项标准。

2. 行为方式的扩充

关于“超标准排放污染物”相关项，《2016年司法解释》第1条第（3）项、第（4）项删去“非法”二字、第（2）项保留了“非法”二字；将“排放”修改为“排放、倾倒、处置”，扩充了行为方式。

3. 污染物的具体化以及排放标准的简单化

（1）污染物的具体化

《2013年司法解释》的表述是：非法排放含重金属、持久性有机污染物等严

---

① 李婕：《抽象危险犯研究》，法律出版社2017年版，第71—75页。

重危害环境、损害人体健康的污染物；

《2016 年司法解释》的表述是：排放、倾倒、处置含铅、汞、镉、铬、砷、铊、锑的污染物以及排放、倾倒、处置含镍、铜、锌、银、钒、锰、钴的污染物。

（2）排放标准的简单化

《2013 年司法解释》的表述是：超过国家污染物排放标准或者省、自治区、直辖市人民政府根据法律授权制定的污染物排放标准；

《2016 年司法解释》的表述是：超过国家或者地方污染物排放标准。

4. 倍数条件的增加

"3 倍以上"修改为"3 倍以上"和"10 倍以上"，使条文更具操作性，并降低了部分入罪标准。

《2013 年司法解释》的表述是：超过国家污染物排放标准或者省、自治区、直辖市人民政府根据法律授权制定的污染物排放标准三倍以上的；

《2016 年司法解释》的表述是：排放、倾倒、处置含铅、汞、镉、铬、砷、铊、锑的污染物，超过国家或者地方污染物排放标准三倍以上的；以及排放、倾倒、处置含镍、铜、锌、银、钒、锰、钴的污染物，超过国家或者地方污染物排放标准十倍以上的。

5. 逃避监管方式的归纳

（1）《2016 年司法解释》将"私设暗管或者利用渗井等"修改为"通过暗管、渗井等"；

（2）《2016 年司法解释》在排污方式中增添列举了"灌注"这一行为方式；

（3）《2016 年司法解释》增加"逃避监管的方式"的限定。①

6. 新增两项严重污染环境的情形

《2016 年司法解释》第 1 条将"违法减少防治污染设施运行支出一百万元以上""违法所得三十万元以上"增加规定为严重污染环境的情形。实施环境污染犯罪的单位和个人多是为了谋取不法利益，增设以上两项规定，让行为人得不偿失，可以更有针对性地惩治和预防犯罪。

（1）新增"减少支出"的情形。为有效防范污染，《环境保护法》要求建设对环境有影响的一切建设项目须执行"三同时"制度，《环境保护法》第 41 条规定："建设项目中防治污染的设施，应当与主体工程同时设计、同时施工、同时投产使用。防治污染的设施应当符合经批准的环境影响评价文件的要求，不得擅自拆除或者闲置。"从实践来看，有些企业虽然建有污染防治设施，但为减少

---

① 姜文秀："关于污染环境罪司法解释的修改"，载《法律适用》2021 年第 1 期，第 89—97 页。

运行成本，闲置、拆除污染防治设施或者使污染防治设施不正常运行的情况时有发生。经研究认为，擅自拆除或者闲置防治污染设施，或者通过不正常运行防治污染设施等逃避监管的方式违法排放污染物，社会危害性严重，也反映出行为人的主观恶性较大，对于情节严重的确有刑事规制的必要。而从实践来看，此类行为虽然不能直接获取收入，但能减少相应支出，且在一些案件中相对可操作。基于此，与环境保护法的相关规定相衔接，《2016年司法解释》第1条第（8）项将“违法减少防治污染设施运行支出一百万元以上”规定为严重污染环境的具体情形之一。

（2）新增“违法所得”的情形。为进一步增强司法适用可操作性，《2016年司法解释》第1条第（9）项将“违法所得三十万元以上”增列为严重污染环境的情形之一。这主要是考虑到实践中实施污染环境行为，除了客观上造成公私财产损失外，行为人的主要目的是牟利，而这通常表现为违法所得，而且，违法所得的计算在某些案件中更具可操作性。①

（二）情节犯中的情节构罪情况增多

在《2013年司法解释》的第3条中，各项皆为对于“后果特别严重”的结果解读，除了最后一项“其他后果特别严重的情形”这一兜底款项外，其余各项的文字表达中皆使用了“致使”字样。

《2016年司法解释》第3条的新增项“非法排放、倾倒、处置危险废物100吨以上的”，打破了之前《2013年司法解释》第3条对于“后果特别严重”皆为结果解读的规则。《2016年司法解释》第3条中只有这个新增项是个例外，描述的是一种行为，即非法排污行为，第3条中的其他各项描述的都是环境污染的结果。②

（三）“有毒物质”认定上的简化

《2013年司法解释》第10条对有毒物质专门作了界定。考虑到有关规范性文件的调整，《2016年司法解释》对有毒物质的规定作出修改，删去“剧毒化学品、列入重点环境管理危险化学品名录的化学品，以及含有上述化学品的物质”的表述，实际上，根据《国家危险废物名录（2016年版）》的规定，废弃危险化学品（包括剧毒化学品、重点环境管理危险化学品）均属于危险废物，可以直接根据《2016年司法解释》第15条第（1）项认定为有毒物质。③

（四）监测数据证据资格认可程序的取消

监测数据的证据资格。为确保相关监测数据的客观、准确，确保相关案件公

---

①②③ 周加海、喻海松：“《关于办理环境污染刑事案件适用法律若干问题的解释》的理解与适用”，载《人民司法（应用）》2017年第4期，第23—29页。

正处理，《2013 年司法解释》第 11 条第 2 款专门规定：“县级以上环境保护部门及其所属监测机构出具的监测数据，经省级以上环境保护部门认可的，可以作为证据使用。”这实际上是在经省级以上环境保护部门认可的前提下赋予县级以上环境保护主管部门及其所属监测机构出具的监测数据的刑事证据资格。应当指出的是，《2013 年司法解释》设定监测数据认可程序的现实情况是，当时办理环境污染刑事案件尚处于起步阶段，各地缺乏成熟经验。因此，经省级以上环境保护部门认可的程序设置，对于确保监测数据的准确，提升环境污染刑事案件的质量，确保此类案件办理得不偏不倚，发挥了重要的作用。

当然，随着环境污染刑事案件办理的逐渐增多，监测数据认可程序不能完全适应办案实际需求的现象也开始显现。实践中，省级环境保护主管部门的认可通常只能进行形式审查，还可能导致程序冗杂、效率低下，不利于环境污染刑事案件的及时办理。基于此，根据《中华人民共和国刑事诉讼法》（以下简称《刑事诉讼法》）第 52 条第 2 款“行政机关在行政执法和查办案件过程中收集的物证、书证、视听资料、电子数据等证据材料，在刑事诉讼中可以作为证据使用”的规定，《2016 年司法解释》第 12 条第 1 款取消了环境监测数据的认可程序，明确规定：“环境保护主管部门及其所属监测机构在行政执法过程中收集的监测数据，在刑事诉讼中可以作为证据使用。”据此，环境保护主管部门及其所属监测机构在行政执法和查办案件过程中收集的监测数据具有刑事证据资格，不需要再经过省级以上环境保护主管部门的认可。实践中需要注意的是，第三方监测机构虽然不属于环境保护主管部门所属的监测机构，但只要是在环境保护主管部门或者所属监测机构的主持下从事相关监测活动或者提供技术支持，以环境保护主管部门或者所属监测机构名义作出的监测报告，也应当认为符合《2016 年司法解释》第 12 条第 1 款的规定，在刑事诉讼中可以作为证据使用。①

（五）检验报告指定主体的增加

此问题为，环境污染专门性问题的认定。鉴定难是困扰环境污染刑事案件办理的突出难题。《2013 年司法解释》确立了鉴定与检验“两条腿走路”的原则。从《2013 年司法解释》实施情况来看，鉴定机构和环境保护部门指定的检验机构仍然偏少，难以满足实际办案所需。为此，《2016 年司法解释》第 14 条增加规定公安部亦可指定出具检验报告的机构。②

《2013 年司法解释》的表述为：对案件所涉的环境污染专门性问题难以确定的，由司法鉴定机构出具鉴定意见，或者由国务院环境保护部门指定的机构出具

---

①② 周加海、喻海松：“《关于办理环境污染刑事案件适用法律若干问题的解释》的理解与适用”，载《人民司法（应用）》2017 年第 4 期，第 23—29 页。

检验报告。

《2016年司法解释》的表述为：对案件所涉的环境污染专门性问题准以确定的，依据司法鉴定机构出具的鉴定意见，或者国务院环境保护主管部门、公安部门指定的机构出具的报告，结合其他证据作出认定。

（1）重点排污单位范围的增加。为便于司法适用，《2016年司法解释》第17条第2款专门规定："本解释所称'重点排污单位'，是指设区的市级以上人民政府环境保护主管部门依法确定的应当安装、使用污染物排放自动监测设备的重点监控企业及其他单位。"可见，重点监控企业属于重点排污单位的主要组成部分，具体包括国家重点监控企业、省级重点监控企业和市级重点监控企业。①

（2）新增"公私财产损失"的计算。对于环境监测费用是否可以纳入公私财产损失的计算范围，存在较大争议。

《2013年司法解释》对此未作明确。而实践中已有对现场监测所产生的费用应否纳入公私财产损失计算范围存在争议的案件。《2016年司法解释》起草过程中，经慎重研究认为，公私财产损失不包括日常环境监测费用，但因所涉行为导致的各类环境应急措施和应急处置费用（包括应急监测费用）可以列为"为防止污染扩大、消除污染而采取必要合理措施所产生的费用"。为消除司法实践中的争议，《2016年司法解释》第17条第4款明确公私财产损失包括处置突发环境事件的应急监测费用。

五、立法演变的特点

从污染环境罪的立法演变来看，主要的特点表现为：基于生态法益的重要性不断提升，污染环境罪的惩处力度在不断加大。具体表现为：通过降低入罪门槛，扩大犯罪圈；同时，在法定刑配置方面，立法配置了更重的法定刑。目前，污染环境罪的入罪标准，从之前所要求的"造成重大环境污染事故，致使公私财产遭受重大损失或者人身伤亡的严重后果"修改为"严重污染环境"。而配置的法定刑，也从《刑法修正案（八）》的有期徒刑七年的刑罚上限，提升到《刑法修正案（十一）》所规定的"七年以上有期徒刑"，即有期徒刑的上限。而从我国的修法实践来看，除了通过刑法修正案的形式对污染环境罪进行立法修订，在司法实践的过程中，也通过大量的司法解释、会议纪要等形式，对相关理论和实务问题进行具体的指导。其中，会议纪要等形式，彰显中国特色。相关要点，具体分析如下。

---

① 周加海、喻海松："《关于办理环境污染刑事案件适用法律若干问题的解释》的理解与适用"，载《人民司法（应用）》2017年第4期，第23—29页。

（一）降低入罪门槛，提升法定刑

《2013 年司法解释》第 1 条对污染环境罪的入罪要件“严重污染环境”的具体认定标准作了规定。经《刑法修正案（八）》修正的《刑法》第 338 条将污染环境罪的入罪要件由“造成重大环境污染事故，致使公私财产遭受重大损失或者人身伤亡的严重后果”修改为“严重污染环境”。从法律修改的精神看，不应再将“严重污染环境”解释为必须造成公私财产重大损失或者人身伤亡的实害结果；从环境污染犯罪的特点看，由于污染损害的显现往往需要有一个过程，且因果关系很难证明，如将“严重污染环境”解释为必须造成实害结果，也会极大地不当限缩污染环境罪的成立范围。鉴于此，本条一方面保留、完善了《2006 年司法解释》的有关内容（第（7）至（9）项沿用自《2006 年司法解释》第 1 条；第（11）至（13）项系在《2006 年司法解释》第 2 条基础上修改，适当下调了入罪标准），另一方面又根据污染物排放地点、排放量、超标程度、排放方式以及行为人的前科等，增加规定了几项认定“严重污染环境”的具体标准。这些新增标准客观性强，易于把握和认定，既能体现从严打击污染环境犯罪的立法精神，又能解决此类犯罪取证难、鉴定难的实际问题。[①]

而从《刑法修正案（十一）》与《刑法修正案（八）》的对比来看，法定刑设置也从之前的有期徒刑七年的上限，提升到有期徒刑的上限。法定刑配置的提升，也再次证明国家从战略层面所提出的生态文明建设思想在刑法分则中的具体体现。2018 年 5 月 18 日至 19 日，全国生态环境保护大会在北京胜利召开，习近平总书记出席会议并发表重要讲话，着眼人民福祉和民族未来，从党和国家事业发展全局出发，全面总结中共十八大以来我国生态文明建设和生态环境保护工作取得的历史性成就、发生的历史性变革，深刻阐述加强生态文明建设的重大意义，明确提出加强生态文明建设必须坚持的重要原则，对加强生态环境保护、打好污染防治攻坚战作出了全面部署。这次大会最大的亮点，就是确立了习近平生态文明思想。习近平生态文明思想站在坚持和发展中国特色社会主义、实现中华民族伟大复兴中国梦的战略高度，把生态文明建设摆在治国理政的突出位置，作为统筹推进“五位一体”总体布局和协调推进“四个全面”战略布局的重要内容，深刻回答了为什么建设生态文明、建设什么样的生态文明、怎样建设生态文明的重大理论和实践问题，是习近平新时代中国特色社会主义思想的重要组成部分。

---

① 周加海、喻海松：“《关于办理环境污染刑事案件适用法律若干问题的解释》的理解与适用”，载《人民司法（应用）》2017 年第 4 期，第 20—24 页。

（二）调整形式多样：立法修订前通过司法解释、会议纪要等进行调整

在2020年《刑法修正案（十一）》通过之前，在继续深化和学习习近平生态文明思想，认真落实中共中央重大决策部署和全国人大常委会决议要求，全力参与和服务保障打好污染防治攻坚战，推进生态文明建设，形成各部门依法惩治环境污染犯罪的合力，2018年12月，最高人民法院、最高人民检察院、公安部、司法部、生态环境部在北京联合召开座谈会。2018年6月16日，中共中央、国务院发布《关于全面加强生态环境保护 坚决打好污染防治攻坚战的意见》。7月10日，全国人大常委会通过了《关于全面加强生态环境保护 依法推动打好污染防治攻坚战的决议》。为深入学习贯彻习近平生态文明思想，认真落实党中央重大决策部署和全国人大常委会决议要求，全力参与和服务保障打好污染防治攻坚战，推进生态文明建设，形成各部门依法惩治环境污染犯罪的合力，2018年12月，最高人民法院、最高人民检察院、公安部、司法部、生态环境部在北京联合召开座谈会。会议交流了当前办理环境污染刑事案件的工作情况，分析了遇到的突出困难和问题，研究了解决措施。会议对办理环境污染刑事案件中的有关问题形成了统一认识。2019年2月20日最高人民法院、最高人民检察院、公安部、司法部、生态环境部公布了印发《关于办理环境污染刑事案件有关问题座谈会纪要》（以下简称《2019年会议纪要》）的通知。

（三）《2019年会议纪要》形式彰显中国特色

《2019年会议纪要》本来属于相关机关对某些会议进行研讨形成的会议纪要，从法理上看，既不属于立法的内容，也不属于司法解释。但是，从中国的实际出发，《2019年会议纪要》却在实务中客观而及时地发挥了重要的作用，有效地影响和规制了实务中出现的具体问题，继而体现了具有中国特色的以《2019年会议纪要》的形式进行及时处理的特别调整方式。具体而言，《2019年会议纪要》具有较强的针对性、及时性、有效性，在中国的司法实践中，具有非常强的中国特色。

1. 明确单位犯罪的认定标准

在《2019年会议纪要》中，着重解决了诸多问题。比如，明确单位犯罪的认定标准。一是依法合理把握追究刑事责任的范围。《2019年会议纪要》要求：在办理单位环境污染刑事案件时贯彻宽严相济刑事政策的要求，依法合理把握追究刑事责任的范围，“重点打击出资者、经营者和主要获利者，既要防止不当缩小追究刑事责任的人员范围，又要防止打击面过大”。特别是，要合理把握单位犯罪中直接负责的主管人员和其他直接责任人员的范围。根据《2019年会议纪要》的规定，单位犯罪中的直接负责的主管人员，一般是指对单位犯罪起决定、批准、组织、策划、指挥、授意、纵容等作用的主管人员，包括单位实际控制

人、主要负责人或者授权的分管负责人、高级管理人员等；其他直接责任人员，一般是指在直接负责的主管人员的指挥、授意下积极参与实施单位犯罪或者对具体实施单位犯罪起较大作用的人员。

二是单位犯罪的认定情形。根据《2019 年会议纪要》的规定，为了单位利益，实施环境污染行为，并具有下列情形之一的，应当认定为单位犯罪：

（1）经单位决策机构按照决策程序决定的；

（2）经单位实际控制人、主要负责人或者授权的分管负责人决定、同意的；

（3）单位实际控制人、主要负责人或者授权的分管负责人得知单位成员个人实施环境污染犯罪行为，并未加以制止或者及时采取措施，而是予以追认、纵容或者默许的；

（4）使用单位营业执照、合同书、公章、印鉴等对外开展活动，并调用单位车辆、船舶、生产设备、原辅材料等实施环境污染犯罪行为的。

三是单位犯罪的补充起诉机制。《2019 年会议纪要》规定："对于应当认定为单位犯罪的环境污染犯罪案件，公安机关未作为单位犯罪移送审查起诉的，人民检察院应当退回公安机关补充侦查。对于应当认定为单位犯罪的环境污染犯罪案件，人民检察院只作为自然人犯罪起诉的，人民法院应当建议人民检察院对犯罪单位补充起诉。"需要注意的是，根据最高人民法院《关于适用〈中华人民共和国刑事诉讼法〉的解释》（法释〔2012〕21 号）第 283 条的规定，在建议人民检察院对犯罪单位补充起诉的情形下，如果人民检察院仍以自然人犯罪起诉的，人民法院应当依法审理，按照单位犯罪中的直接负责的主管人员或者其他直接责任人员追究刑事责任，并援引刑法分则关于追究单位犯罪中直接负责的主管人员和其他直接责任人员刑事责任的条款。

2. 明确犯罪未遂的认定

《2019 年会议纪要》规定："对于行为人已经着手实施非法排放、倾倒、处置有毒有害污染物的行为，由于有关部门查处或者其他意志以外的原因未得逞的情形，可以污染环境罪（未遂）追究刑事责任。"

司法适用中，需要注意的是：对于犯罪未遂的认定，以行为人着手实施非法排放、倾倒、处置有毒有害污染物的行为为前提，故应当准确判断"着手"。对于排放、倾倒危险废物"着手"的判断，通常不存在问题。相比之下，处置危险废物"着手"的判断较为复杂，须妥当把握。

根据《刑法》第 23 条第 2 款的规定，对于未遂犯，可以比照既遂犯从轻或者减轻处罚。鉴于未遂造成的社会危害性相对较小，参照以往司法解释的相关规定，实践中对未遂的定罪量刑标准可以把握为既遂标准的 3 倍以上。

实践中存在部分既遂、部分未遂的情形，参照以往司法解释的规定，对此不宜将数量简单相加，可以分别评价既遂情节和未遂情节，在认定全案既遂的前提下，在处罚较重的法定刑幅度内酌情从重处罚。例如，行为人用罐车装有10吨的危险废物并开往某河流旁倾倒，在倾倒完1吨时被环保执法人员及时制止，对于此案可以依法认定行为人非法倾倒危险废物既遂1吨，未遂9吨，依照上述规则作出处理。

3. 明确主观方面的认定

《2019年会议纪要》规定："判断犯罪嫌疑人、被告人是否具有环境污染犯罪的故意，应当依据犯罪嫌疑人、被告人的任职情况、职业经历、专业背景、培训经历、本人因同类行为受到行政处罚或刑事追究情况以及污染物种类、污染方式、资金流向等证据，结合其供述，进行综合分析判断。"

根据《2019年会议纪要》的规定，具有下列情形之一，犯罪嫌疑人、被告人不能作出合理解释的，可以认定其故意实施环境污染犯罪，但有证据证明确系不知情的除外：

（1）企业没有依法通过环境影响评价，或者未依法取得排污许可证，排放污染物，或者已经通过环境影响评价并且防治污染设施验收合格后，擅自更改工艺流程、原辅材料，导致产生新的污染物质的；

（2）不使用验收合格的防治污染设施或者不按规范要求使用的；

（3）防治污染设施发生故障，发现后不及时排除，继续生产放任污染物排放的；

（4）生态环境部门责令限制生产、停产整治或者予以行政处罚后，继续生产放任污染物排放的；

（5）将危险废物委托第三方处置，没有尽到查验经营许可的义务，或者委托处置费用明显低于市场价格或者处置成本的；

（6）通过暗管、渗井、渗坑、裂隙、溶洞、灌注等逃避监管的方式排放污染物的；

（7）通过篡改、伪造监测数据的方式排放污染物的；

（8）其他足以认定的情形。

4. 明确生态环境损害的认定标准

《2019年会议纪要》规定："在生态环境损害赔偿制度试行阶段，全国各省（自治区、直辖市）可以结合本地实际情况，因地制宜，因时制宜，根据案件具体情况准确认定'造成生态环境严重损害'和'造成生态环境特别严重损害'"。《2016年司法解释》第17条第5款规定："本解释所称'生态环境损害'，包括生态环境修复费用，生态环境修复期间服务功能的损失和生态环境功能永久性损害造成的损失，以及其他必要合理费用。”因此，实践中可以根据上述界定，结合本地实际情况，准确判断污染环境行为造成生态环境损害的程度，准确认定是否达到造成生态环境严重损害和造成生态环境特别严重损害。

5. 明确非法经营罪的适用标准

《2016 年司法解释》第 6 条规定：“无危险废物经营许可证从事收集、贮存、利用、处置危险废物经营活动，严重污染环境的，按照污染环境罪定罪处罚；同时构成非法经营罪的，依照处罚较重的规定定罪处罚。实施前款规定的行为，不具有超标排放污染物、非法倾倒污染物或者其他违法造成环境污染的情形的，可以认定为非法经营情节显著轻微危害不大，不认为是犯罪；构成生产、销售伪劣产品等其他犯罪的，以其他犯罪论处。”

《2019 年会议纪要》要求坚持全链条、全环节、全流程对非法排放、倾倒、处置、经营危险废物的产业链进行刑事打击，查清犯罪网络，深挖犯罪源头，斩断利益链条，不断挤压和铲除此类犯罪滋生蔓延的空间。特别是，针对《2016 年司法解释》第 6 条规定的准确理解和适用，《2019 年会议纪要》要求注意把握两项原则。

一是坚持实质判断原则，对行为人非法经营危险废物行为的社会危害性作实质性判断。《2016 年司法解释》第 6 条确立了无危险废物经营许可证从事收集、贮存、利用、处置危险废物经营活动的入罪以违法造成环境污染为实质要件，未违法造成环境污染的，通常可以认定为情节显著轻微危害不大，不认为是犯罪。比如，一些单位或者个人虽未依法取得危险废物经营许可证，但其收集、贮存、利用、处置危险废物经营活动，没有违法造成环境污染情形的，则不宜以非法经营罪论处，也不宜以污染环境罪论处。需要注意的是，对于违法造成环境污染要件的判断应当采取相对宽泛的标准，即不要求一定达到《2016 年司法解释》第 1 条第（2）项以外其他项规定的严重污染环境的具体情形。例如，未按照规定安装特定污染防治设施，处置过程中超过标准排放污染物（虽然未达到超过特定标准 3 倍以上），或者将处置剩余的污染物违反规定倾倒的，可以认定为具备违法造成环境污染的要件。

二要坚持综合判断原则，对行为人非法经营危险废物行为根据其在犯罪链条中的地位、作用综合判断其社会危害性。比如，有证据证明单位或者个人的无证经营危险废物行为属于危险废物非法经营产业链的一部分，并且已经形成了分工负责、利益均沾、相对固定的犯罪链条，如果行为人或者与其联系紧密的上游或者下游环节具有排放、倾倒、处置危险废物违法造成环境污染的情形，且交易价格明显异常的，对行为人可以根据案件具体情况，在污染环境罪和非法经营罪中择一重罪处断。

6. 明确投放危险物质罪的适用标准

违规排放、倾倒或者处置有放射性的废物、含传染病病原体的废物、有毒物质，不仅严重污染环境，还可能危害公共安全，此时污染环境罪就可能与投放危险物质罪竞合，宜择一重罪处断。因此，《2016年司法解释》第8条规定："违反国家规定，排放、倾倒、处置含有毒害性、放射性、传染病病原体等物质的污染物，同时构成污染环境罪、非法处置进口的固体废物罪、投放危险物质罪等犯罪的，依照处罚较重的规定定罪处罚。"

在此基础上，《2019年会议纪要》对投放危险物质罪的适用作了专门规定。

一是用足用好《刑法》和《2016年司法解释》的规定。目前，我国一些地方环境违法犯罪活动高发多发，刑事处罚威慑力不强的问题仍然突出。因此，《2019年会议纪要》要求，现阶段在办理环境污染犯罪案件时必须坚决贯彻落实中央领导同志关于重典治理污染的指示精神，把《刑法》和《2016年司法解释》的规定用足用好，形成对环境污染违法犯罪的强大震慑。

二是准确适用投放危险物质罪。司法适用中，对污染环境的行为应当原则上适用污染环境罪，适用投放危险物质罪的，应当特别慎重，准确查明主客观方面的情况。《2019年会议纪要》规定："司法实践中对环境污染行为适用投放危险物质罪追究刑事责任时，应当重点审查判断行为人的主观恶性、污染行为恶劣程度、污染物的毒害性危险性、污染持续时间、污染结果是否可逆、是否对公共安全造成现实、具体、明确的危险或者危害等各方面因素。"而且，对污染环境行为适用投放危险物质罪，主要是基于罪责刑相适应的考虑，对此应当特别注意把握。基于此，《2019年会议纪要》专门规定，对于行为人明知其排放、倾倒、处置的污染物含有毒害性、放射性、传染病病原体等危险物质，仍实施环境污染行为放任其危害公共安全，造成重大人员伤亡、重大公私财产损失等严重后果，以污染环境罪论处明显不足以罚当其罪的，可以依照《2016年司法解释》第8条的规定，以投放危险物质罪定罪量刑。具体而言，实践中此类情形主要是向饮用水水源保护区，饮用水供水单位取水口和出水口，南水北调水库、干渠、涵洞等配套工程，重要渔业水体以及自然保护区核心区等特殊保护区域，排放、倾倒、处置毒害性极强的污染物，危害公共安全并造成严重后果的情形。

7. 明确涉大气类环境污染犯罪的处理

《2019年会议纪要》要求抓住关键问题，紧盯薄弱环节，突出打击重点，推动解决人民群众关注的突出大气环境问题。《大气污染防治法》第93条第1款规定："国家建立重污染天气监测预警体系。"第96条第1款规定："县级以上地方人民政府应当依据重污染天气的预警等级，及时启动应急预案，根据应急需要可以采取责令有关企业停产或者限产、限制部分机动车行驶、禁止燃放烟花爆竹、停止工地土石方作业和建筑物拆除施工、停止露天烧烤、停止幼儿园和学校组织的户外活动、组织开展人工影响天气作业等应急措施。”可见，在重污染天气预警期间，违反国家规定，超标排放二氧化硫、氮氧化物，社会危害性更大。为切实加大对涉大气污染环境犯罪的打击力度，《2019 年会议纪要》规定，受过行政处罚后又实施上述行为或者具有其他严重情节的，可以适用《2016 年司法解释》第 1 条第（18）项规定的其他严重污染环境的情形追究刑事责任。司法适用中需要妥当把握《2019 年会议纪要》上述规定与《2016 年司法解释》第 4 条第（3）项规定的“在重污染天气预警期间、突发环境事件处置期间或者被责令限期整改期间，违反国家规定排放、倾倒、处置有放射性的废物、含传染病病原体的废物、有毒物质或者其他有害物质”这一从重处罚情节的关系，对于对重污染天气预警期间，违规超标排放二氧化硫、氮氧化物，受过行政处罚后又实施上述行为或者具有其他严重情节的，如果根据《2019 年会议纪要》的规定适用《2016 年司法解释》第 1 条第（18）项规定的其他严重污染环境的情形追究刑事责任的，不能再适用《2016 年司法解释》第 4 条第（3）项的规定从重处罚，以避免重复评价。①

第三节　污染环境罪的定罪

虽然我国于 1997 年将重大环境污染事故罪（污染环境罪的前身），规定在我国的刑法中。但是，基于当时的社会发展状况，并没有把环境生态法益规定为一种独立且重要法益进行保护。而是将该罪名规定在《刑法》第六章妨害社会管理秩序罪之下的第六节破坏环境资源保护罪。因此，用发展的眼光对我国刑法中的污染环境罪进行动态剖析，会发现，在我国改革开放之前的计划经济状况下，环境资源保护问题似乎不是一个严重的社会问题。既然不是一个严重的社会问题，从刑法的谦抑性角度出发，当然不值得刑法的特别关注，因而也就不需要将其规定在我国的刑法中。但是，随着经济社会的持续发展，市场经济状况下私营企业不断出现，导致经济的发展背后隐藏着诸多环境损害和环境破坏问题，环境资源法益的保护日益成为一个亟须刑法回应的社会问题。特别是近十年来，环境问题日益成为民众日常生活关注的焦点，问题的严重性和紧迫性，更是不言而喻。

---

① 周加海、喻海松：“《关于办理环境污染刑事案件有关问题座谈会纪要》的理解与适用”，载《人民司法》2019 年第 16 期，第 27—33 页。

特别是，随着全球进入风险社会时代，工业革命与现代科技在给人类带来便利的同时，也带来了巨大的风险。“现代社会越来越多地面临各种人为制造的风险，比如常见的环境污染问题、食品安全问题、医药卫生问题、核辐射问题、网络安全问题等。这些新的人为风险具有传统风险无可比拟的特性，其往往会演变成社会危害性程度和范围都甚为深远的公害事件。”①

随着立法对污染环境问题的重视，我国刑法和相关司法解释都对污染环境罪进行了深度关注，参与讨论和研究的学者也不在少数。有学者指出，“污染环境罪，是指自然人或者单位违反国家规定，排放、倾倒或者处置有放射性的废物、含传染病病原体的废物、有毒物质或者其他有害物质，严重污染环境的行为。”②违反国家规定，主要是指违反《大气污染防治法》、《中华人民共和国固体废物污染环境防治法》（以下简称《固体废物污染环境防治法》）、《水污染防治法》、《中华人民共和国海洋环境保护法》（以下简称《海洋环境保护法》）、《环境保护法》等法律以及国务院颁布的有关实施细则。由此，污染环境罪是一个法定犯，也具有一定的行政从属性，是一个时效性和时代性很强的罪名。

随着《刑法修正案（十一）》的生效，最新的污染环境罪法规范内容已尘埃落定。但在《刑法修正案（十一）》出台前，以司法解释、会议纪要等形式明确的定罪量刑方面的具体指引，在不与法规范冲突的情况下，将继续发挥作用。特别是离《刑法修正案（十一）》最近的《2019 年会议纪要》，诸多相关规定，在明确污染环境罪犯罪构成方面，起了非常大的作用。《2019 年会议纪要》指出，司法实践中在对环境污染行为适用投放危险物质罪追究刑事责任时，应当重点审查判断行为人的主观恶性、污染行为恶劣程度、污染物的毒害性危险性、污染持续时间、污染结果是否可逆、是否对公共安全造成现实、具体、明确的危险或者危害等各方面因素。对于行为人明知其排放、倾倒、处置的污染物含有毒害性、放射性、传染病病原体等危险物质，仍实施环境污染行为放任其危害公共安全，造成重大人员伤亡、重大公私财产损失等严重后果，以污染环境罪论处明显不足以罚当其罪的，可以按投放危险物质罪定罪量刑。实践中，此类情形主要是向饮用水水源保护区，饮用水供水单位取水口和出水口，南水北调水库、干渠、涵洞等配套工程，重要渔业水体以及自然保护区核心区等特殊保护区域，排放、倾倒、处置毒害性极强的污染物，危害公共安全并造成严重后果的情形。

下文主要从污染环境罪的犯罪构成以及司法实务中的主要难点进行阐述，而对污染环境罪的犯罪构成的阐述则避开了学界一直讨论的阶层论与四要件论的论争，直接采用传统的四要件论进行阐述。

---

① 李兰英：《公害犯罪研究》，法律出版社 2016 年版，第 1 页。

② 张明楷：《刑法学》，法律出版社 2016 年版，第 1129 页。

一、客体（法益）

现有有关环境保护的31部法律，各法律之间在概念、表述、观点等方面存在不一致，甚至矛盾的地方。有学者指出，“经过近40年的发展，我国环境与资源保护法已经初步形成由《环境保护法》为基础，综合性法律、污染防治法、资源保护法、生态保护法、应对不确定环境风险的法律等为主体的相对完整的体系。未来，需要根据生态系统的完整性、不可分性、整体性，将被肢解在行政法部门、经济法部门中的环境与资源保护规范进行体系化整合，作为中国特色社会主义法律体系的一个独立法律部门。”① 基于环境资源保护立法的零散性和部门法分割性，不同时间，因为参与和影响立法的人不同，提出和论证了不同的问题等，很多主客观的因素直接导致了当前立法水平和立法质量不高的问题。对“环境”“生态”等具体概念的界定有十几种，但哪一种比较合适，并能得到大部分人认同，关键是能直接支撑立法的？目前，基础研究部分，仍然需要努力，否则，学术研究和理论基础不足以支撑本科学立法，会成为科学立法道路上学者与实务部门沟通的瓶颈，更会直接扼杀学科的生命力。

从法益概念史的角度进行考察发现，法益一词最开始被黑格尔学派运用，其概念的开端是缘起于对保护客体与行为客体的区分②。即法益是刑法保护的客体，而现实世界中视力可及的客体为行为客体。故从词源的角度看，客体与法益之间存在着很大程度的交叉与重合。我国目前立法将污染环境罪放在我国刑法第六章妨害社会管理秩序罪一章，认为污染环境行为是破坏社会秩序法益的犯罪，侵害的法益为秩序类法益。即便是侵害了具体的环境（生态）法益③，也被认为是因为侵害了生态法益而导致了妨害社会管理秩序，侵害了秩序法益。我国的这种立法，尽管从更宏观层面解读，亦有可取之处。但本书认为，将污染环境罪侵犯的法益直接解读为环境法益，并将环境法益升格为独立专章且能与公共安全法益进行衔接的法益较为合适。环境法益在刑法中法律地位的提升，有赖学术界和立法界对环境法益的重视。从学理上考究，本书认为污染环境罪侵害的法益应该为环境生态法益④。

---

① 李艳芳：“论生态文明建设与环境法的独立部门法地位”，载《清华法学》2018年第5期，第36页。

② ［日］伊东研祐：《法益概念史研究》，秦一禾译，中国人民大学出版社2014年版，第47页。

③ 虽然生态法益和环境法益，在内涵上略有差别，但基于不同学者在不同语境下容易替换和混淆使用。为了确保语境的统一，本书在同一意义上使用生态法益和环境法益。即认为生态法益和环境法益的内涵基本一致，且经常互换使用。

④ 本书不对环境和生态概念进行严格区分，很多场合相互交换使用，将其视为意思相近的词。文中，环境法益，环境生态法益，生态法益，被认为所指内涵同一。

根据法益的分类，法益分类有二分法（公法益与私法益）、三分法（个人法益、社会法益与国家法益）、四分法（人身法益、财产法益、社会法益与国家法益）①。由于环境具有供给自然资源、生态还原、提供优质生活、维持生命等功能，且兼具共同性（非排他性）、不可逆转性及地域固有财性及公平性等性质②，故环境法益属于公法益、群体法益、社会法益、超个人法益。环境伦理探讨自然世界价值，以及人类对于自然界的义务与道德关系。因此，尽管法益一词是一个舶来品，对法益的分类也有不同的区分方法。但客观而言，污染环境罪保护的法益应该为环境生态法益③。“日益增加的需要刑法保护的法益，是增设新罪的最重要理由”④。

当然，也有学者认为，污染环境罪侵害的法益为集合法益，如“环境法益一方面为典型的非个体法益，另一方面又指向具备一定的抽象性的生态环境整体，因此被视为集合法益的典型代表。前述环境法益的不同见解本质上就体现了集合法益的上述观点差异，可以说环境法益的诸多问题正来自于集合法益理论的见解纷争。”⑤ 当然，集合法益的说法是从污染环境行为所造成的侵害结果进行的考虑。根据我国刑法的规定，一犯罪行为同时破坏两个以上的法益，也不在少数，比如以危险方法危害公共安全罪。该类罪，在行为人行为的当时，可能同时造成两个以上法益的侵害。在立法和司法中，也存在竞合论的说法。因此，笔者认为，即便行为造成的法益侵害后果包括两个或两个以上的重要法益。但立法往往以行为侵害的核心法益作为保护对象。纵观国外立法，“国外刑法及其刑法理论不再认为环境犯罪是单纯的秩序违反，而是与伤害罪、盗窃罪、诈骗罪等真正的刑事犯具有同等非难程度的犯罪。”⑥ 因此，有学者认为，“对保护法益的理解不同，就会导致对司法解释的规定作出不同评价，也会影响污染环境罪的司法认定。”⑦

就污染环境罪而言，不管污染环境犯罪行为所侵害的法益为单独的生态环境法益，还是既包含环境生态法益，又包含民众的人身财产健康甚至生命权等法

---

① 林山田：《刑法各罪论（上册）》，作者2005年自版，第41—43页。

② 赖恒盈：“环境、环境问题与环境权之概念——国防军事环境管理理念”，载《国防管理学报》2002年第23卷第1期，第13—14页。

③ 在环境法领域，对环境和生态概念的判定，也有不同的区分，在此不作具体讨论。

④ 张明楷：“增设新罪的观念——对积极刑法观的支持”，载《现代法学》2020年第5期，第155页。

⑤ 李川：“二元集合法益与累积犯形态研究——法定犯与自然犯混同情形下对污染环境罪‘严重污染环境’的解释”，载《政治与法律》2017年第10期，第45页。

⑥ 张明楷：《外国刑法纲要》，清华大学出版社2007年版，第657页。

⑦ 张明楷：“污染环境罪的争议问题”，载《法学评论》2018年第2期，第1页。

益，污染环境罪所侵害的核心法益皆为生态环境法益。刑法对生态环境法益的保护，需要以发展中的社会经济状况为基础，适时进行调控。因此，本书认为，污染环境罪所侵害的法益，应当为生态环境法益，且该类法益的重要性仅次于国家安全和公共安全，在刑法中，应该位居第三。本书认为的生态环境法益，是超越传统人类中心法益论，主张生态学的法益论，与折中说主张的生态学的人类中心的法益论有一定的差别。张明楷老师主张的折中说认为，“对于经《刑法修正案（八）》修改后的污染环境罪，既不能仅采取纯粹生态学的法益论，也不能仅采取纯粹人类中心的法益论，而应采取生态学的人类中心的法益论（折中说）；只要生态学的法益与人类中心的法益不相抵触，就需要保护生态学的法益。”①

纵观各国环境刑法所采刑法理论，主要包括三种学说：生态的法益论、人类中心的法益论以及生态学的人类中心的法益论。当然，各国的刑事立法所采之学说理论也会有所变化和发展，比如德国早期采取生态的法益论，现在德国通说采生态学的人类中心的法益论②。对环境法益的不同理解，导致了立法和司法对污染环境罪的不同处置。由此可见，认识污染环境罪，首先要有较为合适的生态法益观。基于生态环境的特别保护，本书主张生态的法益论，认为生态环境具有相对独立的价值。尽管各国立法主要从人的利益出发进行考量，但从生态对于人类的重要意义而言，生态具有不依赖于人类而独立存在的价值。即便从功利主义的立场考量，在现有立法的状况下，生态环境法益不管是一种独立的法益，还是需要附着于人类法益基础上的法益（生态学的人类中心的法益论），生态环境法益的保护问题都亟须立法和司法严肃面对，并快速作出回应。

当然，随着我国污染环境罪之立法与司法解释的发展变化，也有学者从客观归责的角度认为，我国刑法开始注重生态法益的保护。如，“《修正案（八）》第46条的革新之处在于改变了污染环境罪的客体，不再以实害结果作为必备要素，所以，《2006年解释》就无法适用，而《2013年解释》和《2016年解释》遵从修法意图，开始善待生态法益。”③ 由此可以确定，随着我国积极社会的发展，以及刑法理论及刑事司法实践的进一步推进，我国刑事法对生态法益的重视和保护，已逐渐从理论上升到了实践层面。在可以预见的将来，将推行更为具体、更现代化的生态法益保护措施。

---

① 张明楷：“污染环境罪的争议问题”，载《法学评论》2018年第2期，第1页。

② 张明楷：《外国刑法纲要》，清华大学出版社2007年版，第656—657页。

③ 李冠煜：“污染环境罪客观归责的中国实践”，载《法学家》2018年第4期，第125页。

二、客观方面

（一）罪状及法定刑分析

1. 法定刑分为三个层次

我国《刑法》第338条规定，违反国家规定，排放、倾倒或者处置有放射性的废物、含传染病病原体的废物、有毒物质或者其他有害物质，严重污染环境的，处三年以下有期徒刑或者拘役，并处或者单处罚金；情节严重的，处三年以上七年以下有期徒刑，并处罚金；有下列情形之一的，处七年以上有期徒刑，并处罚金：（一）在饮用水水源保护区、自然保护地核心保护区等依法确定的重点保护区域排放、倾倒、处置有放射性的废物、含传染病病原体的废物、有毒物质，情节特别严重的；（二）向国家确定的重要江河、湖泊水域排放、倾倒、处置有放射性的废物、含传染病病原体的废物、有毒物质，情节特别严重的；（三）致使大量永久基本农田基本功能丧失或者遭受永久性破坏的；（四）致使多人重伤、严重疾病，或者致人严重残疾、死亡的。有前款行为，同时构成其他犯罪的，依照处罚较重的规定定罪处罚。

根据该罪的罪状描述以及法定刑配置可以看出：污染环境罪被划分为三个层次。第一个层次为一般情形，处刑最低，法定刑为三年以下有期徒刑或者拘役，并处或者单处罚金。普通情形构成犯罪的动作，包括“排放、倾倒或者处置有放射性的废物、含传染病病原体的废物、有毒物质或者其他有害物质”，要求结果是“严重污染环境”。当然，至于什么是“严重污染环境”，在不冲突的情况下，《2016年司法解释》规定得较为详细，与《刑法修正案（十一）》不冲突的地方，该解释仍然可以适用。第二个档次，法定刑为“三年以上七年以下有期徒刑，并处罚金”，要求的情节为“情节严重”。同样，关于“情节严重”的解释，目前也是依照之前的司法解释。

污染环境罪的法规范中，还规定了适用“七年以上有期徒刑，并处罚金”的条件。即，在出现某些情形的情况下，适用更高一档的法定刑。本条规定，在出现四种情形的情况下，对行为人处七年以上有期徒刑，并处罚金。这四种情形，既包括行为方式和行为特点特殊的（情形一、二），也包括行为导致的具体严重的结果（情形三、四）。如果从行为特点来归纳，法定刑升格后该罪刑罚的第三档中，既规定了行为犯（符合行为的特点和情节，即构成犯罪），又规定了结果犯（需要出现某种特定的严重损害结果）。当然，这种情况，在我国很多个罪的规定中都有类似情况，既规定行为入刑，又规定结果入刑。污染环境罪将这种定罪量刑的不同划分标准规定在了法条中，当然对于“严重污染环境”“情节严重”等的具体内容的界定，则规定在了司法解释中。这种定量+定性的规定模式，彰显了我国立法中非常具有中国特色的一点。

2. “严重污染环境”的认定

自我国刑法规定之污染环境罪罪名从之前的重大污染环境事故罪修订为污染环境罪以来，司法实务中出现诸多难题。针对实务中出现的难题，最高人民法院、最高人民检察院也相继出台了司法解释。环保部召开最高人民法院、最高人民检察院《2013 年司法解释》宣传贯彻工作视频会议时，邀请了最高人民法院研究室副主任周加海对《2013 年司法解释》进行了解读。《2013 年司法解释》自 2017 年 1 月 1 日起施行，这是 1997 年《刑法》施行以来最高司法机关就环境污染犯罪第三次出台专门司法解释，充分体现了最高司法机关对环境保护的高度重视，对于进一步提升依法惩治环境污染犯罪的成效，加大环境司法保护力度，有效保护生态环境，推进美丽中国建设。

根据《2013 年司法解释》第 1 条规定，“实施刑法第三百三十八条规定的行为，具有以下情形之一的，应当认定为‘严重污染环境’：

（一）在饮用水水源一级保护区、自然保护区核心区排放、倾倒、处置有放射性的废物、含传染病病原体的废物、有毒物质的；

（二）非法排放、倾倒、处置危险废物三吨以上的；

（三）非法排放含重金属、持久性有机污染物等严重危害环境、损害人体健康的污染物超过国家污染物排放标准或者省、自治区、直辖市人民政府根据法律授权制定的污染物排放标准三倍以上的；

（四）私设暗管或者利用渗井、渗坑、裂隙、溶洞等排放、倾倒、处置有放射性的废物、含传染病病原体的废物、有毒物质的；

（五）两年内曾因违反国家规定，排放、倾倒、处置有放射性的废物、含传染病病原体的废物、有毒物质受过两次以上行政处罚，又实施前列行为的；

（六）致使乡镇以上集中式饮用水水源取水中断十二小时以上的；

（七）致使基本农田、防护林地、特种用途林地九亩以上，其他农用地十亩以上，其他土地二十亩以上基本功能丧失或者遭受永久性破坏的；

（八）致使森林或者其他林木死亡五十立方米以上，或者幼树死亡二千五百株以上的；

（九）致使公私财产损失三十万元以上的；

（十）致使疏散、转移群众五千人以上的；

（十一）致使三十人以上中毒的；

（十二）致使三人以上轻伤、轻度残疾或者器官组织损伤导致一般功能障碍的；

（十三）致使一人以上重伤、中度残疾或者器官组织损伤导致严重功能障碍的；

（十四）其他严重污染环境的情形。”

从司法适用和解释的情况看，污染环境罪的入罪，需要造成一定的严重后果。严重污染环境，是指对环境造成的结果，而非行为①。结合我国刑法定罪+定量相结合的构罪模式，本书认为污染环境罪的构罪既不是简单的带来危险便处罚的抽象危险犯之行为犯，又不是绝对意义的一定要有造成某种必然实害量化结果的法益侵害后果之实害犯，而是一种复杂情状的综合体。比如以上之“（一）在饮用水水源一级保护区、自然保护区核心区排放、倾倒、处置有放射性的废物、含传染病病原体的废物、有毒物质的”；“（四）私设暗管或者利用渗井、渗坑、裂隙、溶洞等排放、倾倒、处置有放射性的废物、含传染病病原体的废物、有毒物质的；”“（五）两年内曾因违反国家规定，排放、倾倒、处置有放射性的废物、含传染病病原体的废物、有毒物质受过两次以上行政处罚，又实施前列行为的”。以上规定，其实是将危险的行为拟制为已经有了“严重污染环境”的后果，为了进行危险防控而进行构罪处理。基于如此之解释，也不难理解，有学者将我国的污染环境罪规定解读为抽象危险犯之行为犯特点。但本书认为，污染环境罪的解释和适用，对危险行为直接入罪处理的情况，属于一种法律拟制，并没有改变污染环境罪要求“严重污染环境”之实害的特点和要求。因此，污染环境罪在本质上还是以法益侵害后果之实害犯为主。

从法教义学的角度进行分析，有学者指出，“2016年《环境污染刑事解释》设定了‘严重污染环境’的三种认定标准：行为标准、结果标准以及堵截性标准，并从此折射了司法机关在认定污染环境罪时的两种理念变迁：法益保护从单一性向多元性转变；犯罪认定从惩罚性思维向预防性思维转变。司法解释对‘严重污染环境’的具体规定之所以引发诸多争议，原因就在于该司法解释并没有做到与修正之后的立法相同步，司法机关出台的司法解释没有完全跟上刑事立法的理念变迁。②”此种对司法解释提出的质疑和批判，具有一定的代表性和学术性，也非常合时宜地指出了我国污染环境罪的具体问题。客观而言，在目前污染环境罪之立法较为粗糙的现状下，司法现状出现了较为混乱的局势。司法解释的出台，在缓解混乱的司法困境，起到了一定的积极作用。当然，理论和实务问题依然存在，亟须理论界和实务界继续努力，协力解决问题。

3. “后果特别严重”的认定

《2016年司法解释》对“后果特别严重”作出了新的规定，其中，第3条规

---

① 张明楷：《刑法学》，法律出版社2016年版，第1129页。

② 王勇：“论司法解释中的‘严重污染环境’——以2016年《环境污染刑事解释》为展开”，载《法学杂志》2018年第9期，第106页。

定，“实施刑法第三百三十八条、第三百三十九条规定的行为，具有下列情形之一的，应当认定为‘后果特别严重’：

（一）致使县级以上城区集中式饮用水水源取水中断十二小时以上的；

（二）非法排放、倾倒、处置危险废物一百吨以上的；

（三）致使基本农田、防护林地、特种用途林地十五亩以上，其他农用地三十亩以上，其他土地六十亩以上基本功能丧失或者遭受永久性破坏的；

（四）致使森林或者其他林木死亡一百五十立方米以上，或者幼树死亡七千五百株以上的；

（五）致使公私财产损失一百万元以上的；

（六）造成生态环境特别严重损害的；

（七）致使疏散、转移群众一万五千人以上的；

（八）致使一百人以上中毒的；

（九）致使十人以上轻伤、轻度残疾或者器官组织损伤导致一般功能障碍的；

（十）致使三人以上重伤、中度残疾或者器官组织损伤导致严重功能障碍的；

（十一）致使一人以上重伤、中度残疾或者器官组织损伤导致严重功能障碍，并致使五人以上轻伤、轻度残疾或者器官组织损伤导致一般功能障碍的；

（十二）致使一人以上死亡或者重度残疾的；

（十三）其他后果特别严重的情形。”

前后两部司法解释比较可以看出，两部司法解释具有一定的先后继承性，《2016年司法解释》在很多条款的规定上保留了原来解释的内容。当然，基于实践的需要，司法解释对于何为“后果特别严重”的规定，更为具体。在《2013年司法解释》[①] 的基础上，对新出现的状况和问题进行了进一步规定和细化。为

---

① 我国《2013年司法解释》第3条规定，“实施刑法第三百三十八条、第三百三十九条规定的行为，具有下列情形之一的，应当认定为“后果特别严重”：

（一）致使县级以上城区集中式饮用水水源取水中断十二个小时以上的；

（二）致使基本农田、防护林地、特种用途林地十五亩以上，其他农用地三十亩以上，其他土地六十亩以上基本功能丧失或者遭受永久性破坏的；

（三）致使森林或者其他林木死亡一百五十立方米以上，或者幼树死亡七千五百株以上的；

（四）致使公私财产损失一百万元以上的；

（五）致使疏散、转移群众一万五千人以上的；

（六）致使一百人以上中毒的；

（七）致使十人以上轻伤、轻度残疾或者器官组织损伤导致一般功能障碍的；

（八）致使三人以上重伤、中度残疾或者器官组织损伤导致严重功能障碍的；

（九）致使一人以上重伤、中度残疾或者器官组织损伤导致严重功能障碍，并致使五人以上轻伤、轻度残疾或者器官组织损伤导致一般功能障碍的；

（十）致使一人以上死亡或者重度残疾的；

（十一）其他后果特别严重的情形。”

了应对实务中出现的状况和问题，目前，我国采司法解释的形式进行细化规定。在实施一定时间以后，如果效果很好，且具有相当的稳定性和立法的必要性，再进一步上升为立法。这种从实践到立法的模式，在我国已经运行多年。尽管与欧陆各国建构式的立法模式有所不同，也将诸多的问题推给了司法实践，在理论界也一直颇受质疑和批评。在理论界看来，这种做法有司法解释替代立法之嫌疑。但是，客观而言，面对层出不穷的现实问题，司法解释具有相当的及时性和灵活性，能很好应对实务中出现的各种现实问题，及时填补法律的空白和漏洞。此种模式，笔者认为，从积极层面讲，属于实践理性的范畴，以达到应对实务中具体问题的目的。

4.《刑法修正案（十一）》的新规定

随着环境刑法的发展以及司法实践的进一步推进，在各界的努力之下，我国刑法第338条规定的污染环境罪的法定刑，又进行了调整。其中，增加了一个法定刑量刑档次，即对于某些特别严重的情节，规定了七年以上有期徒刑的量刑幅度。在《刑法修正案（十一）》中，明确把符合该档次量刑幅度的行为规定在法条中，具体的行为包括：

（一）在饮用水水源保护区、自然保护地核心保护区等依法确定的重点保护区域排放、倾倒、处置有放射性的废物、含传染病病原体的废物、有毒物质，情节特别严重的；

（二）向国家确定的重要江河、湖泊水域排放、倾倒、处置有放射性的废物、含传染病病原体的废物、有毒物质，情节特别严重的；

（三）致使大量永久基本农田基本功能丧失或者遭受永久性破坏的；

（四）致使多人重伤、严重疾病，或者致人严重残疾、死亡的。

以上可以看出，随着我国对生态法益的重视程度的提升，刑法作为最后保障法，也加大了对生态法益的保护。对某些特别严重的危害行为，比如在饮用水水源保护区、自然保护地核心保护区，或者向国家确定的重要江河、湖泊水域排放、倾倒、处置有毒有害物质且情节特别严重，直接认定为法定刑升格的条件，不需要有行为导致了某些具体的危害后果。这种情节犯的规定，也体现了我国对生态法益的重视和保护的决心。基于生态法益的系统性和难以修复性，对生态法益损害的认定，不需要以直接导致具体的人或财产的损害结果，便可进行刑法上的归责。以上也可以看出，我国在生态法益的认识上，基本上也在某种程度上承认了生态法益的相对独立性，进而进行保护。因此，在某种意义上，也佐证了本书基于共进的生态人类中心主义的立场对生态法益所进行的界定。

另外，在该档的法定刑幅度内，规定了相应的危害结果，即致使大量永久基本农田基本功能丧失或者遭受永久性破坏的，或者致使多人重伤、严重疾病，或者致人严重残疾、死亡的。从实践的角度看是，生态法益的破坏，往往通过人类的直接利益的损害而被发现。因此，直接从对人类造成的损害出发，对直接造成相应损害后果的危害行为，适用七年以上有期徒刑的法定刑。此项规定，说明了生态法益与人类利益的密切关联性，二者处于一种相互影响，相互关联的关系。人类破坏生态的行为，最后会表现为对人类自身的损害，体现为农田基本功能的丧失，甚或多人重伤、严重疾病，或者致人严重残疾、死亡。

（二）行为及其特点

1. 行为样态多样化

污染环境罪属于典型的法定犯，法定犯具有的特点是行政违法性与刑事违法性并存。因此，在考量的过程中，刑事审判避免“行政化倾向”，“应当经由构成要件判断、规范判断与价值判断的三重体系的判断与过滤”①。具体为，第一层次，法官应当明确国家行政管理法规的相关认定标准，在犯罪构成要件层面作出科学判断；第二层次，对行为侵害法益的事实做实质考察，并对被告人之违法性认识的责任做科学考察；第三层次，将专家证人咨询制度、法定刑以下判处刑罚制度和边际事实理论等辅助制度融入裁判。在规范要素分析视角，应当对作为前置法的“国家规定”作体系归纳，对行为的法益侵害作实质解释，对行为人责任要素作独立性考察。

污染环境罪的客观方面，需要对罪名中的几个动词，“排放、倾倒、处置”进行具体分析研讨。即排放、倾倒或者处置有放射性的废物、含传染病病原体的废物、有毒物质或者其他有害物质，且严重污染环境的行为。该行为主要体现为作为，即主动排放、倾倒或者处置各种违规且对环境有污染的废物或其他有害物质。行为的表现形式为，将危险废物、有毒物质或者其他有害物质置于大气或者水土（包括海洋、湖泊等）之中②。

作为一种犯罪，污染环境行为样态表现为多样。其中，主要表现为作为犯。基于我国立法的特征，对行为的解读，即何种行为应当认定为“严重污染环境”，何种状态被认为已经达到了“严重污染环境”，进而构成污染环境罪？以上为污染环境罪司法实务之重点，也成为司法实践之难点。因此，关于污染环境罪之两次司法解释，便是针对司法实务中具体难题进行，以上要点亦成为理论研讨的热点。因此，近年来关于污染环境罪的司法解释推陈出新，亦可见我国

---

① 沈明磊、庄旭龙：“法定犯时代刑法如何避免‘行政化倾向’”，载《法治现代化研究》2019年第3卷第4期。

② 张明楷：《刑法学》，法律出版社2016年版，第1129页。

《刑法》第338条污染环境罪对于罪状的描述需要进一步精细化处理。

2. 行为侵害生态法益，体现一定的主观恶性

自从德国刑法学家汉斯·韦尔策尔（Hans Welzel）提出目的行为论以来，欧陆刑法学在讨论犯罪行为时，开始注重对行为目的的讨论。即人的行为不再是简单的因果行为，行为与结果之间也不再是简单的因果关系。而是，人的行为，特别是故意犯罪行为，是具有一定的目的的行为①。韦尔策尔的目的行为论对欧陆刑法学界带来了重大影响，尽管该理论也存在解释过失犯罪乏力之缺陷。但是，基于目的行为论的思想，在规范责任论的归责理论下，传统四要件中的客观行为，也不再是单纯的纯粹客观的行为，而是行为人目的支配下的行为。主观与客观的一体性与不可分割性，对犯罪构成理论之体系性提出了更高的要求。

因此，在分析污染行为时，需要通过客观的行为，考察行为人的主观恶性。同样是“排放、倾倒、处置”等行为，行为的地点和对象不同，处罚的结果也有差异。特别是《刑法修正案（十一）》将法定刑再升一格，确定（一）在饮用水水源保护区、自然保护地核心保护区等依法确定的重点保护区域排放、倾倒、处置有放射性的废物、含传染病病原体的废物、有毒物质，情节特别严重的；（二）向国家确定的重要江河、湖泊水域排放、倾倒、处置有放射性的废物、含传染病病原体的废物、有毒物质，情节特别严重的；（三）致使大量永久基本农田基本功能丧失或者遭受永久性破坏的；（四）致使多人重伤、严重疾病，或者致人严重残疾、死亡的；以上四种情形可以判处七年以上有期徒刑。其中，（一）、（二）两项，规定了行为的地点和对象。即针对特定领域，如饮用水水源保护区、自然保护地核心保护区等依法确定的重点保护区域排放、倾倒、处置相关有毒有害物质的；或者向国家确定的重要江河、湖泊水域排放、倾倒、处置。

对客观行为的分析，具体体现的是客观行为背后，所展现出来的行为人的恶性。具体如，针对饮用水水源保护区、自然保护地核心保护区，或者国家确定的重要江河、湖泊水域，进行“排放、倾倒、处置”等有毒有害物质的行为，行为人的人身危险性更大。且行为的对象，如饮用水水源保护区、自然保护地核心保护区，或者国家确定的重要江河、湖泊水域，都是众所周知非常重要的公共领域，亦是良好生态的重要根据。明知影响重大，仍然“排放、倾倒、处置”等有毒有害物质的，其主观恶性自然很大。因此，我国通过《刑法修正案（十一）》，对此四种情形进行了规定，并设置了更高的法定刑，即七年以上有期徒刑。

---

① ［德］韦尔策尔：《目的行为论导论：刑法理论的新图景》，陈璇译，中国人民大学出版社2015年版，第1—19页。

（三）从重从宽情节

从重和从宽情节，都属于量刑过程中，需要考量的法定量刑情节。根据我国的司法情况，往往会把量刑情节放在司法解释中，进行标准化管理。其中，从重情节的规定，在某种程度上，表现了我国对生态法益保护的严正态度。同时，有从重情节，便有从宽情节。而本书主要从认罪认罚从宽的角度，对该罪的从宽情节，进行探讨。

1. 从重情节

构成污染环境罪，有下列情形的，酌情从重处罚：（1）阻挠环境监督检查或者突发环境事件调查的；（2）闲置、拆除污染防治设施或者使污染防治设施不正常运行的；（3）在医院、学校、居民区等人口集中地区及其附近，违反国家规定排放、倾倒、处置有放射性的废物、含传染病病原体的废物、有毒物质或者其他有害物质的；（4）在限期整改期间，违反国家规定排放、倾倒、处置有放射性的废物、含传染病病原体的废物、有毒物质或者其他有害物质的。

当然，以上情节，是与污染环境罪直接关联的酌定的从重情节。而根据传统的犯罪行为，我国刑法总则也规定了相应的法定从重情节，其当然适用于污染环境罪的具体量刑中。比如，累犯，共犯中的主犯，等等。根据《刑法修正案（十一）》的修订，可以看出之前的某些酌定从重情节，已经为立法所采纳吸收，成为法定刑升格的具体情形。

2. 从宽情节

实施本罪行为，但及时采取措施，防止损失扩大、消除污染，积极赔偿损失的，可以酌情从宽处罚。在刑罚轻缓化的总体状况下，特别是对预防刑的倚重，事后行为人的态度对量刑有很大的影响。特别是我国刑事诉讼法将认罪认罚从宽制度确立为法定的从宽制度后，对于案发后能诚恳认罪，积极主动修复被破坏的生态环境的，可以考虑从宽处罚。特别是实务中将修复性司法理念进行吸收转化，发展出有中国特色的生态司法新理念。比如，“复绿补植”制度，附条件不起诉制度等，这些制度的发展，都是在某种意义上，以行为人事后的良好表现作为基础和条件，一方面发挥各方力量着力修复被破坏的生态环境；另一方面从特殊预防和一般预防的视角，对行为人进行教育矫正。在目前认罪认罚从款制度适用的大背景下，污染环境罪之认罪认罚情况往往成为从宽的一个重要事实基础。因此，认罪情况好的，往往在实践中能获得从宽处罚。

三、主体

污染环境罪的行为主体，既可以是自然人，也可以是单位。明知他人无经营许可证或者超出经营许可范围，向其提供或者委托其收集、贮存、利用、处置危险废物，严重污染环境的，以污染环境罪的共同犯罪论处[①]。从调研的情况看，污染环境罪以共犯和单位犯罪形态为主，在构成污染环境罪的具体案例中，单位犯罪占了很大的比例。

从犯罪的主体结构，可以窥探出该罪在实务中呈现的特点以及发展趋势。从实务中污染环境罪主体中共犯和单位犯罪占很大比例的情况看，污染环境罪为现代化发展过程中工业化进程的产物。这种犯罪，的确是市场经济状况下，经济发展以及城镇化发展带来的结果。由此可见，我国在重视经济发展的同时，也必须考虑环境资源的保护。否则，安静、祥和的民众基本生活条件很难有保障。

“既然我国立法者对于污染环境罪采取了更加重视事前预防的治理策略，为了保证治理的有效性，相对于个人，其预防的重点应当集中在企业（单位）的排污行为，因为后者在实践中更多发，危害也更大。我国《刑法》第346条规定了单位犯污染环境罪的刑事责任，因而，前述预防目的能否实现很大程度上取决于该条在司法实践中的运行状况。”[②] 实践中主体包含个人与单位的环境犯罪行为，占了很大的比例。

（一）自然人

污染环境罪犯罪的主体包括自然人和单位，一般情况下，都是以单位组织的形式进行犯罪。单个的个人行为进行的污染环境犯罪，比较少。因此，在单位犯罪中，如何确定需要承担刑事责任的自然人，便成为多人共同行为中，需要确定责任承担者的问题。单位犯罪中一般参与人员较多，只有对单位犯罪负有直接责任的自然人才需要予以刑罚，这是刑罚经济性的表现，才有利于防止单位犯罪刑事责任的不当扩张。“直接责任”是单位犯罪中两类受刑主体的共同事实基础，但是“直接责任”的概念在我国学术研究上没有得到足够的重视，理论上对“直接责任”的讨论还不够深入，实务裁判文书中对相关人员的“直接责任”论证也不够透彻。有学者认为，单位内部自然人对单位犯罪具有直接责任，即其积极参与实施了单位犯罪行为并且在单位犯罪中起到重要作用。考察实务中的做法，所谓“直接责任”人员，往往变成了直接操作的工人，而有些工人对行为的后果，即违法性认识有所欠缺，直接导致了对污染环境罪定罪方面的责难。

在污染环境罪的个案中，单位内部其他参与者的责任判定存在同案不同判的问题。单位内部直接负责的主管人员和其他直接责任人员之外的参与者，其也直接参与实施单位犯罪的实行行为，客观上符合违法性要求；主观上也已经认识到

---

① 张明楷：《刑法学》，法律出版社2016年版，第1129页。

② 耿佳宁：“污染环境罪单位刑事责任的客观归责取向及其合理限制：单位固有责任之提倡”，载《政治与法律》2018年第9期，第41页。

了行为的危害性，意志上也并不排除危害结果的发生，具有非难可能性。那么这部分的其他参与者是否也具有承担刑事责任的基础？其行为是否构成犯罪？其与单位之间是否构成共同犯罪？

有学者认为单位的其他参与者的行为是中立的业务行为，对犯罪的进程并不具有支配性，其之所以会参与实施单位犯罪之中是受到领导人员的指派或者奉命而为，因此，并不具有期待可能性，具有法定的责任阻却事由，不认为是犯罪。一般参与职工只是单位犯罪的要素，与单位之间不构成共同犯罪①。但有学者强调，对于如受雇专门进行污染物运输和倾倒的员工，因为其对单位所犯的污染环境罪进程能够发挥支配性的作用，同时，其职位本身就是为了服务污染环境犯罪而设置，因此应该评价为犯罪。有的学者指出，单位内部其他职员是否属于单位犯罪的受刑主体，关键在于违法性总量评价、犯罪进程支配的程度、期待可能性的大小、预防犯罪的必要性等多重因素②。

有学者统计，在单位犯污染环境罪的相关裁判中，将近有1/5的普通劳动者被追究刑事责任③。同时，笔者也进行了具体的实证研究和数据统计，发现实务中的确存在将普通的没有决策权的工人，认定为“直接责任人”，进而对其进行定罪处罚的情况。从理论上分析，这是对法定犯中单位犯罪中的自然人犯罪之罪责理论，缺乏必要的掌握。笔者认为，对于没有直接决策权的普通工人，特别是对于行为的违法性欠缺认知的工人，在责任的承担上，应该进行出罪化处理。而“直接责任人”，应该理解为单位的主要决策者，即决定让工人为污染环境行为的决策者。从理论上分析，对于没有具体决策权的工人而言，首先，其他参与者在此情境下，确实面临着失业的风险，不具有期待可能性；其次，如上所述，单位犯罪追究个人责任是功利效果的结果，因此若认为单位内部其他一般参与职工也是犯罪主体，则有违刑法的经济性原则。因此，原则上应该坚持其他参与者并不是单位犯罪的受刑主体，其与单位之间不构成共同犯罪。

（二）单位

对于单位犯罪，理论上一直争议很多。各国对于单位犯罪的相关立法，也态度不一。相比较之下，我国对单位犯罪的理论讨论和立法实践，在世界各国算是比较前沿的。法人成为犯罪主体，冲击了以自然人为基础的刑事责任理论。但这并不意味着是对自然人责任的合理依据发起的质疑。随着市场经济的发展，法人犯罪的问题日益凸显，法人之所以能够成为犯罪主体完全是出于打击法人犯罪的

---

①② 陈洪兵：“环境犯罪主体处罚范围的厘定——以中立帮助行为理论为视角”，载《湖南大学学报（社会科学版）》2017年第6期，第146—154页。

③ 石珍：“污染环境罪的微观透视——以296例裁判文书为分析对象”，载《人民司法》2015年第9期，第14—18页。

刑事政策考虑。关于污染环境罪是否构成单位犯罪问题，《刑法》第346条规定，“单位犯本节第三百三十八条至第三百四十五条规定之罪的，对单位判处罚金，并对其直接负责的主管人员和其他直接责任人员，依照本节各该条的规定处罚。”因此，根据罪刑法定原则，在我国，污染环境罪是适用单位犯罪的。

对于单位犯罪中单位与自然人承担责任的责任分配等问题，有学者批判道，“相对于法人能不能、该不该承担刑事责任的传统或狭义的法人犯罪刑事责任理论，我国的单位犯罪刑事责任理论更多的是在承认单位犯罪的背景下，致力于如何论证与解读单位犯罪的主体和刑事责任等现实问题，可称为改进或广义的单位犯罪刑事责任理论。但是在众多的单位犯罪刑事责任理论中，既没有一种理论能够形成相对一致的共识并成为理论通说，更没有一种理论能够全面、系统地‘一揽子’解决单位犯罪的司法实践问题。所以，亟须进一步转换角度，探寻新的研究方法与思路。”①

从犯罪的原因看，超过90%的污染环境罪犯罪原因皆为生产加工的过程中，生产者为了减少成本、增加收益而采取粗暴的生产废物处理方式，直接导致环境被污染。这与我国工业化进程生产加工以粗放型和劳动密集型的生产模式有直接关系，对技术提升和发展模式优化的忽视，直接导致了生产过程带来的次生危害，如环境污染。从统计的情况看，很多污染环境罪的犯罪人，对污染环境的违法行为有一定的认识，但对污染后果的认识非常匮乏，有些在被刑事追诉之后，还一直不能理解为何好好的生产行为会给自己引来牢狱之灾。从行为人的受教育程度看，很多小企业、小作坊的老板，受教育程度为小学、中学，很少有受过高等教育的。这也不难看出，环境保护工作任重道远，而刑法作为最后的保障法需要在其他部门法和综合性社会配套措施良好运行的基础上，才能起到最优的效果。

被处罚的污染环境罪多为生产加工过程中出现的工业废料、废物被非法倾倒、泄露或处置。不管是有毒、有害物的非法排放，还是工业废弃物的非法处置等，都体现了工业社会以牟利为特点的加害自然环境的行为。众所周知，生产是一个多人参与的有组织、有计划、有程序的团体行为，即便是最简单的小作坊，也有着多人合作、相互配合的特点。因此，在污染环境罪的过程中，免不了涉及共犯问题。从随机搜集的132份判决来看，总共有49份判决属于共同犯罪，占比37.12%。这也从一个侧面展现了污染环境罪属于多人、多次、长时间犯罪的特点，德国、日本刑法中将污染环境罪规定为累积的准抽象危险犯，也不无道理。

---

① 杨国章：《法条竞合视野下的单位犯罪研究》，法律出版社2019年版，前言第2页。

从时间的顺延来看，相比较而言，认定共同犯罪的案件呈现逐年增加的趋势。尽管我国在共犯理论方面依然存在很大争议，不管是立法还是司法都存在诸多难点要突破，但是，这并不妨碍司法对污染环境罪共犯的认定。基于共犯采用“部分犯罪，全部责任”的处罚原则，对共犯的处罚刑法上采取比较重的处罚，就是为了打击不能独立完成的共犯问题，把共同犯罪人看成不可分割的整体，希望通过重罚起到遏制犯罪的目的。

四、主观方面

（一）学说争议：故意说，过失说，混合罪过说

关于污染环境罪的罪过，即该罪的主观方面，是本罪争议较大的点。污染环境罪的前身，重大环境污染事故罪，其主观方面为过失。《刑法修正案（八）》将该罪罪名修订为污染环境罪之后，刑法理论的通说依然认为本罪的主观方面为过失[①]。近年来，学者们针对污染环境罪的罪过形式，展开了热烈而持续的讨论，表现为故意说[②]、过失说、混合罪过说[③]或复合罪过说[④]等不同的观点。有学者认为，“将本罪确定故意犯罪，也不至于造成处罚漏洞。一方面，对过失行为没有造成危害公共安全结果的，没有必要处罚；另一方面，如果过失行为造成了危害公共安全的结果，则可以认定为过失危害公共安全的犯罪。当然，由于本罪的危害结果比较复杂，所以，不要求行为人对污染环境的具体结果有确定的认识，只要行为人明知自己的行为可能发生污染环境的结果，并且希望或者放任这种结果发生，即成立本罪的故意。”[⑤]

张明楷老师认为，“污染环境罪的基本犯的责任形式只能是故意，不可能是过失，因而也不能采取混合说或者模糊罪过说。应当以保护法益为指导解释刑法第338条规定的污染环境罪；对于经刑法修正案（八）修改后的污染环境罪，既不能仅采取纯粹生态学的法益论，也不能仅采取纯粹人类中心的法益论，而应采取生态学的人类中心的法益论（折中说）；只要生态学的法益与人类中心的法益不相抵触，就需要保护生态学的法益。相对于人类中心的法益而言，污染环境罪是结果犯；但相对于生态学的法益而言，污染环境罪既可能是行为犯，也可能是结果犯，这是环境法益的复杂性决定的；相对于人类中心的法益而言，污染环境

---

① 高铭暄、马克昌：《刑法学》，北京大学出版社、高等教育出版社2016年版，第582页。

② 张明楷：“污染环境罪的争议问题”，载《法学评论》2018年第2期，第1—18页。

③ 陈洪兵：“法定犯时代背景下罪过形式的确定”，载《法治研究》2018年第3期，第61页。

④ 储槐植、杨书文：“复合罪过形式探析——刑法理论对现行刑法内含的新法律现象之解读”，载《法学研究》1999年第1期，第50—57页。

⑤ 张明楷：《刑法学》，法律出版社2016年版，第1131页。

罪的基本犯大体上是抽象危险犯，但相对于生态学的法益而言，污染环境罪的基本犯则是侵害犯。”[①]“实施污染环境罪本罪行为，同时触犯投放危险物质罪的，属于想象竞合，从一重罪处罚。过失排放、倾倒或者处置危险物质，致人重伤、死亡或者使公私财产遭受重大损失的，以过失投放危险物质罪论处”。[②]相对而言，从刑法教义学的立场分析的学者，主张污染环境罪的罪过为故意的，更多一些。毕竟，从德日刑法学立法的特点来看，分则条文中对罪状的描述，如果没有特别说明过失构成犯罪的，一般解读为故意犯罪。因此，当污染环境罪的罪状发生变化，条文的表述没有明确说明是基于过失构成犯罪，一般的解读，会认为该罪主观方面为故意。

而主张过失说的学者的主要理由为：第一，污染环境罪的法定刑配置与其他过失犯罪相符。第二，于立法沿革层面而言，尽管《刑罚修正案（八）》并未针对该罪主观方面予以修订，但却针对重大环境污染事故罪进行了构成要件修改。该修正案中重大环境污染事故罪被变更为污染环境罪，部分学者认为，变更后的罪名把“事故”两字删掉了，这说明该罪的罪过形态也发生了变化。第三，故意在认识要素层面，要求对结果具有“明知”，而非对行为具有“明知”。尽管在行为上处于故意心态，而对于结果是处于不明知状态的，依旧可认定为过失犯罪。[③]

当然，在现有立法不做调整的情况下，从刑法教义学的角度出发，在刑法分则没有特别说明的情况下，一般只处罚故意犯。然而，主张混合罪过说的学者，也具有非常充分且合理的理由。即针对某些法定犯，基于行为与结果之间的时空距离比较远，故意与过失所针对的对象有所不同。有些能是对行为持故意状态，但对结果持过失的心理状态，故意+过失的双重罪过形式之主张，也比较符合司法实务之现状。而且，就目前我国的司法实践来看，已经有不止一个罪名被证明存在故意+过失的罪过形态。因此，本书认为，从立法论的角度进行考虑，污染环境罪的罪过和具体的罪状表述，需要做相应调整为妥。在现有立法的状况下，通过对立法原意的解读，将污染环境罪的罪过形式解读为故意+过失[④]，更有利于实务操作和打击犯罪。“现行刑法中出现了复合罪过形式这一新的法律现象，这就迫切要求改变多年来一直为人们所信守的‘一罪一种罪过形式’的传统观

---

① 张明楷：“污染环境罪的争议问题”，载《法学评论》2018年第2期，第1页。

② 张明楷：《刑法学》，法律出版社2016年版，第1131页。

③ 王琳、张雪珂：“污染环境罪的主观罪过探析”，载《贵州大学学报》（社会科学版）2019年第2期。

④ 储槐植、杨书文：“复合罪过形式探析——刑法理论对现行刑法内含的新法律现象之解读”，载《法学研究》1999年第1期，第50页。

念，逐步树立并巩固与复合罪过形式相适应的新观念。”①

关于责任要素之违法性认识，有学者认为，“通过预见可能性在消极层面对以组织过失为依据的客观归责结果进行再限制，其理论意义主要体现在以罪过责任的底线性要求来抵御预防主义在刑法中的过度扩张，这一点在环境犯罪领域尤为必要”②。意即，以具有预见可能性作为归责的消极主观归责要素，以客观归责作为归责的积极方面，进而在应对以污染环境罪为代表的环境犯罪时，实现规范的责任之归责范围对客观归责结果的限制。同时，也是客观主义之责任原则对主观主义要求之预防刑的限制。

在混合罪过者看来，“污染环境罪的主观方面为复合罪过，包括故意和过失两种罪过形式。司法适用中须注意的是，故意是通常的罪过形式，即污染环境罪通常由故意构成；过失是例外的罪过形式，即污染环境罪在一定条件下也可以由过失构成。而且，在过失污染环境的案件中，通常而言，行为人对于违反国家规定是明知故犯，且限于造成实害后果的情形。此外，对于污染环境罪的共同犯罪，也限于共同故意犯罪，对于二人以上共同过失污染环境犯罪的，不以共同犯罪论处，应当负刑事责任的，按照他们所犯的罪分别处罚。”③ 经过反复思考，本书主张混合罪过说。

（二）本书观点：混合罪过说（故意＋过失）

在污染环境罪的主观方面这一问题上，可以借鉴劳东燕教授提出的风险刑法观理念，即将公共政策引入传统刑法理论领域，使公共政策成为刑法体系的构造性因素，从外部视角来审视刑法规范演变的实质。刑法是国家掌控风险的秩序利器，公共政策侵入刑法领域以近代以来刑法由报应向功利的转型为前提，是受到实用目的的本能指引，刑法根据公共政策不断修正自身的规范，以求完美地表达国家的政策意志。通过制度技术使规范适应变动的社会是现代社会的法律传统。④ 因此，为了有效回应刑法体系的预防需求，回应目前“绿水青山就是金山银山”的时代号召，可以尝试扩大污染环境罪规制范围，采取混合罪过说，对于相对而言危害性较轻的过失犯罪也加以打击。

正如储槐植教授所言，“法定犯的罪过，应该包括故意和过失。故意和过失，不是对立的关系，而是程度的关系，存在一种位阶关系。关系复杂。应当突

---

① 储槐植、杨书文：“复合罪过形式探析——刑法理论对现行刑法内含的新法律现象之解读”，载《法学研究》1999 年第 1 期，第 57 页。

② 耿佳宁：“污染环境罪单位刑事责任的客观归责取向及其合理限制：单位固有责任之提倡”，载《政治与法律》2018 年第 9 期，第 49 页。

③ 喻海松：“污染环境罪若干争议问题之厘清”，载《法律适用》2017 年第 23 期。

④ 劳东燕：“公共政策与风险社会的刑法”，载《中国社会科学》2007 年第 3 期，第 125 页。

破传统立法的理解，刑法297条，331条，313条，食品监管失职罪——就包括故意和过失两种行为。即一个罪，包含两种行为，两种罪过。法定犯应当与自然犯有所不一样，比如丢失枪支不报罪。造成的危害，造成的结果与行为之间有一定的时空差距。法定犯的结果出现，可能隔开很长的时间间隔，加入了很多因素，是很多因素一起发酵，综合作用的结果。但是，自然犯会不一样，自然犯的罪过非常明确易判断，且行为与结果之间的时空间隔很短，行为人的主观罪过很容易被证明，也不容易被掩盖。但是，对于间隔很久的法定犯，不同时期行为人的主观心理状态可能会很不一样。且，结果的造成，不是一下子完成的，也不是一种行为可以完成的。"[①] 因此，同样作为法定犯的污染环境罪，在法定犯时代，其罪过形式应当包括故意和过失两种。

1. 基于最高人民法院典型案例，故意和过失都应该能构成污染环境罪

基于不同学说的争论，尽管都有各自的理由，但最终都需要选择一个明确的立场。笔者认为，污染环境罪的罪过，应该是故意+过失，既包括了故意，也包含了过失。由最高人民法院中国应用法学研究所编的《环境资源审判典型案例选编（刑事卷）》中，《吴张杰污染环境案——污染环境罪主客观方面的认定》一审判断书［河北省任丘市人民法院（2014）任刑初字第488号］中法官认为"污染环境罪的主观罪过包括故意和过失。由于环境犯罪本身的特殊性，污染环境犯罪在实践中遇到了很多问题，污染环境罪的缺陷主要体现在两个方面：一是对于故意实施环境污染的行为没有纳入污染环境罪的处罚范围，刑法中没有将其规定为其他环境犯罪，致使环境刑法在防止环境污染方面没有起到太大的作用；二是污染环境罪过失的证明问题未予以规定，现行程序法也无相应规定，将导致实践中难以操作。污染环境罪的主观方面包括故意和过失，对于本罪共同犯罪形态中呈现出的各种样态根据情况分别处理。本罪的客观方面包括违法前提、危害行为与危害结果三个要素。人民法院应当依法认定被告行为构成污染环境罪。"[②]

污染环境罪的主观方面具体可以表述为："行为人应当预见到自己的排放、倾倒或者处置行为可能导致严重污染环境的结果，因为疏忽大意而没有预见，或者已经预见而轻信可以避免，以致严重污染环境的危害结果发生。行为人在实施污染环境行为（排放、倾倒或者处置有放射性的废物、含传染病病原体的废物、有毒物质或者其他有害物质）时可能是故意的，也可能是过失的，但是行为人

---

① 2018年4月19日，本人在储槐植先生门下做博士后研究期间，于北大承泽园储槐植先生家里，听先生口述。

② 最高人民法院中国应用法学研究所编：《环境资源审判典型案例选编（刑事卷）》，人民法院出版社2015年版，第239—244页。

对于危害结果（严重污染环境）所持的心理状态是过失。”①

当然，以上只是实务中认定污染环境罪的罪过为故意+过失的典型案例之一，尽管学界对污染环境罪的主观罪过论证不休，尚无定论。但笔者认为，在目前立法的情况下，认定污染环境罪的主观罪过为故意+过失，有利于司法实践中处理污染环境类刑事案件，为国家有效打击、防控污染环境类犯罪扫除障碍。

2. 过失构成污染环境罪的理论证成：基于新过失犯论

过失犯理论，属于近几年刑法学讨论比较多的理论热点。我国早期对过失犯的认识经历了“从过失构成特征的法条分析到认识因素和意志因素的过失心理要素的内容描述，再到认识特征和意志特征的过失心理构造的法理阐述的过程。”② 我国传统四要件理论中的过失犯论认为：故意和过失一样，是人的一种心理活动，是人们对其行为所持有的一种心理状态；从认识与意志两个维度，对过失犯的主观根据进行解读。而在引入德日刑法学的学术资源后，学界逐渐将注意义务确立为过失犯的核心。虽然引入德日刑法体系后，注意义务之违反成为认定过失犯的核心，但注意义务仍与认识因素与意志因素紧密联系。“疏忽大意过失的行为人首先违反了结果预见义务，过于自信的过失违反的是结果避免义务”③。之后更是经历了旧过失犯论、修正的旧过失犯论、新过失犯论、新新过失犯论、客观归责理论、注意规范保护目的理论和风险刑法观视野下的过失犯论。

旧过失犯论认为，过失的本质在于行为人因违反注意义务而得以受刑法谴责之心理状态，即行为人应预见犯罪事实、且能预见、却因精神上的懈怠、未预见犯罪事实而值得受刑法非难的心理状态。④ 简言之，传统过失犯论的特点在于重视结果预见可能性，只要行为客观上造成了危害结果，就进行结果预见义务的审查，当行为人具有结果预见可能性，便认为成立过失犯罪。

针对旧过失犯论将预见可能性确立为过失犯核心这一现象，劳东燕教授认为其背后的实质理由是：人们认为只有可预见的东西才是可支配的，预见可能性意味着支配或支配的可能性，由于支配的另一面是答责，要让行为人对具体的结果答责，前提是其对具体结果具有预见可能性，不然就有失公正。⑤ 这是基于责任

---

① 最高人民法院中国应用法学研究所编：《环境资源审判典型案例选编（刑事卷）》，人民法院出版社2015年版，第241页。

② 陈兴良：“过失犯论的法理展开”，载《华东政法大学学报》2012年第4期，第34页。

③ 陈兴良：“过失犯论的法理展开”，载《华东政法大学学报》2012年第4期，第37页。

④ 陈子平：《刑法总论》，中国人民大学出版社2009年版，第144页。

⑤ 劳东燕：“过失犯中预见可能性理论的反思与重构”，载《中外法学》2018年第2期，第311页。

主义的要求，因为过失犯中对行为人的主观归责应当以结果的预见可能性为前提。[①] 同时，从阶层论的视角进行分析，旧过失犯论把故意和过失统归于有责性阶层，即过失犯与故意犯只在有责性阶层存有差异，二者在构成要件该当性阶层与违法性阶层上没有什么差别。[②] 既然结果已经发生，其行为肯定是危险的，问题只是在事后的角度考察行为发生时是否能预见到这种结果的发生，并且，本有可能预见到结果，但并未集中精神，因而并未预见到结果，这就是对行为人进行归责的基础。[③] 换言之，旧过失论并不承认行为与过失之间具有关联性，旧过失论中并不存在过失行为的概念。由此，旧过失论就与法益侵害说、结果无价值论紧密地联系起来。[④]

20 世纪初，德国学者拉德布鲁赫等，已对传统过失理论专注行为人心理状态判断的构造进行批判。随后恩吉施和韦尔策尔分别根据法益保护和目的行为论等观念，相继向传统过失论发难。[⑤] 由于旧过失犯论存在扩大过失犯处罚范围之嫌，部分持旧过失犯论的学者对旧过失犯论进行改良，形成了修正的旧过失论。修正的旧过失论认为，只有具备发生构成要件结果一定程度的实质危险的行为，才是符合过失犯构成要件的行为，即通过对过失犯实行行为的限定，将其责任要素的定位予以保留。[⑥] 根据这种修正的旧过失犯论，在构成要件该当性阶层考量过失犯的实行行为，在有责性阶层审查结果的预见可能性。并且，张明楷教授认为我国《刑法》第 15 条是关于“过失犯罪的规定”，而不是对“过失”的规定。过失犯罪必然包含了客观的构成要件要素的内容，而作为责任形式的过失本身，要从心理角度来进行理解和认定，结果回避义务和结果预见义务是过失犯罪的两个要件，而不是过失本身的两个要素。[⑦]

同样的，部分学者对修正的旧过失犯论也提出了批判：根据修正的旧过失论，过失犯之实行行为总是跳不出附随于构成要件结果之怪圈，其说理在方法上有循环论证与颠倒归责顺序的嫌疑，无法为过失实行行为的认定提供任何确切明晰之标准；故而，直接以行为是否具有发生结果之实质危险作为认定实行行为的

---

① 劳东燕：“过失犯中预见可能性理论的反思与重构”，载《中外法学》2018 年第 2 期，第 305 页。

② 张明楷：《外国刑法纲要》，清华大学出版社 1999 年版，第 232 页。

③ ［日］西田典之：《日本刑法总论》，刘明祥、王昭武译，中国人民大学出版社 2007 年版，第 207 页。

④ 张浩朋：《论过失犯罪中的一般人标准》，吉林大学 2018 年硕士学位论文，第 6 页。

⑤ 许恒达：“合法替代行为与过失犯的结果归责：假设容许风险理论的提出与应用”，载《台大法学论坛》2011 年第 2 期，第 717 页。

⑥ 张明楷：《刑法学》，法律出版社 2016 年版，第 284 页。

⑦ 张明楷：《刑法学》，法律出版社 2016 年版，第 287 页。

标准，为无意义之同义反复。[①] 针对旧过失犯论的弊端，新过失犯论应运而生。一般认为，新过失犯论建立在韦尔策尔的目的行为论及人的不法论之上，并且结合了被容许的风险理论以及信赖原则。[②] 恩吉施认为，注意义务并非单纯内在的心理关系，而是一种用以规避构成要件实现的手段。注意义务的违反，属于与法益相关的行动准则，应当属于构成要件要素，而非置于罪责阶层处理。韦尔策尔则基于目的行为论对于过失不法内涵进行重构。过失行为是人的主观目的性的行动，是为了实施与法益侵害无关的行为，但仍违反了社会共同要求的避免规则。至此，客观注意义务违反下移至构成要件阶层进行审查，对过失犯的行为不法进行筛查，行为人的个别能力继续在罪责阶层作为罪责要素。这一审查体系被称为过失犯的“双阶理论”（在日本被称为新过失论）。[③]

新过失犯论并未完全否定旧过失犯论，而是在吸收预见可能性的基础上，增加结果回避义务，以此作为判断过失的客观构成要件要素。该理论认为，只有同时违反预见义务和结果回避义务，才能认定过失犯成立。并且，行为虽然引起了法益侵害结果，但行为人尽到了为了避免结果发生的一般注意义务，即结果回避义务后，行为人也不成立过失犯罪。新过失论的理论基础是规范违反说与行为无价值论。其通过建立行为标准，将结果回避义务作为一种基准行为，即过失的核心在于不符合一定的行为基准。如果根据一般人标准，只要采取了对一般人而言具有合理性的结果回避义务行为，即便具有预见可能性，由此出现的结果属于被允许的危险，并不具有违法性，由此限制了过失犯的范围。[④] 换言之，只有当行为中所蕴含的不受允许之特性在具体个案支配了结果是否发生时，才有在客观上坚持行为规范（注意义务）的道理，才能把结果的发生看成是行为人基于义务违反而造成的后果。[⑤]

“随着风险成为现代社会的重要特征，传统刑法理论及其内在视角的研究范式总体上显得零散，且无法很好地解释诸多问题，由此便催生了风险刑法。其主张风险刑法观下的过失犯和故意犯应有不同的归责结构。”[⑥] 过失犯对应的是归责论中另一种理想类型：规范归责。即因为行为人对于法规范的违法，而事实上没有履行法规范所赋予的义务，导致了特定的客观上的法益损害的记过。基于

---

① 郑世创：“过失犯构造问题探讨”，载陈兴良主编：《刑事法评论（第28卷）》，北京大学出版社2011年版，第114页。

② 张明楷：《外国刑法纲要》，清华大学出版社1999年版，第65页。

③ 吴尚赟：“注意规范保护目的理论的本土化展开”，载《政法论坛》2018年第1期。

④ 陈兴良：《教义刑法学》，中国人民大学出版社2010年版，第481页。

⑤ 蔡圣伟：“‘交通过失’与谈稿”，载《海峡两岸暨内地中青年刑法学者高级论坛论文集》，第349页。

⑥ 劳东燕：“过失犯中预见可能性理论的反思与重构”，载《中外法学》2018年第2期。

此，应当承担基于回避义务而产生的过失责任。规范归责判断的关键在于其违反规范的行为客观上给法益带来的不当风险。正是此构成决定行为不法与罪责的关键要素。[①]

具体到污染环境罪，如何判断行为人基于规范义务的违反呢？基于其法定犯的特点，笔者认为，只要行为人对前置法（行政法规）有故意的违反，或者两次以上基于同样的原因被惩处，便可以认为行为人对于前置法的违反是故意的。意即，行为人对于法（概括的法，包括行政法和刑法）所赋予的义务是明知的，且在明知的情况下，对该履行的法义务没有很好地履行。根据新过失犯论，过失犯罪的理论基础是构成要件部分的客观注意义务的违反，以及责任部分存在过失责任。即客观上行为人在构成要件部分违反了客观的注意义务，同时，在过失责任部分，主观上违反了结果回避义务和结果预见义务[②]。污染环境罪过失犯罪的构成，表现为基于行为人对前置法的故意违反，或者故意多次的违反，进而认定行为人对刑法上所要求的客观上生态法益保护之注意义务的违反。同时，基于污染环境结果的出现，在责任方面，也可以认定，行为人主观上违反了结果回避义务和结果预见义务。在此情况下，行为人不能以不能预见结果（危害后果）的发生作为抗辩免责的理由。

基于以上理论分析，结合我国污染环境罪的实践情况，笔者认为，从新过失论意义上分析过失犯，污染环境罪应当构成过失犯罪。基于对回避义务的明知却没有很好地履行回避义务，进而造成了生态环境损害的后果，从生态法益保护的必要性的立场，行为人当然应该受到惩处。基于此，笔者认为应该对污染环境罪的过失犯进行惩处，以保障日益重要的生态法益。

五、共犯的认定

共犯理论一直是刑法学理论中最难、适用率最高、争议最多、观点最难统一的重要理论。我国《刑法》第 25 条规定，共同犯罪是指二人以上共同故意犯罪。二人以上共同过失犯罪，不以共同犯罪论处；应当负刑事责任的，按照他们所犯的罪分别处罚。在共犯领域，根据我国《刑法》第 29 条第 2 款的规定，到底我国采共犯的从属性理论，还是共犯的独立性理论？针对共犯从属性理论与共犯独立性理论[③]的论争，我国刑法学界，到目前都难以有定论。基于总论中理论学说的论争不休，具体到污染环境罪个罪中共犯的认定和惩处，再加上污染环境

① 劳东燕：“刑法中的客观不法与主观不法”，载《比较法研究》2014 年第 4 期，第 76—78 页。

② 张明楷：《刑法学》，法律出版社 2016 年版，第 287 页。

③ 此处所指代共犯为欧陆二元共犯理论中的狭义共犯，与我国广义的共犯概念有所不同。在狭义共犯概念中，共犯对应正犯概念，包括教唆犯与帮助犯。

罪之入罪所要求的证据标准的专业性和特殊性，导致了实务中污染环境罪之共犯认定的具体困难。虽然实务中污染环境罪的犯罪主体多以共同犯罪的形式存在，但在查办的过程中，证明难度较大，在很大程度上导致了查处的滞后和查处的不充分。

本书写作的过程中，曾抽样调取我国近3年来有关污染环境罪之刑事判决书132份。其中，有49份判决都是共同犯罪，占比37.12%。以上亦可窥见，共犯理论在具体个罪中适用频率之高。从现实情况看，污染环境罪多以企业经营为载体，多人分工配合，最终导致环境污染的后果。在实践中，以多人共同犯罪的形式出现，是污染环境罪的一大重要特点。虽然在实务中，要认定共犯存在一定的理论和实务困境，但多人共同犯罪始终是污染环境罪司法实务之一大特点。

诸多学者亦是根据污染环境罪大量适用共犯的情况，再加上我国立法规定必须是共同故意犯罪才构成犯罪，继而认为污染环境罪的罪过形式为故意①。本书认为，尽管我国刑法立法规定共同犯罪必须是二人以上共同故意犯罪，根据目前德日共犯理论之发展和最前沿讨论，共同的过失行为导致一个损害结果的，也可以认定为共同过失犯罪。即过失的共同犯罪亦可基于共同违反注意义务而构成共同犯罪，在实务中各国亦有具体案例。因此，就污染环境罪的共犯认定，在上文赞同实务见解之采故意+过失说的基础上，认为污染环境罪作为一种累积的准抽象危险犯，过失+过失亦可能成为污染环境罪的共犯，进而实现刑事政策之重点打击和有效防控的目的。

关于严重污染环境的认定，难点如下：

（1）对不同业主共同排污，但是难以确定是哪一套设备造成严重污染环境结果的，以共犯论处。例如，同一车间的两套以上生产设备（如两个以上转鼓、电镀槽）分属两个以上业主所有，但共用一个外排口。不能证明其中一套生产设备的排污行为造成了严重污染环境的结果，但能证明两套生产设备的排污行为造成了严重污染环境的结果。在双方都明知对方违法排放的情况下，属于共同犯罪，对双方均应以本罪论处；在双方不明知对方违法排放的情况下，属于重叠的因果关系，双方行为与严重污染环境的结果之间均存在合法则的因果关系，而且应当将结果归属于双方的行为，故对双方均应以本罪论处。②

（2）将不合格排放设备租给他人使用，严重污染环境的。如果使用的人明知是不合格设备，还租用并造成严重污染环境后果的，使用者构成污染环境罪，

---

① 目前我国理论界，对污染环境罪的罪过形式存在很大分歧。有故意说，故意+过失说，模糊罪过说，过失说，等等，本书采混合罪过说（故意+过失说）。

② 张明楷：《刑法学》，法律出版社2016年版，第1130页。

对出租者不进行处罚。理论依据为，行为责任原则，租用者有义务判断自己行为的合法性，并恪守刑法规范对于公民的基本要求。当然，如果行为人不知道是不合格设备而租用造成严重污染环境的，出租人构成污染环境罪。承租人是否有罪过，有不同的观点。采污染环境罪故意说的学者认为，承租人不用惩罚，因为不存在污染环境罪的故意①。采过失说，或混合罪过说的学者会认为，承租人如果存在明显的过失，亦需要惩罚。本书采混合罪过说，因此认为，如果承租人存在明显的过失造成严重污染环境后果的，出租人和承租人都要进行处罚。

（3）私设暗管排放废物，包括行为人私自设置暗管排放废物，以及利用已有的暗管排放废物。如果二人以上同谋，通过设置同一条暗管共同使用进行非法排放废物，构成污染环境罪的共犯，一并处罚。

（4）明知对方企业没有处理危险废物的资质和能力，明知自己将危险废物转移给对方企业后，对方企业会非法、倾倒、处置危险废物，仍然将危险废物转交给对方企业处理，对方企业非法排放、倾倒、处置危险废物构成污染环境罪的，二者构成污染环境罪的共同犯罪，都按照污染环境罪进行处理。

第四节 从法定犯的视角剖析污染环境罪

“专利法、商标法和著作权法等知识产权法，环境保护法，科技法，能源法，城市规划法，文化遗产保护法，等等，也开始成为大陆法系中重要的法律部门。就以环境保护法为例，2000 年 9 月 18 日，法国议会通过了新的《环境法典》（第 4 版，也是现行版本）。”② 法国环境法典编纂者之一，普瑞尔（Michel Prieur）教授说：“我们感到非常自豪，因为如此创举，将最新的内容放入一个确定的框架中而且还需要不断的变化，在比较法上是很少见的。假如我们忽略掉在一些国家中现存的名义上的环境法典，那些事实上是关于‘环境’的基本法或框架法（如阿尔及利亚、非洲的象牙海岸、墨西哥、多哥等），有很少现存的法典编纂是根据系统的计划重组环境法分散的文本，使之同时覆盖了基本原则、污染法和自然保护法”。③

虽然我国目前还没有环境法典，但是对环境的保护，一直在努力和进步中。从污染环境罪的演变和发展历程来看，可以看出生态保护理念日渐深入人心，生

① 张明楷：《刑法学》，法律出版社 2016 年版，第 1130 页。

② 何勤华等：《大陆法系与西方法治文明》，北京大学出版社 2014 年版，第 344 页。

③ Michel Prieur, le code de l'environnement, L'Actualite juridique - Droit administrative, 2000, p. 1030.

态法益在我国刑法中的地位日渐提升。作为其他部门法的最后保障法，刑法对污染环境罪的规定的发展变化过程，也是我国不断更新生态环境理念，不断落实习近平生态文明思想的具体体现。污染环境罪从之前的重大环境污染罪演变而来，这个质变的过程，也体现了生态法益在我国刑法所保护的所有法益中的地位日益提升。

一、污染环境罪惩处的严厉程度与生态法益的重要性成正相关

污染环境罪的发展演变过程，体现了生态法益在刑法中的地位日渐提升。生态法益的地位如何，是与人类对生态环境的认识有关联的。随着人类再一次的产业革新，从之前的产业文明时代到接下来的生态文明时代，人类对生态法益的认识越来越全面、深入。同时，人类也认识到人类在面对生态环境问题时，作为一个整体的相互依存关系。因此，人类命运共同体的提法，是从人与自然的关系方面提出来的。“只有在共同体中，个人才能获得全面发展其才能的手段，也就是说，只有在共同体中人才可能有个人自由”①。

而从整体的惩处力度来看，法益的重要性越高，刑法的惩处力度越大。惩处力度主要看以下几个指标：入罪门槛、惩处的范围、犯罪构成的要素、法定刑的配置等。从污染环境罪历年的发展来看，入罪门槛在逐渐降低，而惩处的范围也随着入罪门槛的降低以及对单位犯罪的重视，而不断加大。法定刑配置方面，目前法定最高刑达到了有期徒刑的上限，也突破了之前的有期徒刑七年的限制。而从罪状所描述之犯罪构成的要素来看，构成犯罪的要素越少、要求越低，则在某种意义上表示犯罪门槛越低，继而体现惩处的力度越大。

不管是主张法益侵害说，还是规范违反说，在实质上，刑法所保护的客体都基本上能转化成某种利益。而这种利益的主体，直接或间接地指向个人，具体或抽象地为国家所保护的个人服务。“利益问题真正走上历史的前台，得益于功利主义的哲学建构。英国功利主义法学家边沁明确指出，法律一般的和最终的目的，不过是整个社会的最大利益而已。边沁不仅主张善即是一般幸福，而且主张每个人总是追求他所认为的幸福。所以，立法者的职责是在公共利益和私人利益之间进行调和。他提倡个人利益第一，虽然个人利益应与公共利益统一，但真实存在的还是个人利益。社会公共利益是许多私人利益的相加，增进私人利益，就增进了整个社会的利益。德国法学家耶林继承了边沁的功利主义传统。他和边沁一样，把权利作为法律的目的和法律的根本标志，而权利就是法律保护的利益。他同边沁的区别在于，不着重强调个人利益，而强调社会利益或社会利益与个人

---

① 《马克思恩格斯文集（第一卷）》，人民出版社2009年版，第571页。

利益的结合，力求平衡个人原则与功利原则，因而被称为新功利主义法学派的创始人和早期社会法学派的代表。[①]" 因此，法益的概念和内涵，虽然争论较多，但其在法学领域的使用率却非常高。

随着国家战略的调整，生态文明思想成为国家经济社会发展的指导性思想。在此背景下，生态法益在刑法中的地位将逐渐提升。笔者认为，生态法益不单会成为独立的刑法法益，且其重要地位将在我国刑法中得到进一步提升。正如诸多国家将环境犯罪规定在危害公共安全类犯罪中，随着生态法益地位的逐渐提升，其在刑法中的独立地位亦将通过立法的形式得到彰显。正如有学者建议，"从刑法的文化特性和人的文化本质来看，在刑法法益的排列依次为个人法益→社会法益→生态法益→国家法益。这种排序突出了以人为本的价值理念，同时强调了生态利益的基础性价值。"[②] 当然，笔者不一定赞同我国刑事立法采用此种法益排序，但在某种程度上，还是赞同将生态法益作为一种独立且重要的法益在刑法中得到具体体现的提法。

二、生态法益的特殊性和环境犯罪惩处的实际困难

生态法益有其自身独特的特性，在不同的学者眼中，生态法益的地位有着较大的差异。其中，特别是在生态中心主义者看来，生态法益有着独立的法律地位和应受保护性。同时，在不同的社会发展阶段，生态法益的地位有所差异。人类越是迈向现代文明，生态法益的重要性越是凸显。在人类逐渐迈向生态文明时代，理论界和实务界亟须克服生态法益保护的实际困难，确实而可行地实现生态法益的保护。

（一）生态法益的特殊性

生态环境资源除了森林资源外，还包含了大气、水体、矿产、土地等资源。因此，环境污染罪所保护的生态法益，应该是包括大气、水体、土地等生活所需基本的环境利益。正如有学者所总结的，"人人所有的财产其实就是每个人都得不到的财产。所有人都可以得到的财富不会有任何人珍惜，因为如果有个有勇无谋的莽汉痴心等待合适的时机来使用这笔财富，最后他就会发现其他人早就把它拿走了"。[③] 污染环境罪所保护的环境法益正属于那种人人都所有的利益，正因为人人有份，人人都可以享有利益。因此，对生态法益的保护，变得所有人都不会珍惜，最终沦为可以随意被践踏的境地。同时，基于人的私心和自我利益的最大化考虑，在多人博弈的过程中，有自私者选择了破坏环境，进而成为环境破坏

---

① 李步云、高全喜主编：《马克思主义法学原理》，社会科学文献出版社 2014 年版，第 289 页。

② 马德："中国刑法法益的结构性缺陷及其完善"，载《人民论坛》2012 年第 6 期，第 77 页。

③ Gordon, H. S. 1954. THE economic theory of a common－property resource: the fishery. Journal of Political Economy 62: 124—42.

的凶手。故在社会发展的今天，环境破坏行为成为一个民众容忍度日益增大，但最终又难以容忍的严重危害行为。

在生态法益成为一种独立的法益之前，因为其无所不在和无人不享有，而变成事实上的“无人管”的领域。这种人人都享有，与人人有关，却又与人人无关的状态，类似于“破窗理论”。在人人都可能破坏生态而侥幸免责的状态下，生态环境可能被演变成无人珍惜的领地。还好，随着生态法益的重要性逐渐提升，其在刑法中的相对独立性逐渐得到认可，生态法益的保护才在事实上得到落实。随着世界各国逐渐进入生态文明时代，对生态法益的重视和保护，让生态环境的保护，逐渐从理论落实到具体的法律实践中。

（二）侵害行为的专业性和隐蔽性

从具体情况看，污染环境的行为一般都存在工业化过程中的工业生产违规排放情况，其侵害行为具有相当的专业性和隐蔽性。如上文所述，生态法益属于公共法益，相较于私人法益，其侵害行为被发现的难度更大。再加上专业性强等特点，检测和鉴定都需要专门的部门进行，更是加大了其查处的难度。而在实践中也发现，污染环境的侵害行为，基于行为人对该侵害行为的明知和故意，在事实上便是想方设法隐蔽其侵害行为。比如，偷排，滥排，排放点不固定，不确定时间和地点排放有害物质等。以上行为，更是加大了查处的难度。

基于侵害行为的专业性和隐蔽性，该污染环境行为并非常人可以进行判断和监督。诸多危害行为并非肉眼可以察觉，而通过感官可以察觉出的疑似侵害行为，又有待技术鉴定的确定，最终导致对该行为监督的难度加大。对该行为的监督，需要专业职能部门结合相关的专业和技术知识，下大力气进行监控和管理。同时，现实中存在的行政执法与刑事司法衔接难的问题，在污染环境行为的查处过程中，亦是特别突出。查处的难度决定了立案侦破的技术门槛和监督要求高，而犯罪构成的专业要求，又导致了举证方面的专业难度和证据收集难度。这种基于行为性质和定罪要求而导致的查处难度，在司法实践中，给司法机关带来了不小困扰。

（三）查处的滞后性及证据收集的困难性

诚然，查处的高难度和侵害行为的低成本，在事实上造成了查处的滞后性。一方面是查处的难度大和极端滞后性，另一方面是证据搜集的高难度，二者决定了刑事侦查和立案的难度。一般而言，实践中的污染环境犯罪，大多都是故意犯罪。倘若是故意犯罪，污染行为则具有一定的隐蔽性和策略性。污染者会在可控的范围内规避相关部门的检查，即便已经进入立案侦查的范围，也会想各种办法阻碍侦查，甚至直接毁灭证据。实践中，几乎每起污染环境罪案件的侦破，都最终演变成“猫捉老鼠”式的斗智斗勇和证据争夺的“战斗”。

于是，司法实践中，污染环境罪的办案成本，不管是时间还是精力方面的投入，都大大高出普通案件的侦破。基于污染环境行为自身的特点，导致了职能部门和公安机关介入的严重滞后。而同时，在该行为构罪的要求上，证据固定和证据的证明力等方面皆具有相当的专业要求，相关部门稍有疏忽便会导致查处不力，最终使得侵害人逍遥于刑事法之外。

因此，要正确处理好经济发展同生态环境保护的关系，牢固树立保护生态环境就是保护生产力、改善生态环境就是发展生产力的理念，更加自觉地推动绿色发展、循环展、低碳发展，决不以牺牲环境为代价去换取一时的经济增长。环境保护和治理要以解决损害群众健康突出环境问题为重点，坚持预防为主、综合治理，强化水、大气、土壤等污染防治，着力推进重点流域和区域水污染防治，着力推进重点行业和重点区域大气污染治理。① 加强环境保护监管。严格执行环境影响评价和污染物排放许可制度，实施污染物排放总量控制。加快重点污染源在线监测装置建设，完善环境监测网络。加强危险化学品、核设施和放射源安全监管，强化环境风险预警和防控。严格海洋倾废、船舶排污监管。全面推行环境信息公开，完善举报制度，强化社会监督。②

① 习近平总书记在中共中央政治局第六次集体学习时的讲话。

② 《国务院关于支持福建省建设生态省的若干意见》。

第二章

污染环境罪之刑罚配置实证分析

“环境是人类安身立命之依托，其对人类的重要性不言而喻。然而，由于种种原因，环境问题又时时刻刻困扰乃至危及人类。因环境破坏而受到惩罚的人类已经树立起了保护好环境的坚定信念，并正在采取各种实际的措施对环境进行切实的保护。走生态良好的文明发展道路，建设环境友好型社会、建设生态文明，业已成为我国发展的基本方略”。[①] 因为有了对环境的保护需求，刑法中规定了污染环境罪。在考量污染环境罪的刑罚配置时，则需要对污染环境罪的刑罚配置进行实证研究。

关于刑罚配置之“配刑”一词，在我国最早是邱兴隆教授提出的说法，它包括立法上法定刑的确定和司法上裁量刑和宣告刑的确定，即包括制刑和量刑[②]。因此，虽然在欧陆法国家，主要从法教义学的层面研究刑罚问题，进而从量刑与归责两个层面对刑罚进行教义学角度。但是基于我国特有的国情，我国刑事政策对立法和司法具有重大影响，以及目前立法论与司法论齐繁荣的学术现状，仅仅在量刑层面对污染环境罪的配刑进行探讨是不够的，需要将罚的问题统一到立法和司法两个不同层面进行研讨。司法层面的量刑是基于法定刑的规定进行的司法裁量和判断，在具体的司法裁量中，刑罚裁量的效果，一则关涉到司法量刑，二则关涉到刑法之立法规定。

目前我国关于环境犯罪的相关规定主要有二个，一是刑法，二是相关司法解释。《刑法》第338条“污染环境罪”的规定和《刑法》第52条、第53条的规定；《2016年司法解释》，是专门针对污染环境罪实施的具体司法解释。在对污染环境罪的监禁刑解读过程中，发现，污染环境罪的基础法定刑为三年以下有期

① 赵秉志：《环境犯罪及其立法完善研究——从比较法的视角》，北京师范大学出版社2011年版，前言第1页。

② 邱兴隆：“配刑辨”，载《现代法学》1999年第2期，第50—52页；邱兴隆：《刑罚理性导论》，中国政法大学出版社1998年版。

徒刑，这决定了普通的污染环境罪轻罪的性质。有关污染环境罪的财产刑，在法条规定中，主要为罚金刑。在详细解读我国污染环境罪关于“罚金刑”的立法规定后，发现污染环境罪的罚金刑计量既无上限，也无下限，除了《刑法》第52条、第53条的笼统规定，关于罚金数额的计算根本没有具体的裁量标准。当然，也有学者从实证研究的角度，提出了自己的看法，认为“现阶段不宜扩张自由刑幅度，而应当降低‘后果特别严重’的认定标准，增大3—7年自由刑幅度的适用率。无限额罚金刑是立法需要，无须过度诟病，出台司法解释细化罚金数额标准、强化量刑说理制度同样能够限制罚金刑滥用。预防犯罪和修复环境的双重目的，决定了环境犯罪处罚中刑罚辅助措施不可替代的作用。以环境刑罚辅助措施补充自由刑和罚金刑的不足，是治理环境污染的新思路”。① 当然，针对污染环境罪，不同的学者基于不同的观察和不同的样本，可能得出不一样的结论。这也是实证研究的风险所在，毕竟，实证研究之客观观察与价值判断之间，需要用到研究者的思辨方法作为重要工具，以跨越事实与价值之间的鸿沟。而在这个跨越的过程中，不同的学者可能会看到不一样的问题，不同的学者也可能会作出不同的解读和不同选择，即便依据的数据是同样的。

关于影响量刑之重要因素，有学者认为：“量刑时既要考察犯罪的社会危害性，又要考察犯罪人的人身危险性；既要考虑犯罪人在犯罪时的情况，又要考虑犯罪人在犯罪前的人格形成过程及境遇、犯罪后对犯罪本身以及对被害人的态度，还要考虑被害人在犯罪发生过程及其后的影响力；既要考虑行为人对犯罪的责任，将责任作为量刑的上限，又要考虑预防的必要性，以便发挥刑罚的功能。”有学者强调，“行为人罪责的轻重是刑罚轻重的决定性因素，然后才是犯罪人的人身危险性。”有学者指出，犯罪本身的轻重当然成为量刑的重要标准；在此基础上，还要考虑犯罪后的情况。可见，法官对被告人裁量刑罚时考虑因素较多，尽管因素之间作用大小有别，却往往是报应性因素和预防性因素共同促成的结果。对于污染环境犯罪的刑罚处罚种类主要有自由刑和罚金刑。

依据刑法总则以及有关适用财产刑的解释，对于刑法未明确具体处罚金额的，其处罚金额标准最低不少于1000元。由此可知，对于重大环境污染事故罪，其最低的罚金为1000元，但是罚金刑的最高数额未规定。修订之后的污染环境罪，对罚金刑的数额，也没有具体规定。笔者认为，在刑罚轻缓化的现代，对于污染环境罪这类法定犯，自由刑适用需谨慎。当然，目前污染环境罪法定最高刑为七年有期徒刑，是否应当将法定最高刑提升到有期徒刑十年，从而与第339条

---

① 张弟：“污染环境罪的刑事处罚研究——以480份裁判文书为分析对象”，载《中南林业科技大学学报》（社会科学版）2018年第3期，第37—42页。

之非法处置进口的固体废物罪、擅自进口固体废物罪之法定最高刑十年有期徒刑，进行有效衔接，有待进一步探讨。因为事实上，污染环境的行为，对环境法益造成的破坏与非法处置进口的固体废物罪、擅自进口固体废物罪相比，有过之而无不及。在法定刑设置上进行相应的提升，一则体现了严厉打击的刑事政策，二则可以起到提升宣告刑的作用。在理性考量了刑法的谦抑性以后，即便刑法的谦抑性要求刑罚处罚的经济性和最后性，但出于污染环境罪之日渐猖獗和带来后果之特别严重，将“后果特别严重”的污染环境罪，其法定刑上限提升为十年有期徒刑，笔者认为，有其必要。毕竟，在刑罚轻缓化的现代，刑罚的轻缓是针对较轻犯罪以及危害后果不严重的犯罪行为的。针对有严重后果之严重犯罪，适用较为严重的刑罚，更能体现刑罚惩罚的正义性和罪刑均衡的要求。

本人在裁判文书网上随机搜集了2017年整年度共1510份判决书，其中，一审判决书1313份，二审判决书197份。在对二审的197份判决书进行精细化处理和分析后结合之前的实地调研情况，结合文书、调研、走访、座谈等具体形式，对污染环境罪刑法适用效果进行综合评析。总体看，适用刑罚进行犯罪防控，有相当的威慑力，通过刑事处罚，民众的环境保护意识有了一定程度的提升，刑罚威慑力得到彰显。但是，从宣告刑主要为三年有期徒刑以下的轻刑，以及超过一半为缓刑的情况下，非监禁刑适用有待进一步规范和完善。制度和配套措施方面的完善有待加强，特别是罚金刑制度的改革和调控亟须进行。

第一节　污染环境罪刑罚效果之抽样问卷调查

实证分析的重要性，在于被研究样本的客观性和科学性。为了确保样本的科学性，本人分别进行了抽样调查和大数据调查两种调查方法。抽样调查方法，是从大量数据中，用随机的办法抽检出样本，并对样本进行分析。大数据分析方法，则是对某阶段某个地域的几乎所有的样本进行分析，希望找出样本所体现出来的各组数据之间的关系。

第一次调研，本人随机抽取了近年来全国出现的污染环境罪案例中的132个，进行抽样数据分析。第二次调研，本人对2017年整年中，全国出现的1510份判决书（一审判决书1313份，二审判决书197份）进行大数据分析。两次分析的情况，尽管采用的方法不一样，但是，数据所体现的规律，具有趋同性。即上诉率较高，改判率低，上诉的理由多为对量刑中徒刑的异议，要求适用缓刑的上诉理由占比较高。判决书所体现的徒刑，总体为轻刑。

在对数据所体现的规律有了宏观的把控之后，继而，课题组对样本132份判决中随机抽取的73份判决进行了详细研究。对这73份判决书提取出的具体数据进行了微观处理，建立回归模型进行各变量与刑罚结果之间的关系的研究。最后发现，污染环境罪中，刑罚的结果与法益侵害结果呈正向关联，关联系数最大。刑罚结果与行为人的主观恶性，呈正向关联，关联系数次之。在量刑过程中，法官的自由裁量度较大，裁量的结果受其他因素（法官的价值判断、立场、对生态环境法益的认识度）影响加大。虽然污染环境罪中罚金刑的使用率很高，但是，对个人适用的罚金刑数额偏低。从回归模型中可以看出，在罚金刑的计算过程中，罚金刑总体偏低，可以加大罚金刑的处罚力度。

一、污染环境罪裁判文书抽样调查情况概览

从随机调取的132份近3年来全国范围内的污染环境罪判决书来看，132份判决中，涉及被告人244人，1人被判处无罪，1人被判处免予刑事处罚，242人被判处刑罚，232人适用了罚金刑，罚金刑适用占适用刑罚判决人数的95.87%。污染环境罪判决中大量适用罚金刑，且罚金刑数额有无限攀升之趋势。132份判决中，有18份判决同时并处单位罚金，占比13.64%。相比较对自然人的罚金数额，单位罚金数额明显增大，罚金数额的差别也非常大，从最低对单位处以罚金人民币1万元，到最高处以罚金500万元。18份对单位并处罚金的判决，对单位判处的罚金的平均数为人民币101.3万元。以上可以看出，我国刑事裁量对单位处以罚金的力度较大。但是罚金数额的计算原则和方法等，一般皆由法官自由把握和裁量，在判决书中也很少体现罚金数额的来由。对于罚金数额的计算方法，需要通过罚金制度的完善进行革新，以确保惩罚犯罪的同时也要尽量保障被告人的合法财产。

刑罚总体趋轻，刑罚效果，特别是特殊预防的效果不佳；宣告刑2年徒刑以上的比例非常低，不到10%；判处罚金的案例（并处或单处）比例很高，超过85%，但罚金的具体数额因地区差异很大，从500万元到1万元不等；单位并罚的比例为13.64%；缓刑比例为45.90%；较高的上诉率，说明当事人存在侥幸心理，起码并没有真正认罪。

数据分析结合调研情况，总体显示：（1）犯罪人发自内心地认罪改过，并认为环境法益值得重视和保护的，不多。大多数犯罪人是基于刑罚的威慑，害怕再次受到刑罚处罚才认识到污染环境行为的负面影响。（2）在商业利益面前，如果污染环境行为的收获与刑罚中的罚金等代价相比较，收益更大的话，基于侥幸心理，很多人还是会选择继续污染环境，以追求现实的商业利益（一种功利主义的考虑）。（3）现实中，犯罪人被处罚以后，污染环境罪的再犯率很高。因为该罪查处难度大、技术要求高，在司法实践中困难重重，污染者处于优势，司

法机关和民众处于明显的劣势。

总体而言，污染环境罪的刑罚效果不佳。从污染环境罪的基础刑来看，污染环境罪属于轻罪。而随着近年来我国认罪认罚从宽制度的试运行及最后推广，对认罪认罚的刑事被告人给予程序和实体上的优惠，这是理论界与实务界都接受的观点。而目前，认罪认罚从宽制度主要在程序上规定较多，也为最新修订的《刑事诉讼法》所吸纳。但实体法上的量刑减让之具体幅度和具体操作规程，并没有详细的细则加以规范。具体到污染环境罪中，基于基础刑的轻罪规定，而作为一个法定犯，污染环境罪查办过程中被告人的认罪态度一般都很好。在认罪认罚的污染环境罪中，最终的宣告刑必然会趋轻。事实上，趋轻的刑事处罚与污染环境罪较大的危害后果，在实务中形成了明显的紧张关系。继而，在调研过程中，大多数司法人员反映，污染环境罪的刑罚效果不佳。如此之现状，笔者认为，值得引起理论界与实务界的共同关注，以解决污染环境罪有关配刑的具体问题。

二、污染环境罪裁判文书统计及分析

课题组调取了 2017 年全国污染环境罪的 1510 份判决裁定书中，一审案件 1313 件，二审案件 197 件，进行精细化处理和分析后发现，二审率，即上诉抗诉率为 15%，再审案件 3 件。其中，二审案件中，以被告人上诉为主，检察院抗诉案件较少，上诉同时抗诉的案件有少数几件。总体看，二审案件，以维持原判或准许撤诉的结案形式为主，改判或发回重审的案例较少。而二审的案件中，主要争议的焦点表现为污染环境罪中自由刑的适用，对罚金刑提出异议的，基本没有。当然，也有部分案件，律师做无罪辩护，但占比非常小。其中，上诉的案件中，有 40 个案例，律师以应当适用缓刑为辩护理由进行辩护，最终没有被采纳，占总二审案件的比例为 20.3%。

从二审改判的案例具体情况看，对罚金刑进行变更的案例非常少，对量刑部分有所调整的，主要是针对徒刑进行改动。也有因为法官业务素养问题，将罪名写错而进行改判的。比如，因为一审判决将污染环境罪的罪名表述为“环境污染罪”，而进行了罪名的改判。在 1313 份一审判决书中，有 9 份文书出现了罪名表述错误，将污染环境罪表述为“环境污染罪”。在发回重审的案件中，也有因为刑法总则规定，对判处徒刑的犯罪人，缓刑考验期限为“一年以上，五年以下”，而有一审判决有期徒刑六个月，判处缓刑考验期限为六个月，违反了刑法总则的规定，而导致被二审直接改判。

（一）上诉抗诉率达 15%

通过对 2017 年刑事审判情况的大数据分析发现，2017 年污染环境罪的上诉抗诉率为15%。相比较，2017年，其他犯罪的上诉抗诉率分别为：盗窃罪11.21%，抢劫罪23.05%，贪污罪37.07%，交通肇事罪4.85%，危险驾驶罪2.33%，故意伤害罪9.26%，故意杀人罪55.22%，以及强奸罪36.72%。在法定犯当中，污染环境罪的上诉抗诉率，算是比较高的。较高的上诉抗诉率，说明在刑罚适用过程中，不同主体持不同看法，对刑罚适用异议点较多。一般而言，案件的上诉和抗诉，其理由主要包括对事实认定的异议，以及对法律适用部分的异议。而对事实认定部分，则主要为证据之运用和采信部分之不同看法，进而提出异议。而对法律适用部分，则主要表现为定罪部分和量刑部分的异议。量刑部分之异议，既包括有罪无罪之争议，又包括量刑轻重之异议。调研发现，污染环境罪上诉抗诉的理由中，对定罪部分有异议的较少，主要是对量刑部分存有异议。

（二）上诉理由主要在对徒刑有异议

从案件上诉抗诉的理由来看，基本都是对一审判决的徒刑有异议。这也说明犯罪人对污染环境罪的定罪和量刑，存在不同看法。作为法定犯的污染环境罪，行为人的违法性认识部分，不同的人会有不同的认识。且从调研情况来看，有些行为人面临法庭审判时，仍然不知道自己有何过错。因此，对被告人徒刑部分的异议，也能看出当下公民对生态法益的认识和态度，存在较大差异。而量刑中，则主要体现为对自由刑部分的异议，在197份上诉抗诉二审案件中，当事人以罚金刑异议理由上诉的案件，几乎为零。虽然最后也存在少数二审改判案件，既减少了自由刑的裁量，又减少了罚金刑，但上诉人的上诉理由并非对罚金刑不满。由此可以看出，不管是检察院还是当事人，在二审案件中，主要是对污染环境罪的自由刑部分存在较大争议，而对罚金刑部分，基本无异议。

经统计分析发现，对罚金刑无异议的原因，笔者推定为二，一为罚金刑裁量过低，当事人皆能接受；二为罚金刑裁量是合适的，当事人和检察院皆未提出较多的异议。从形式上看，污染环境罪的宣告刑中罚金刑部分，在现实中的认可度较高。尽管法官的自由裁量权非常大，但总体看，法官并未滥用该裁量权。从预防和控制犯罪的角度考察，笔者认为，对于贪利型犯罪，对污染环境罪的防控，可以加大罚金刑等财产刑的适用，以实现刑罚预防犯罪的功能。

（三）二审改判率低，罚金数额争议少

尽管污染环境罪的上诉率较高，但二审的改判率很低。除去少数因为法官专业方面出现的问题，二审进行的改判，直接改判无罪的案件数，为零。而对量刑部分进行改判的，案件数也很少，改判的判决中，大部分为对徒刑的更改，也有对扣押财产的处置方式的变更。

针对罚金刑中罚金的数额，目前没有明确的计算公式，实务中对罚金数额提

出异议的，也较少。“罚金数额的裁量，是指人民法院审理个案时，在确定对犯罪分子适用罚金刑后，宣告对其判处多少数额罚金的裁判过程。由于罚金是以判令犯罪人缴纳金钱的方式对其予以惩罚和教育改造的刑罚方法，罚金数额的多寡，必然直接反映着所适用的罚金刑的严厉程度。因此，准确决定罚金的数额，是正确适用罚金刑的一个极其重要的环节。”① 从统计的数据来看，污染环境行为所造成的实际损害和危害后果，按照科学的统计方法估算出来，其数据惊人。对生态环境的直接或间接损害远远大于字面的数据。客观而言，基于生态环境的破坏对人类社会的回应和惩罚往往滞后且不可预测，真正的危害后果，实则比修复成本要高得多。如人类发展的时间成本、空间成本、不可逆转不可修复的危害，等等。

对于罚金刑数额的计算，有学者指出，“为使排污者履行治污义务、改正违法排污行为，修订后的《环境保护法》明确规定了按日连续处罚制度。与之配套的《环境保护主管部门实施按日连续处罚办法》适时出台并与环保法同步实施，使制度适用具有较强的可操作性。但该办法对按日连续处罚的规定依然沿用传统行政行为理论范式，仅关注其具备的‘处罚’结果而忽视其具有的执行罚‘外观’，导致其对按日连续处罚的法律性质界定、适用条件和程序设计仍存在不足之处。仅依既有规定适用按日连续处罚，可能会忽视督促排污者完成改正义务的制度功能，限缩制度的适用范围，弱化制度的程序法制。有鉴于此，应结合按日连续处罚所具备之过程性、多功能性，以行政过程论为研究范式，分阶段根据具体类型分析按日连续处罚之法律性质及功能，同时，在该办法既有规定的基础上，进一步完善按日连续处罚的适用条件、正当程序，并使其能够接受司法的审查，从而将该制度的适用彻底纳入法治轨道。”② 客观而言，《环境保护法》所确定的按日连续处罚的制度，为我国刑法中罚金制度的改进和完善，提供了一个很好的契机。

三、关于污染环境罪的问卷调查

针对污染环境罪的相关情况，除了调研、走访、裁判文书收集分析之外，本人进行了问卷调查。在问题的设计中，主要调查民众对污染环境行为的认知程度，了解民众所处的生活环境中对污染环境现象的感知度，以及民众对污染环境罪的刑事处罚态度。本次问卷，通过网络随机的形式进行调查统计。

---

① 樊守禄：“我国新刑法罚金刑研究”，载《河北法学》1998 年第 2 期，第 42 页。

② 刘佳奇：“对按日连续处罚适用问题的法治思考：兼评《环境保护主管部门实施按日连续处罚办法》”，载《政治与法律》2015 年第 7 期，第 133 页。

（一）问卷调查的设计

《环境保护问卷调查》

感谢您在百忙之中抽出时间来参加这个问卷调查，我们调查的目的是了解大众对目前环境保护的法律法规的认识和看法，了解大家对环境相关知识的掌握，了解大家对环境保护的要求和期盼！所有填写人信息保密，调查结果仅用于学术研究。请大家放心填写，再次感谢！

1. 您感觉您所在的地方环境污染严重吗？[单选题]

A. 很严重，无法忍受，想离开

B. 比较严重，影响生活了

C. 一般，不影响正常生活

D. 不严重，环境很好，没有被污染

2. 如果对污染环境的单位或个人处罚金，您认为罚金怎么算？[多选题]

A. 按照对环境造成的损失计算

B. 按照修复环境的费用计算

C. 越多越好，无上限，罚到他倾家荡产

D. 不罚，或者象征性罚一点，警告就好

3. 您知道《刑法》里有关于污染环境的罪名吗？[多选题]

A. 没有，污染环境不犯法！

B. 好像有，污染环境应该是犯法，要坐牢的

C. 我清楚，有法条规定，内容我熟悉。

D. 不知道有没有规定

4. 您对当前的环境保护力度满意吗？[单选题]

A. 满意

B. 不满意，要加大打击力度

C. 一般

D. 不满意，打击太严厉了，要减轻惩罚力度

5. 您觉得要怎么处罚污染环境的人或单位？[多选题]

A. 不需要任何处罚

B. 刑事处罚

C. 教育改正就好，不需要惩罚

D. 行政处罚

6. 对污染环境犯罪行为进行处罚，您认为应当包括以下哪些措施？[多选题]

A. 罚金

B. 徒刑

C. 徒刑加罚金

D. 拘役

E. 取消企业经营资质，相关责任人五年内不能再申请相关生产资质

F. 记入个人诚信档案，成为企业诚信污点

G. 社区义务劳动

H. 您的防止或者惩罚的措施：________

7. 如果对污染环境犯罪判刑，您觉得怎么判合适？［单选题］

A. 零容忍，只要是有污染环境的行为，都应受处罚，越重越好，最高应判处死刑

B. 只要有污染就判刑，根据污染程度来判

C. 宽容为主，适当惩戒就好

D. 设置一个度，超过这个度才判刑，在这个范围内实现罪刑相适应

8. 您觉得惩罚污染环境的人，依据那些标准？［多选题］

A. 污染程度

B. 主观恶意程度

C. 污染者的经济条件

D. 污染者的人品

E. 修复环境所需付出代价的大小

9. 您有什么好的方法防止环境污染吗？

10. 您认为坐牢和罚金可以相互转换吗？［单选题］

A. 可以

B. 不可以

11. 您认为污染环境罪跟下列哪些犯罪的社会危害性最为接近？［多选题］

A. 故意杀人罪

B. 故意伤害罪

C. 投放危险物质罪

D. 抢劫罪

E. 盗窃罪

12. 您觉得怎么才构成污染环境罪？［多选题］

A. 需要恢复环境费用 5 万元以上

B. 需要恢复环境费用 10 万元以上

C. 需要恢复环境费用 50 万元以上

D. 需要恢复环境费用 100 万元以上

E. 只要有污染就构成犯罪

F. 只有对人有伤害才构成犯罪

G. 只要有污染，经过两次行政处罚依然不改的

H. 其他________

13. 您所在的地区是？［联动题］

14. 如果犯罪单位或者个人认罪、认罚的，态度好，及时弥补的，该如何处理？［单选题］

A. 可以不处罚

B. 也要处罚

C. 视情况从轻处罚

15. 您的性别是［单选题］

A. 男

C. 女

16. 您的出生年份是？

17. 您的学历是［单选题］

A. 初中及以下

B. 高中/中专

C. 专科/高职

D. 本科

E. 硕士及以上

18. 您每月的收入大概是［单选题］

A. 1000 元以下

B. 1000—1999 元

C. 2000—3999 元

D. 4000—5999 元

E. 6000—9999 元

F. 10000—19999 元

G. 20000 元以上

19. 您的职业是［单选题］

A. 学生

B. 法律专业人员（如法官、律师、公安、检察官、法学老师和学生等）

C. 企业管理者（包括基层及中高层管理者）

D. 普通职员/白领工作者（在办公室/写字楼工作）

E. 非法律相关的政府/机关干部/公务员/事业单位

F. 蓝领工作者（普通工人）

G. 销售人员/商店职员

H. 自由职业者

I. 退休

J. 暂无固定职业

K. 其他

L. 我的职业________

（二）调查问卷分析

1. 总体情况

本次问卷调查，共设置问题19个，其中防无效问卷问题3个，共有1353人次访问，回收有效问卷384人次，回收率28%，平均完成时间5分34秒，如图2－1所示。其中99.5%是通过手机进行作答，如图2－2所示。对384份有效问卷进行具体分析，能大概看出我国民众对污染环境行为及污染环境罪的一些认识和态度。

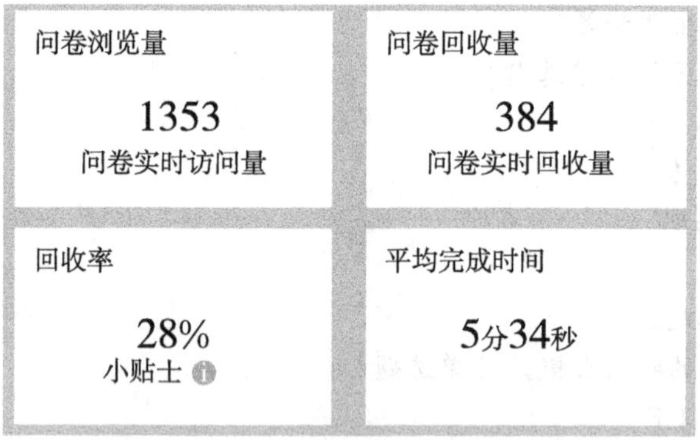

图2－1 问卷调查份数情况

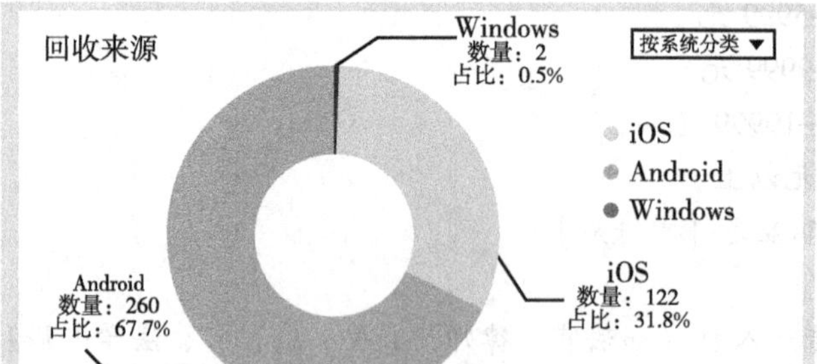

图2－2 参与问卷调查者使用设备情况

2. 调查对象分析

（1）调查对象性别分析。

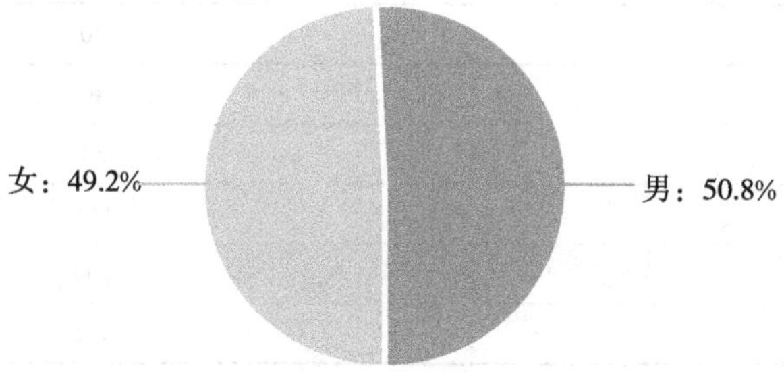

图 2－3　调查对象性别情况

【分析】从图 2－3 问卷对象的性别比例来看，男女比例相当，没有明显的偏颇。

（2）调查对象年龄分析。

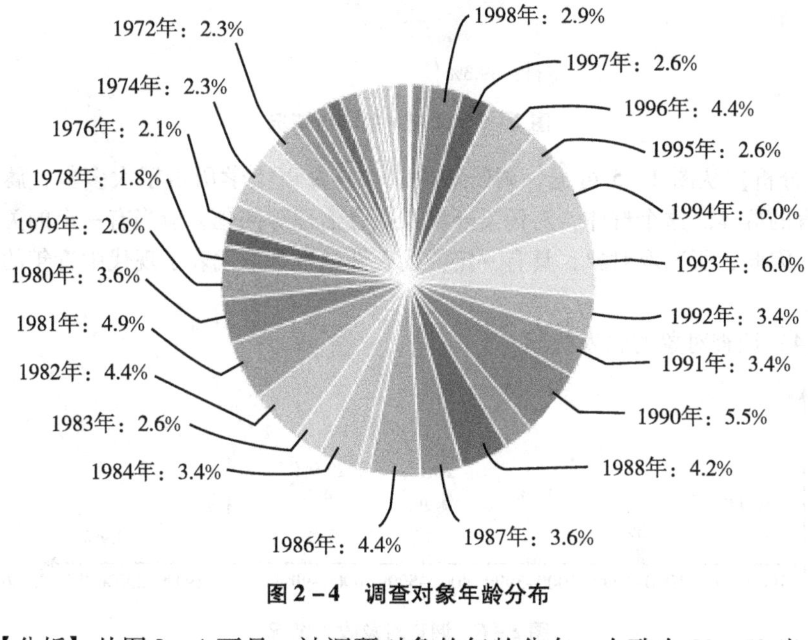

图 2－4　调查对象年龄分布

【分析】从图 2－4 可见，被调研对象的年龄分布，大致在 23—53 岁之间。被调查的对象，大部分出生于 1980 年以后，属于中青年一代，对事物的认知也相对比较成熟、稳定。

（3）调查对象学历情况。

选项	小计/人	百分比/%
初中及以下	30	7.8
高中/中专	40	10.4
专科/高职	54	14.1
本科	151	39.3
硕士及以上	109	28.4
有效填写量	384	

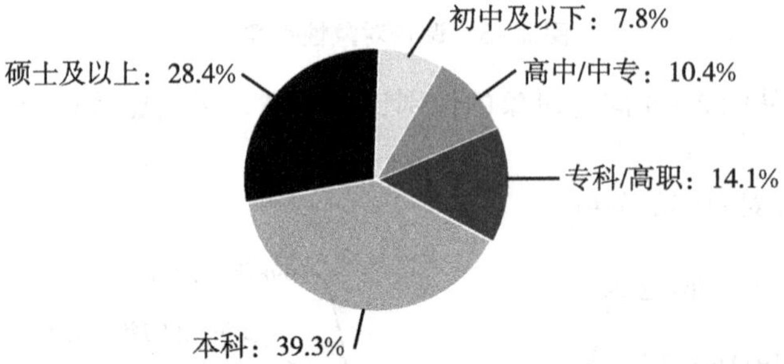

图2－5 调查对象学历情况

【分析】从图2－5可见，调研对象以本科及以上学历占了大多数，属于受过教育的群体。这个群体，对污染环境及社会治理等问题，应当有一定的关注和理解。因此，所选取对象，具有一定的代表性，也基本代表了现代中青年的一般想法。

（4）调查对象的收入状况。

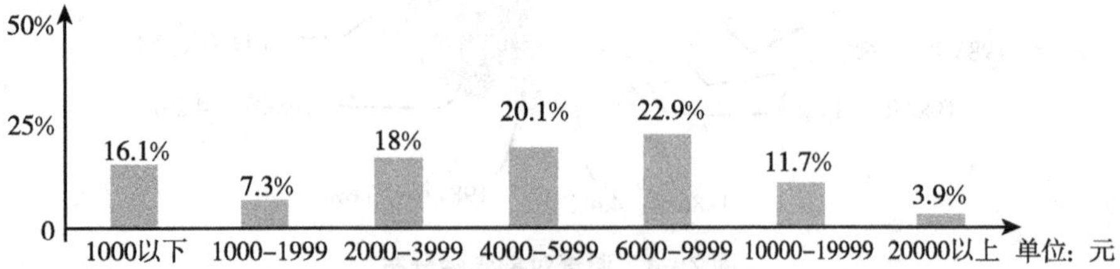

图2－6 调查对象收入情况

【分析】从图2－6可见，调研对象的收入水平，属于中高水平阶层。超过50%的被调研者，月收入在4000元以上。超过37%的被调研者，月收入在6000元以上。说明大部分被调研者的收入状况良好，对社会管理的期待值应该也比较高。

（5）调查对象的职业状况。

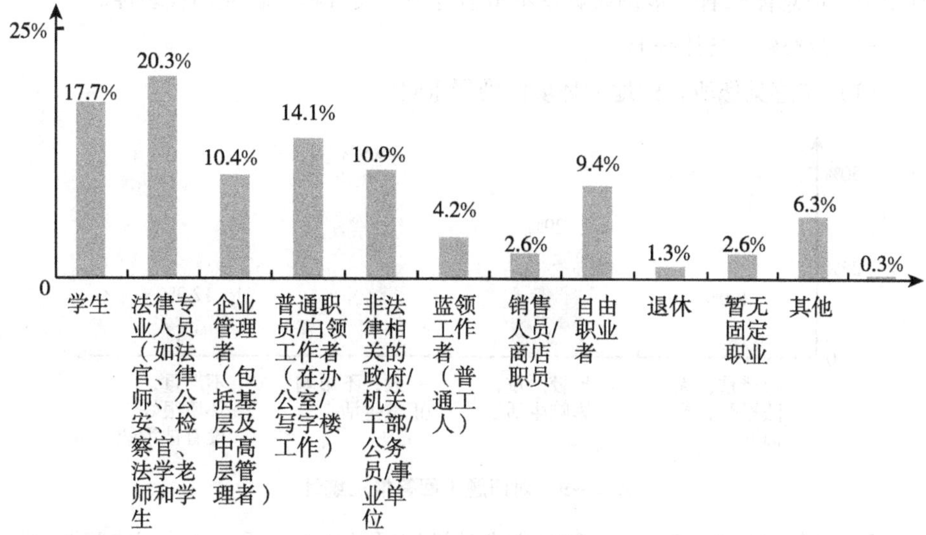

图2－7　调查对象职业情况

【分析】从图2－7可见，被调查者中法律人士占比最多，为20.3%；学生其次，占比17.7%；非法律相关的公务员、普通职员、企业管理者等，分别占比10.9%、14.1%、10.4%。总体来看，被调查者，受教育程度较高，具有相当的法律认知能力和认知水平。

（6）调查对象所在地区分析。

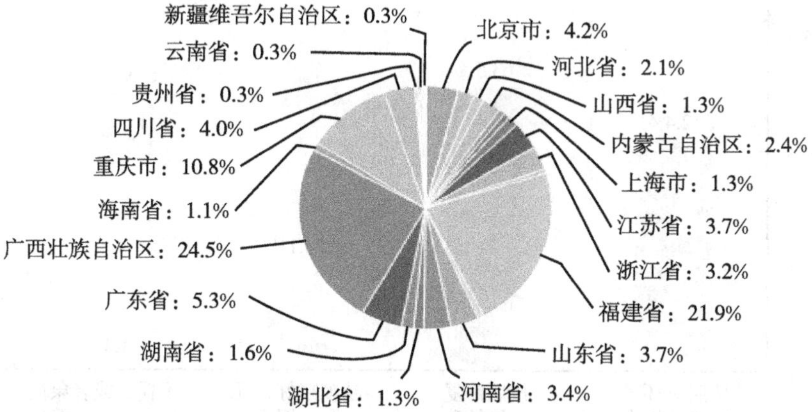

图2－8　调查对象地区分布

【分析】从图2－8可见，被调研者分布在全国不同的省、直辖市、自治区。

其中，占比最多的为广西壮族自治区，占比 24.5%；其次为福建省，占比 21.9%。但总体来看，被调研者基本覆盖全国，具有相当程度的代表性。

3. 问题逐个统计分析

（1）您感觉您所在的地方环境污染严重吗？

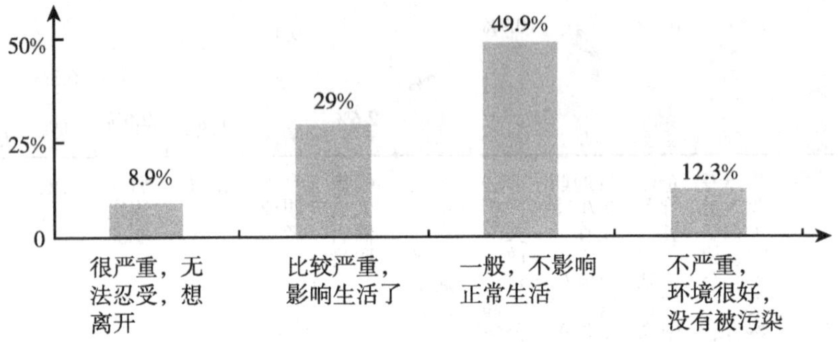

图 2－9　对问题 1 回答情况统计

【分析】从图 2－9 可见，29% 左右的被调研者认为，目前环境污染问题比较严重，影响了生活。有 8.9% 的被调研者认为，污染环境问题很严重，无法忍受，想要离开。当然，也有一半的被调研者认为，污染问题一般或不严重，不影响正常生活。由此可以看出，有许多被调研者，已经明显感受到环境问题对日常生活的威胁和影响。也有过半的被访问者，对环境污染问题即便有察觉，但并不认为已经影响到了具体的生活。

（2）如果对污染环境的单位或个人处罚金，您认为罚金应该怎么算？

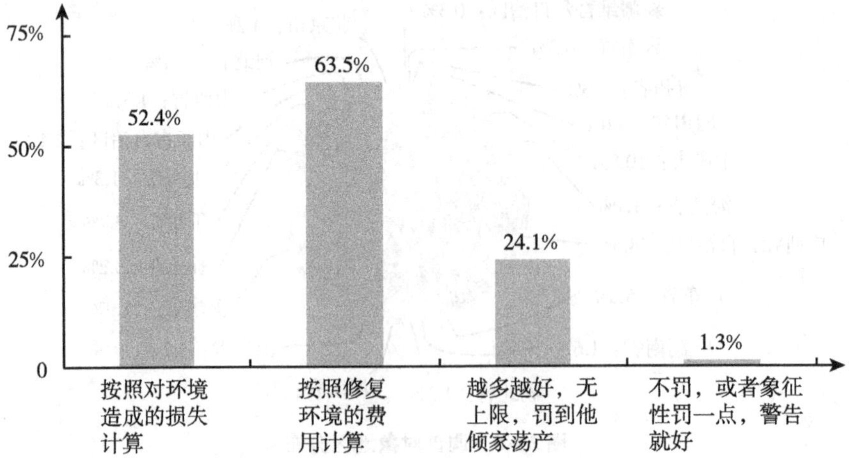

图 2－10　对问题 2 回答情况统计

【分析】从图 2 - 10 对罚金刑数额的计算标准的调研来看，63. 5% 的被调研者认为，罚金刑数额的计算应当按照修复环境的费用来算。同时，有 52. 4% 的被调研者认为，应当按照对环境造成的损失计算。当然，对环境造成的损失与修复环境的费用并非同一概念，尽管二者之间存在某种紧密的关联度。基于修复环境之成本较高，对环境所造成的损失的计算，很多时候也要考虑修复的成本。总体而言，大部分被调研者认为，对污染环境罪的刑事被告人判处罚金之数额，应当考虑对环境造成的损失，以及修复环境的费用。当然，也有 24. 1% 的被调研者认为，对污染环境罪的被告人，应当判处的罚金，越多越好，无上限。这体现了民众对于良好环境的紧迫需求，也体现了对污染环境行为的憎恶。

（3）您知道《刑法》里有关于污染环境的罪名吗？

选项	小计 / 人	百分比 / %
没有，污染环境不犯法！	10	2.6
好像有，污染环境应该是犯法，要坐牢的	170	44.3
我清楚，有法条规定，内容我熟悉。	135	35.2
不知道有没有规定	94	24.5
有效填写量	384	

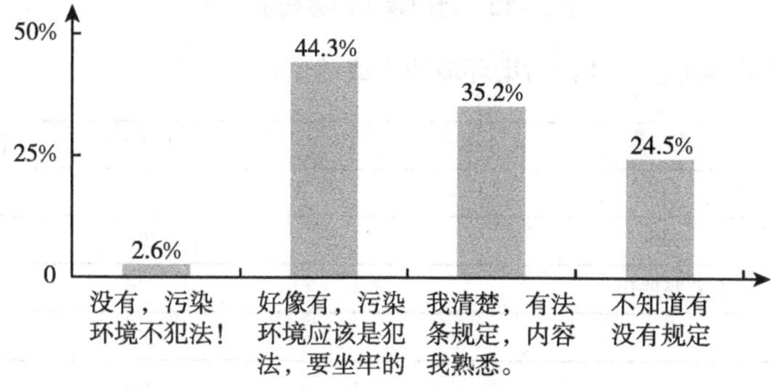

图 2 - 11　对问题 3 回答情况统计

【分析】从图 2 - 11 可见，79. 5% 的被调研者表示，我国《刑法》规定有污染环境罪，说明对污染环境行为会构成犯罪的违法性认识，普遍度较高。只有 2. 6% 的被调研者认为，污染环境行为不犯法，不会构成犯罪。24. 5% 的被调研者不置可否，不知道我国刑法有没有规定污染环境罪。

（4）您对当前的环境保护力度满意吗？

【分析】从图 2 - 12 可见，67. 2% 的被调研者，对目前污染环境犯罪的惩处情况，表示不满意。其中，65. 4% 的被调研者认为，不满意，要加大打击力度。

只有 1.9% 的被调研者认为，目前的打击力度太大，要减轻惩罚力度。在所有调研者中，对目前的惩处情况表示满意的，只占 6.6% 。

选项	小计 / 人	百分比 / %
满意	25	6.6
不满意，要加大打击力度	248	65.4
一般	99	26.1
不满意，打击太严厉了，要减轻惩罚力度	7	1.9
有效填写量	379	

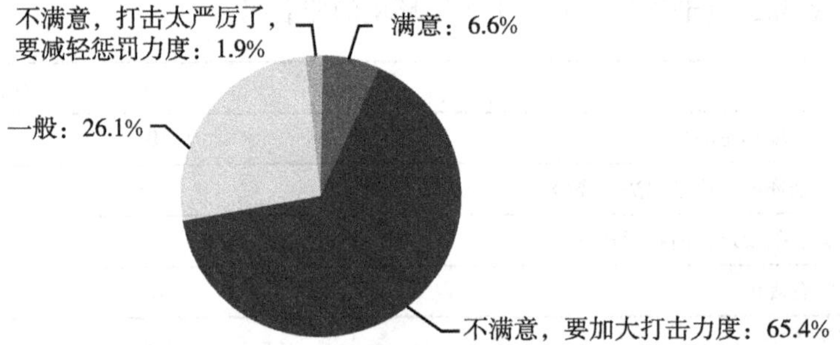

图 2－12　对问题 4 回答情况统计

（5）您觉得要怎么处罚污染环境的人或单位？

选项	小计 / 人	百分比 / %
不需要任何处罚	2	0.5
刑事处罚	293	77.5
教育改正就好，不需要惩罚	36	9.5
行政处罚	233	61.6
有效填写量	378	

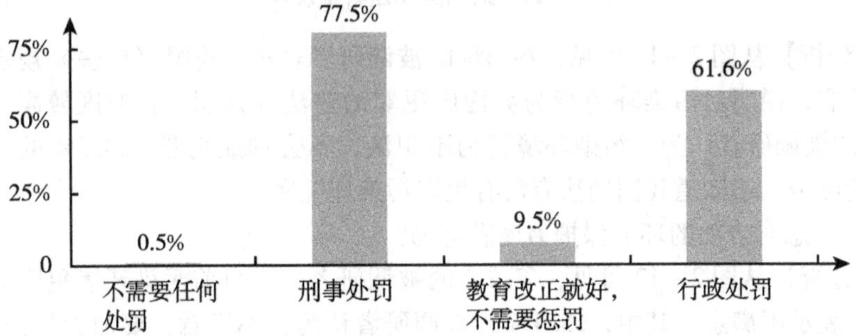

图 2－13　对问题 5 回答情况统计

【分析】从图 2－13 可见，77.5% 的被调研者认为，对严重的污染环境行为需要进行刑事处罚；61.6% 的被调研者认为，需要对污染环境行为进行行政处罚；9.5% 的被调研者认为，教育改正就好，不需要惩罚；只有 0.5% 的被调研者认为，不需要任何处罚。以上可以看出，大部分被调研者主张对严重污染环境的行为进行刑事处罚。

（6）对污染环境犯罪行为进行处罚，您认为应当包括以下哪些措施？

选项	小计 / 月	百分比 / %
罚金	193	50.3
徒刑加罚金	273	71.1
徒刑	90	23.4
拘役	123	32
记入个人或企业诚信档案，成为个人或企业诚信污点	314	81.8
取消企业经营资质，相关责任人五年内不得申请相关领域的资质	270	70.3
社区义务劳动	169	44
您的更好的防止或者惩罚的措施：________	22	5.7
有效填写量	384	

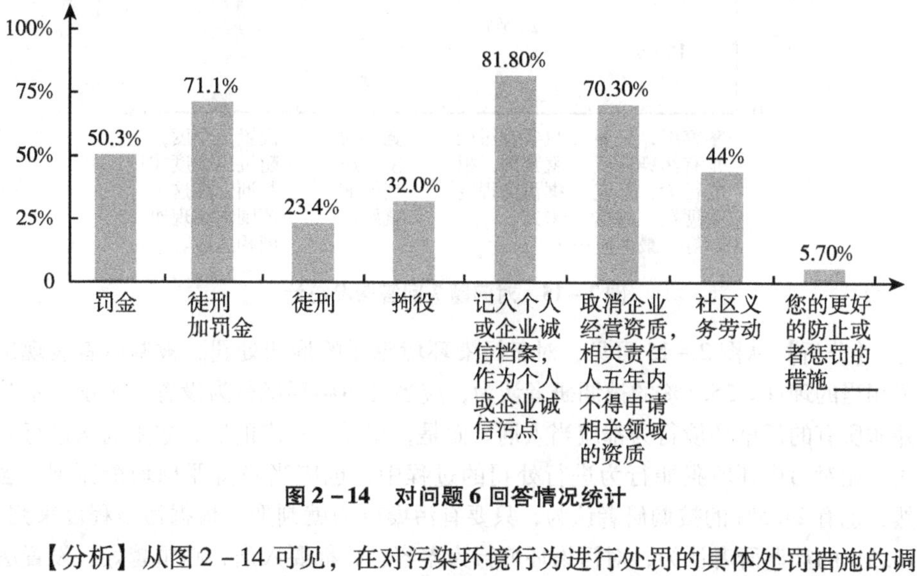

图 2－14　对问题 6 回答情况统计

【分析】从图 2－14 可见，在对污染环境行为进行处罚的具体处罚措施的调研过程中发现，对于单位犯罪，81.8% 的被调研者认为，有必要将单位的污染环境行为，记入个人或企业诚信档案，作为之后诚信考评的重要参考。关于资格处分（既可以是刑罚中的资格刑，也可以是行政处罚中的资格处分，或者刑法中具有处分性质的非刑罚措施）方面，70.3% 的被调研者认为，应当取消企业经营资质，相关责任人五年内不得申请相关领域的资质。而在刑罚的具体刑种方面，71.1%的被调研者认为，应当并处徒刑和罚金；50.3%的被调研者认为，应当处罚金。关于对污染环境罪的犯罪人，是否要求其进行社区义务劳动，有44%的被调研者认为，从预防犯罪的角度考虑，对污染环境罪的犯罪人，应当要求其进行社区义务劳动，以提升预防和宣传教育的效果。

（7）如果对污染环境犯罪判刑，您觉得判多少合适？

选项	小计/人	百分比/%
零容忍，只要是有污染环境的行为，都应受处罚，越重越好，最高应判处死刑	63	16.5
只要有污染就判刑，根据污染程度来判	94	24.5
宽容为主，适当惩戒就好。	15	3.9
设置一个度，超过这个度才判刑，在这个范围内实现罪刑相适应，	211	55.1
有效填写量	383	

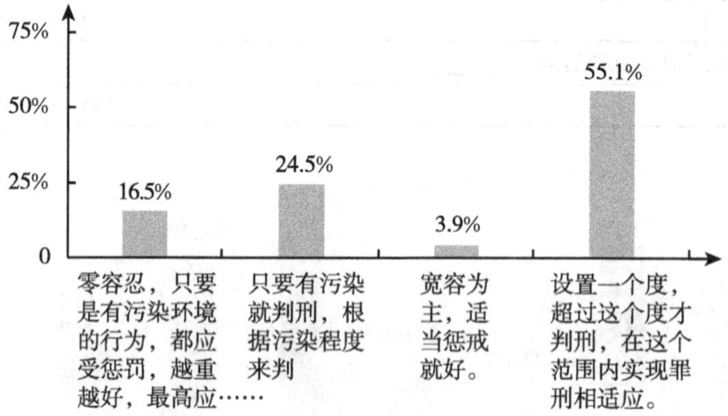

图2-15 对问题7回答情况统计

【分析】从图2-15可见，对于污染环境犯罪的刑罚处罚，被调研者表现出了相当的理性。55.1%的被调研者认为，应当对污染环境行为设置一个度，不是并非所有的污染环境行为都应当入刑。而是，超过了一定的度，才用刑法进行处罚。在对污染环境犯罪行为进行处罚的过程中，也应当坚持罪刑均衡原则。当然，也有24.5%的被调研者认为，只要有污染行为就判刑，根据污染程度来判。16.5%的被调研者认为，对污染环境行为零容忍，都要入刑，越重越好，设置法定最高刑为死刑。以上可以看出，大部分的被调研者对污染环境行为的惩处期待，比较符合目前我国的刑事制裁体系。但也有超过40%的被调研者认为，应当对污染行为零容忍，只要有污染行为，一律入刑。以上也能看出，即便对污染环境的惩处总体呈理性状态，但依然有相当大比例的被调研者基于种种原因，要求降低污染环境犯罪的门槛。

（8）您觉得惩罚污染环境的人，依据哪些标准？

选项	小计 / 人	百分比 / %
污染程度	345	89.8
主观恶意程度	279	72.7
污染者的经济条件	59	15.4
污染者的人品	41	10.7
修复环境所需付出代价的大小	294	76.6
有效填写量	384	

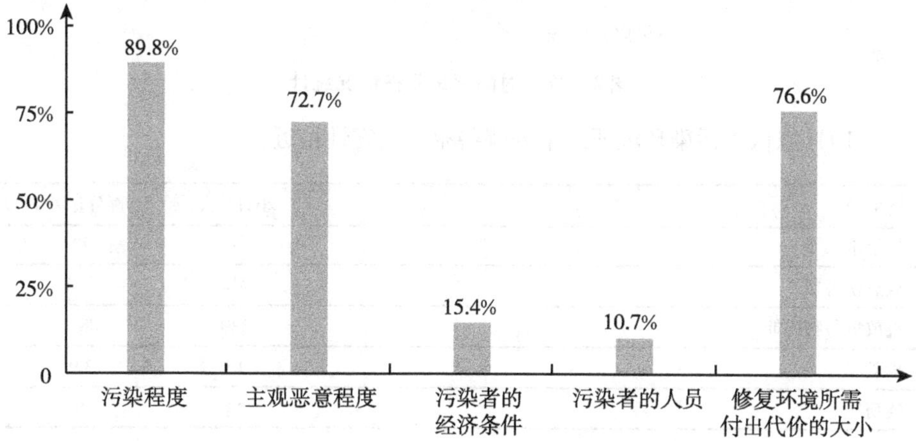

图 2－16　对问题 8 回答情况统计

【分析】从图 2－16 可见，对污染环境行为的惩罚，89. 8% 的被调研者认为，应当参照污染程度，即污染行为对生态环境法益造成的损害；76. 6% 的被调研者认为，应当参照修复环境所需要的成本；72. 7% 的被调研者认为，对污染环境行为的惩处应当参照行为人的主观恶性。以上可以看出，民众对污染环境犯罪的刑罚处罚的参照标准的考量，呈现出理性化特点。即民众能较为客观、公正地看待污染环境罪的刑罚处罚问题。

（9）您认为坐牢和罚金可以相互转换吗？

【分析】从图 2－17 可见，在考量自由刑（徒刑和拘役）能否与罚金刑异科时，85. 6% 的被调研者认为，两种刑种不可以相互转化；14. 4% 的被调研者认为，自由刑与罚金刑可以相互转化。以上可以看出，我国民众对于刑罚异科制度，接受度较低。虽然对刑罚的处罚呈现出理性化趋势，但总体来看，重刑主义趋向较为明显。

选项	小计 / 人	百分比 / %
可以	55	14.4
不可以	327	85.6
有效填写量	382	

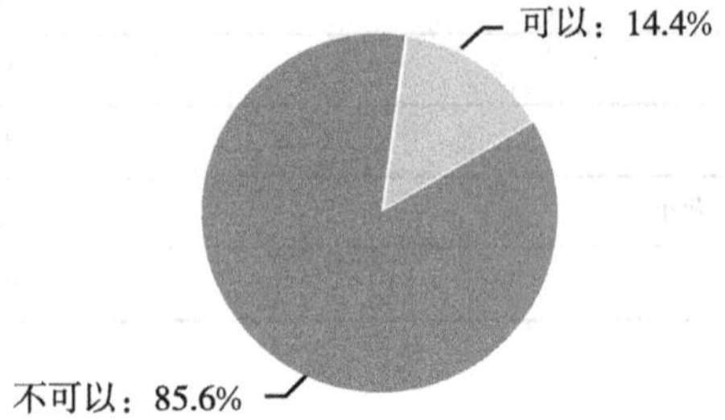

图 2－17　对问题 9 回答情况统计

（10）您认为污染环境罪跟下列哪些犯罪危害性接近？

选项	小计 / 人	百分比 / %
故意杀人罪	84	22
故意伤害罪	212	55.5
投放危险物质罪	339	88.7
抢劫罪	15	3.9
盗窃罪	23	6
有效填写量	382	

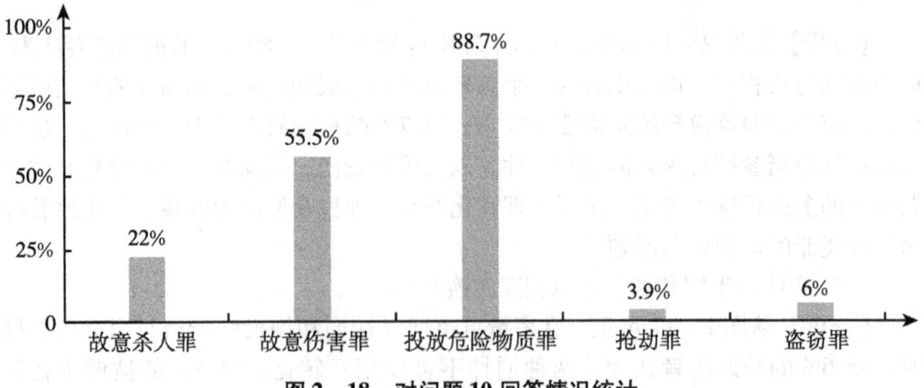

图 2－18　对问题 10 回答情况统计

【分析】从图 2－18 可见，88.7% 的被调研者认为，污染环境罪类似于危害公共安全罪中的投放危险物质罪；55.5% 的被调研者认为，污染环境罪与故意伤害罪类似；22%的被调研者认为，污染环境罪与故意杀人罪类似。以上可以看出，大多数被调研者认为，污染环境罪类似于投放危险物质罪，应当严肃对待。

（11）您觉得怎么才构成污染环境罪？

选项	小计/人	百分比/%
需要恢复环境费用5万元以上	151	39.5
需要恢复环境费用10万元以上	85	22.3
需要恢复环境费用50万元以上	51	13.4
需要恢复环境费用100万元以上	22	5.8
只要有污染，经过两次行政处罚依然不改的	274	71.7
只有对人有伤害才构成犯罪	77	20.2
其他____	15	3.9
有效填写量	382	

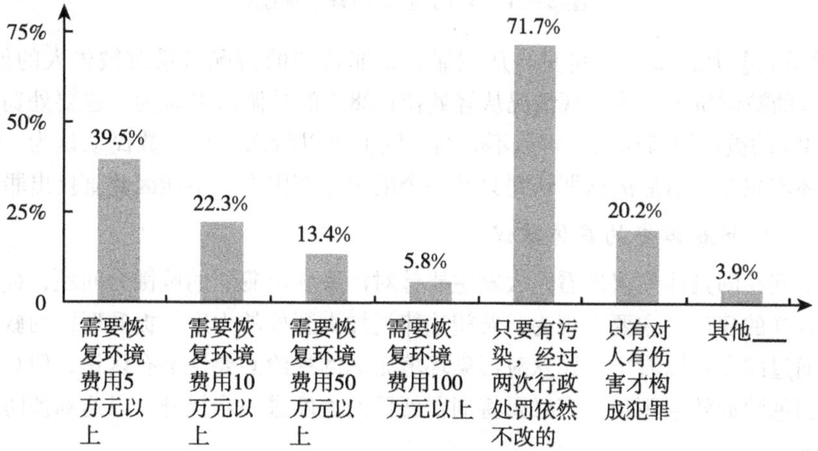

图2-19　对问题11回答情况统计

【分析】从图2-19可见，关于污染环境罪的入罪标准，71.7%的被调研者认为，从情节来看，只要因为污染行为，经过两次行政处罚仍不改的，直接入罪；39.5%的被调研者认为，只要环境修复费用超过5万元（包括本数），便可以入罪；22.3%的被调研者认为，污染环境罪的入罪标准为，环境修复费用为10万元以上（包括本数）；13.4%的被调研者认为，污染环境罪的入罪标准为修复费用在50万元以上（包括本数）；5.8%的被调研者认为，污染环境罪的入罪标准为环境修复费用为100万元以上（包括本数）。

（12）如果犯罪单位或者个人认罪、认罚的，态度好，及时弥补的，该如何处理？

选项	小计/人	百分比/%
可以不处罚	13	3.4
也要处罚	106	28
视情况从轻处罚	260	68.6
有效填写量	379	

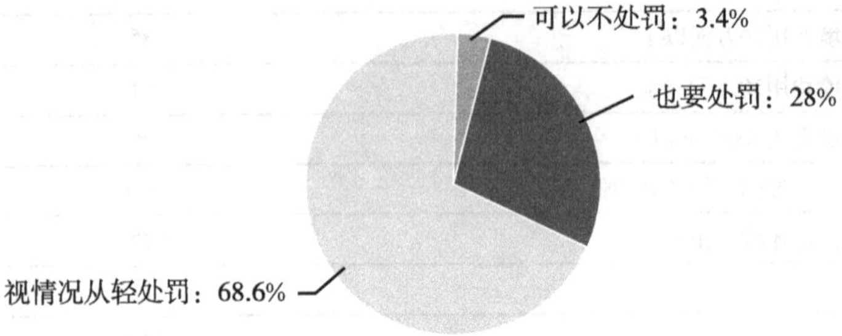

图2-20　对问题12回答情况统计

【分析】从图2-20可见，从犯罪人认罪认罚的情况考量对被告人的处罚，68.6%的被调研者认为，视情况从轻处罚；28%的被调研者认为，也要处罚；只有3.4%的被调研者认为，可以不处罚。以上可以看出，大多数民众认为，对于污染环境犯罪，事后的认罪认罚只是一个酌定考核因素，不能因此直接出罪。

（三）问卷调查的具体建议

从问卷的具体建议来看，大家主要针对污染环境犯罪的威慑力问题，提出了各种各样的建议。主要表现为：希望法律能加大惩处的力度、提升刑罚的威慑效果。通过问卷可以看出，民众对污染环境犯罪的惩治必要性都有认识，但总体认为刑罚惩治的效果不佳，有必要将刑罚惩罚的力度进一步提升，以达到预防犯罪的目的。

大多数群众的眼睛是雪亮的，而实践也是检验真理的唯一标准。作为环境权的主体，民众应当有更多的话语权，也应当赋予民众相当的表达权。从收回的384份有效问卷来看，有122份问卷提出了具体的建议。为了保持被调研者之建议的原初性，除了个别错别字之外，本书没有做其他修订。被调研者的建议涉及污染环境惩处的方方面面，表达客观而中肯。尽管有个别言语比较激烈，但大多表现为客观理性，不乏诸多可取之重要建议。特将122份具体建议，尽量保持原来的特色，罗列如下：

1. 在立法层面的建议

（1）用法律。

（2）有法律法规约束。

（3）希望政府部门出台相关的法律法规。

（4）加强地方性法规以及保护条例。

（5）进行立法，完善法律法规，加大惩罚力度，根据污染环境程度进行相应处罚。只有依法治理才能从根源上保护环境。

（6）国家规定。

【解读】（1）-（6）属于建议在立法层面处理污染环境犯罪问题。

（7）立法严惩。

（8）乱世用重典。

【解读】（7）-（8）提出在现如今污染环境行为泛滥的情况下，应当在立法中提高处罚力度，从而起到威慑犯罪行为人的作用。

（9）设置专门部门，并设立类似检察院一样的监督系统。

【解读】（9）针对环境污染犯罪，建议设立专门部门以及监督部门，有针对性地管控、查处和监督环境污染犯罪主体。

2. 在执法层面的建议

（1）加大环保执法力度，查处污染。

（2）严格执法。

（3）可以适当加强法律的执行力度。

（4）加大执法力度。

【解读】（1）-（4）属于建议在执法层面上处理污染环境犯罪问题。

（5）将环境保护列入当地最重要的政绩考核之首，一出问题，所有政绩一票否决。

【解读】将环境保护作为政府政绩的首要考察项，从而要求政府重视环境保护工作。

（6）主要污染环境行为是企业乱倒、焚烧工业垃圾，突出表现了政府放任、不作为，最好办法是督查、暗访、取证。

3. 提高公民和社会组织的环境保护意识

（1）自我约束

①加强环境保护意识，提高自身素质，做到环境是我家，爱护靠大家。能自觉遵守，全民爱护。

②每个人，从小事做起，以身作则，爱护环境，就像爱护自己的孩子一样。

③环境卫生靠个人及单位自己本身自觉，遵守国家法律法规。

④只能靠大家自觉维护污染环境。

⑤对于人类唯一赖以生存的共同体，只有保护，不允许破坏，绝对零容忍。

⑥学习再学习，提高人民素养。

【解读】①－⑥属于建议公民从自身道德约束和规则约束做起，自觉维护环境，不做污染环境的事也不容忍他人污染环境。

（2）通过宣传教育，提高全民环保意识

①多宣传这方面的知识，让更多人参与，知道污染的危害，做到环境靠大家，从自我开始。

②宣传教育。

③立法、教育，从青少年抓起。

④儿童以思想教育为主；成人以罚款、拘役来约束。

⑤提高全民素质，大力普法，使全民认识到环境的重要性。

⑥多宣传，以案释法。

⑦制定好处罚措施，加强宣传保护环境。

⑧主要就是加大宣传力度，加大处罚力度，让更多的人知道环境污染对人类生活造成的危害。

⑨政府要加强管理，扩大教育国民途径。使公民领会绿水青山就是金山银山。

⑩大力宣传环境保护，争当环境保护者是每个公民应尽义务。

⑪任何社会自然人最初的教育源自家庭，保护也要求从家庭教育开始。

⑫普法、监管同时进行，从孩子的知识普及开始，编入教科书。

⑬体验式教育。

⑭还是要加强环保教育，尤其是对学生，他们是我们未来的希望。

⑮多监督、宣传。

⑯加大环保意识宣传。

⑰提高人的素质，从小养成爱护环境的意识。

⑱宣传、政府强制行为、教育。

⑲加强教育。

⑳开展教育活动。

㉑处罚力度加大，从孩子抓起。

㉒科学立法、严格执法、宣传教育。

㉓一宣传二打击。

㉔教育、宣传。

4. 加强监管

（1）政府对排污企业的整治

①污染环境的一般都是工厂、企业，先管无证生产经营的企业，再管证照齐全的企业。

【解读】对于排污企业的监管顺序，根据企业有无相应的排污资格，应当首先监管无生产经营资质的企业，再对有相应资质的企业进行监管。

②增加生产过程中的环保物资投入，依法依规组织生产。

【解读】政府应当出台有关企业环保物资投入的政策法规，确保排污主体能够投入更多的环保物资。

③建立区域污水处理厂，污染企业根据生产规模缴费处理，这样污染得到治理，企业也减轻负担。

【解读】这样可以大大提高资源利用率，减少废物排放量，不仅可以获得环境效益，还可以因为降低成本而获得经济效益。

(2) 政府的监管措施

①从源头抓起。

②实时监管，监管到位，零容忍。

③政府加大监管力度。

④希望监管部门不定时检查。

⑤重罚政府主管官员，这样就不会或减少行政不作为。

5. 改善环境

(1) 不能把环境污染局限于土地损害和空气损害，噪声污染也需要治理。

【解读】环境污染问题不仅在于水污染与土地污染等，由于科技、经济发展迅猛，噪声污染在现如今也成为棘手的环境污染问题之一。

(2) 加强废物处置力度。

(3) 对生态更要加以保护，桂林大河小河野生鱼快绝灭了，得及时防电鱼，毒鱼，下地笼网鱼。强烈呼吁政府部门将淄博市张店区的大街小巷的法桐树替换成其他树木，将小区附近的移动信号塔拆除。这里的法桐树满大街都是，已经泛滥成灾，造成严重的生态灾害。严重污染了市民的生活环境。更为剧烈的还有电磁辐射。坚决呼吁国家环保部门依法命令淄博市有关部门坚决彻底整改。给老百姓一个卫生的城市生活环境。处理好环境的绿化。

【解读】人类防治环境污染与保护环境一方面是为了人类更健康、舒适的生活；另一方面也是为了维护生态平衡，保护生态环境中的每一类物种，特别是动植物。

(4) 改进生产方式，推进生产技术。

(5) 大搞农业。

【解读】大力发展生态农业，生态农业是实现我国农业生产，农业经济与资源环境协调发展的成功模式。

6. 加强监督

(1) 加强公民监督

①加强民众监督，实行举报重奖。

②设立并公开举报电话。全视频监察和全方位污染监控，实行有奖举报。

③环境保护得不到人民监督，都是国家部门自行处理，很难做到公正公平。

④建立举报监督制度从严处罚。

⑤民众相互监督，提高公众参与度，举报有奖。

⑥畅通揭发渠道，有揭发必有回复。

⑦全民监督，有报必查。有查必反馈。

【解读】①-⑦属于建议加大公民监督的力度作为环境污染防治的对策之一。包括通过奖励来鼓励公民参与监督、扩大公民参与社会监督的途径、相关部门积极回应公民的监督等具体措施。

(2) 加强国家机关监督

①事前介入和事后监督并重。

【解读】事前介入是指从源头治理排污行为，加强对排污主体的监管力度，预防环境受到污染。事后监督是指在出现环境受到污染的情况后，由国家机关对违法犯罪主体进行处罚。

②杜绝官商勾结，没有地方官员腐败就没有环境污染。

【解读】排污企业和地方官员勾结的行为屡见不鲜，针对这种情况，必须严惩公职人员，杜绝官商勾结。

③加大对企业乱排乱放的预防，打击背后的职务犯罪。

7. 从严惩治

(1) 整体上应当有从严的趋势

①如果个人涉及犯罪，建议在执行时处以行为罚，如植树造林，砍伐防火带，采集种子等。

【解读】自然人触犯环境污染犯罪的，对其处以行为罚。比如，行为人实施乱砍滥伐树木的行为，对其处以植树造林的处罚；也即通过责令行为人劳动的方式，尽可能修复受损环境以及惩治行为人。

②严厉打击，坚决零容忍。

③按法律“严打”。

④严格管理。

⑤加大惩罚力度。

⑥对造成环境污染破坏者重罚

⑦常抓不懈，绝不手软。

⑧增加犯罪成本。

⑨教育跟惩罚相互作用。

⑩依法依规加大惩治力度。

⑪重罚。

⑫使劲罚。

⑬污染环境者与其监督机构负责人承担连带责任。

⑭加大保护环境的宣传力度，对故意破坏环境的严惩不贷。

⑮谁污染，法办谁。谁代表，谁担责。

⑯谁污染，谁治理。

（2）加强执法力度，提高违法成本

①加大行政处罚力度。

②加大查处打击力度，健全处罚机制、联合执法机制，提高违法犯罪成本才有可能让企业和个人不敢冒险排污。

③最有效的方法我认为还是在法律行政上设置清晰大力度的处罚。

（3）加大刑事处罚力度

①一定要去坐牢，最好刑期长的。

②对环境污染者处以死刑。

③要加打处罚力度。不能仅仅罚款了事，要让他坐牢。

④一次警告，两次罚金，两次以上直接判刑。

⑤最高死刑。

⑥罚款坐牢。

8. 其他建议

（1）严密法网，全民动员，惩教结合，突出重点，预防边远。

【解读】严密法网包含对多个国家机关的要求，包括司法部门严格办理案件与执法部门依照法定程序严格执法。全民动员要求社会公众重视环境保护，提高环保意识，深刻认识到环境保护的重要性以及环境污染带来的消极后果。惩教结合要求以惩罚和教育相结合的理念对待环境污染者，仅仅依靠严厉的处罚或者轻微的教育都不足以达到积极的效果。突出重点要求重视对环境污染严重地方的整治。预防边远要求避免环境污染轻微地区污染情况加剧。

（2）从严整治，定期巡查，领导问责，鼓励环保行为。

【解读】从执法部门和公民两个主体的角度提出建议。要求执法部门做到从严整治违法排污行为、定期巡查、领导问责。鼓励社会公众实施环保行为，保护环境。

（3）制定像《交通法》一样严格的法律，并严格执行。

【解读】在立法上要求立法机关做到科学、严格地规制环境污染行为，在执法上要求行政主体严格依法管理。

(4) 地方政府破除地方保护主义桎梏，GDP观念要修正与升华；严格环境执法，加强环境执法的执行力与覆盖面，以零容忍杜绝选择性执法；惩罚与修复相结合，最好能让污染者切身体会污染之害；红线常在，排除运动式惩罚，对污染环境行为的打击须常抓不懈。

(5) 有污染环境的，要改进。环保要严查。从严惩治，严格监督。

(6) 从源头抓起，还是监管问题，事后处罚都不能解决问题，要求污染企业自行去排污显然是不现实的，而罚金也不可能弥补造成的损失，对行政区域内的重点排污企业要重点监控；况且罚金太高成为企业的另一个负担，不利于区域经济发展。

【解读】首先，事前监管与事后处罚相比，从源头监管更为重要。其次，事后处罚不应当过重，特别是罚金处罚不应当过重。因为一方面，高额的罚金也无法弥补造成的损失；另一方面，过高的罚金会造成企业负担过高，阻碍经济发展。

(7) ①立法层面，要确定污染环境罪的量刑标准。②执法要严格。③重点打击重点行业、领域、时间段的污染。④加大监管职责的问责力度。⑤聘请社会监督员；加大举报奖励力度，让群众成为监督人。

(8) 人民必须参与监督，没有人民监督，腐败渎职是没有办法杜绝的。对于环境污染的没收其所有资产，对于相关部门的渎职人员要开除公职，没收其所有资产，触犯刑法的交由公安机关。

【解读】首先，公民监督属于法律监督的一种类型，且是一种十分有效的监督方式，应当鼓励公民参与到环境污染的监督当中去。其次，从法律责任层面上，涉及污染环境违法犯罪的公职人员，应当开除公职、没收财产并承担相应的刑事责任。

(9) 加强监控监测，及时发现；加大行政处罚力度；行政和刑事执法不脱节衔接好；加强宣传，增强全体公民的环保意识。

【解读】首先，在监管环节，加强城市区域环境质量监测管理体系，及时发现问题。其次，在执法环节，加大行政处罚力度，也就是从严惩治。再次，发挥刑法的补充功能，与行政执法并行。最后，加强公民的环保意识，共同保护环境。

(10) 必须立法，要有法可依；必须严查严办，执法必严；要有案必公布，让人民大众监督。

(11) ①提高环保意识；②完善环境立法；③环境监管到位；④发挥环境惩罚的震慑和教育作用。重罚，不要官官相护。

(12) 加强源头危害性宣传，督导对环境违规的处理，推行相关法律法规措施，提倡预防举措，杜绝源头污染，实施污染补救措施，从孩子抓起，推行法律法规，严惩污染企事业单位。

(13) ①思想上教育，用事实说话，认识到环境保护的重要性，大力提倡环保，立体发声，人人落实。家家户户环保落地。②行动上落实，一方面，杜绝污染环境事件发生；另一方面，治理环境污染。家家户户换用环保日用品，不造成家庭污水污染环境。③从源头上杜绝提供造成环境污染的材料。④国家给彻底做环保的企业大力扶持，免税；给做环保的人员和家庭给予支持。⑤企业环评严抓。有污染隐患的项目不得立项。⑥环保，人人有责。学校等单位应大力倡导。鼓励孩子们参与环保。

(14) 守己。做好明文条规，普及常规知识，触犯严惩不贷。

(15) 群众监督举报并有权利选择及时制止其违法违规行为。学校、企业单位、商户都应该限制自身对环境的污染行为，加强互相监督管理，进行宣导教育，要求环保工作人人有责。长期以来有关职能部门的不作为、贪污受贿，才造成今天整个人民生活环境的恶劣，现在必须要重视环境污染问题，这关系到每个人的健康。

(16) 预防为主，防治结合。①增加监控，实时反馈重点区域，重点污染源。②建立污染信息数据库。③优化污染企业的生产工艺，减少污染排放。

(17) 举报有奖。加大宣传力度与惩罚力度。

(18) 奖罚并用，纳入全社会的信用体系，给予个人和单位警示，宣传环境破坏的严重后果和恢复环境的代价。

(19) 管理好工业垃圾的末端处理，杜绝乱倾倒、乱焚烧。希望自然资源部、环境保护局联合城管、公安等相关部门对企业工业垃圾统一处置，对倾倒焚烧者作出相应的处罚。

(20) ①完善环境污染监测机制；②加大惩罚力度；③设立奖惩制度、举报有奖。

(21) 小区设置在城区最角落处，周边空荒成为违法工业垃圾场，并日夜进行焚烧，由于工业废料产生有毒气体，民生住宅成人间地狱。

(22) ①加大环境保护宣传，让学生、工会、志愿者团队参与到社区志愿环保工作中。②建立垃圾填埋和分类处理园区并对外界开放（尤其是教育界，知识分子知道处理垃圾的辛苦才能帮我们口诛笔伐污染环境者）。③建立完善环境保护法的机制，上大力宣传（像现在的监察法一样）。④改革现有的环境污染监察、处罚机制，做到有污必查，有污必治，有污必罚（资金来源于对污染者的罚金和财政拨款）。⑤提高污染企业的环境税。其实还有更多招，归根到底一句话：提高素质，增强意识，有犯必抓。

(23) 对于构成环境污染犯罪行为的，应严格按照法律处罚；另外还应加强学校教育，提高公民的环保意识，保护环境是全社会的事，也将是一个长期的需要面对和解决的问题。

(24) ①加大打击力度；②加强宣传；③做好生态环境建设的宣传教育工作，从小培养大家对生态环境建设的认识，让大家由内而外地，走心地爱护环境。

第二节 污染环境罪案件数统计分析

一、近十年污染环境罪案件情况分析

通过 openlaw 裁判文书网，输入关键词“污染环境罪”“一审”“刑事”，搜索到判决日期为 2011 年 4 月 18 日至 2021 年 4 月 18 日的污染环境罪的裁判文书共有 14152 份，其中 2019 年最多，有 3119 份，如图 2－21 所示。在全国各地，近 10 年来，污染环境罪案件排名前十的分别是浙江（2242）、河北（2134）、广东（1832）、山东（1390）、江苏（1271）、河南（614）、福建（611）、湖南（522）、安徽（464）、四川（405）。

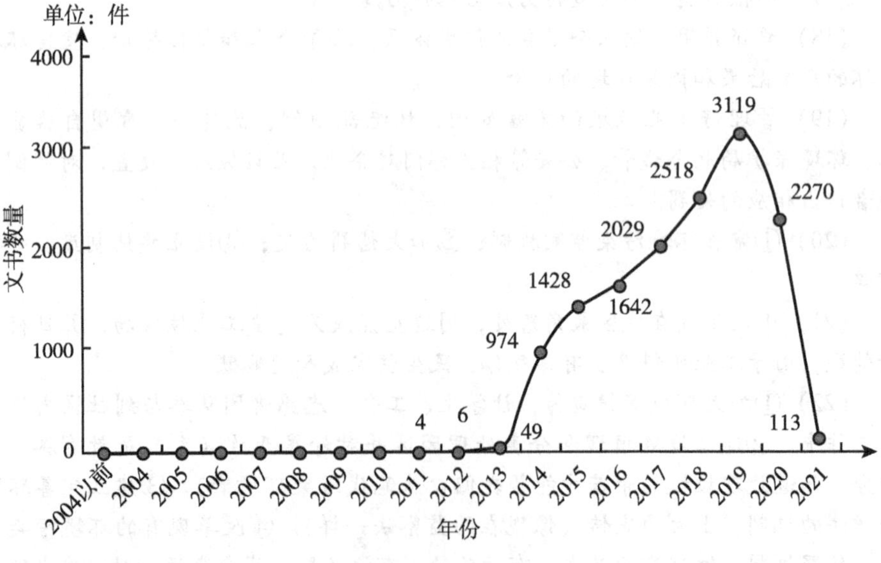

图 2－21 文书判决时间统计图

【分析】近十年来，我国污染环境罪的案件数，出现了较大的变化。从之前的个位数（也可能存在裁判文书上网不完全的情况，有遗漏统计的案件数），到 2019 年的 3119 个案件。2020 年，也可能是受新冠疫情的影响，稍微有所下降，

但总案件也有2270个。从案件数本身的变化来看，污染环境罪的惩处情况，的确受到刑事政策的影响，在刑事政策"从严"的情况下，实务中的案件数，的确出现了增加。这也从侧面看出，我国对污染环境罪的惩处力度，朝着不断加大的方向发展。从数据来看，2013年之前的案件数畸少。当然，需要排除部分案件裁判文书没有上网的情况。即便如此，加上可能被遗漏统计的案件数，我国2013年之前，在惩处污染环境罪方面，的确力度不够。因此，这也能看出来，我国大概是在2015年之后，对污染环境罪的惩处力度开始加大。从数据上来看，近十年来，2019年是全国打击污染环境罪的巅峰时期，如表2-1所示。

表2-1　2015—2020年污染环境罪裁判文书数量

年份	2015	2016	2017	2018	2019	2020
数量/份	1428	1642	2029	2518	3119	2270

从公布的数据来看，十年来，即便是污染环境罪案件数最多的2019年，其案件数为3119。相比较其他的个罪，污染环境罪的实际案件数的确偏少。比如，同样作为轻罪的危险驾驶罪，其案件数，2019年已经位列第一。而从生态法益的重要性，以及保护生态环境的必要性来看，目前的惩处力度与实际的需求，明显不相称。

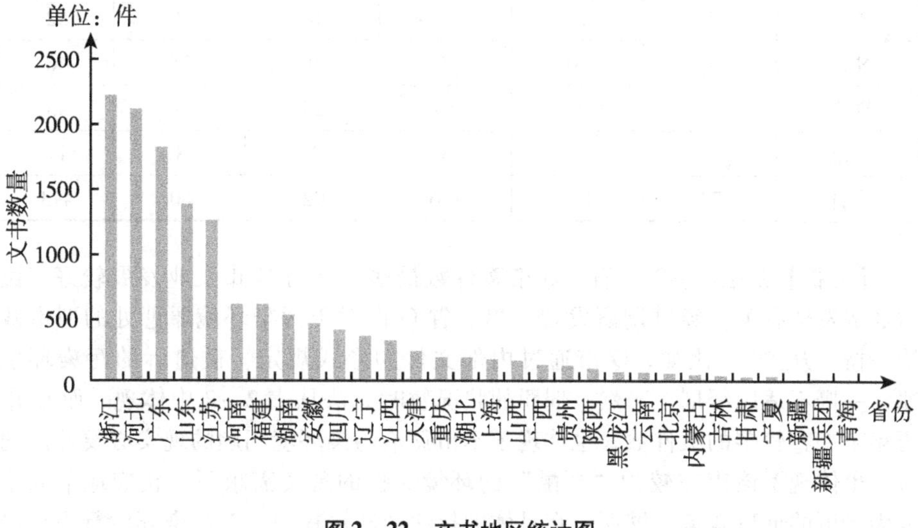

图2-22　文书地区统计图

图2-22为按照省份进行的排序，从排序情况看，浙江省案件数最多，其次为河北、广东、山东等地，福建省以近年来总共公布的案件总数611个位列第七。从课题组调研的情况看，案件数多的地方，与环境污染严重的省份，并不完

全重合。即案件数最多的省份，其环境污染的程度并不一定最高。具体分析为：基于对环境的重视和保护，在具体司法执法过程中，在生态环境总体优良的省份，出现了污染环境案件较多的情况。比如，浙江省、福建省等。以上可以看出，污染环境罪的多寡，事实上与刑事政策的宽严度相关联，与具体执法司法力度有关。现实中，可能出现污染环境罪多的省份，其生态环境保护得更好。以此可以看出，对于生态环境的保护，不管是理念的宣传，还是政策的出台和执行，仍然有很长一段路要走。即生态保护意识有待进一步提升，对于生态保护的执法和司法政策，也有待进一步落实。

二、福建省2015—2019年污染环境罪司法情况

表2-2　福建省2015—2019年污染环境罪司法情况

城市	2015年/件	2016年/件	2017年/件	2018年/件	2019年/件	合计/件
F市	10	9	10	9	5	43
X市	7	11	18	9	4	49
P市	5	18	7	3	4	37
S市	4	8	7	8	9	36
Q市	30	47	25	26	20	148
Z市	5	11	15	14	7	52
N市	2	10	7	9	18	46
D市	7	6	14	13	5	45
L市	2	3	3	1	8	17
合计	72	123	106	92	80	473

【分析】从表2-2来看，Q市案件数最多，这与Q市工业发展较好，民营经济发达有关。经过调研发现，福建省Q市对于污染环境罪惩处的刑事政策一概“从严”。比如，Q市通过内部文件的形式规定，被追诉的污染环境罪，一概不适用缓刑。当然，刑罚的状况暂时无法从表2-2中体现。而Q市历年来一直较多的案件数，也体现了本市惩治污染环境问题的现实必要性。同时，也体现了该市在较为“严酷”的环境保护的现实需求下，相应地采取了较为严厉的刑事政策。继而，在具体的执法司法过程中，对污染环境行为从严从重进行处理。

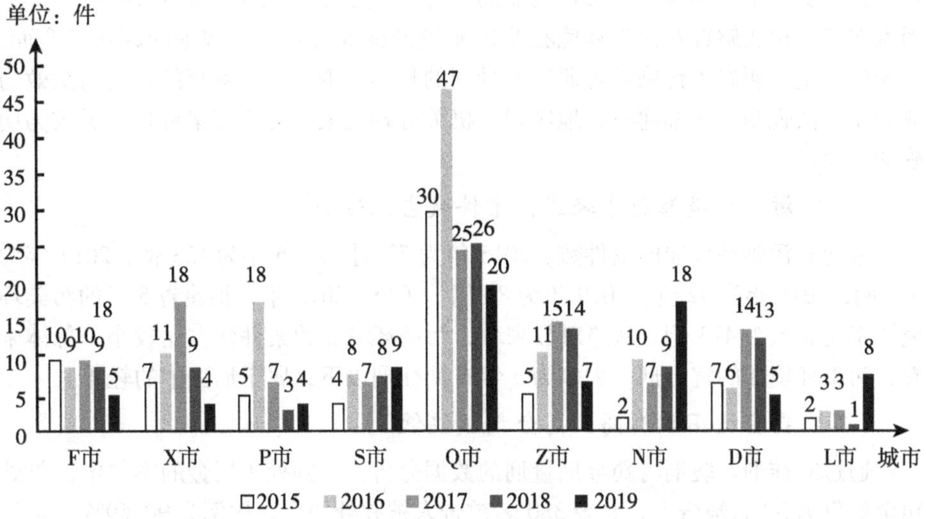

图2-23　2015—2019年F省污染环境罪案件数

污染环境罪作为一个轻罪，在总的刑事案件中，不管是案件数，还是刑罚的严厉程度，都属于较为轻微的刑事案件。虽然近年来，受刑事政策的影响，案件数有所增加，特别是2016年、2017年、2018年案件数有较大幅度的增加，但是2019年理性回归。从地域分布情况看，工业较为发达的县市，污染环境罪的案件数较多，且案件数保持在一个稳定多数的状态。

2015—2019年福建省污染环境罪案件数分地域布情况：泉州、漳州、厦门相对较多，这三个市的总量分别是148件、52件、49件。这三个地区具有优越的地理位置，丰富的地方资源，广泛密切的侨、港、台关系，日趋完善的外向型经济格局。经济较好地区中的泉州市，2015年到2019年每年的案件数量始终是福建省最多的，且在2016年的数量上远高于福建省的其他市，甚至高出十倍。三明、龙岩、莆田则相对较少，尤其是龙岩地区，案件总量不超过20件，其2015年到2019年各年的环境污染犯罪案件数量均不超过10件，这是由于龙岩地区深居内陆，没有泉州、厦门等地的沿海优势。经济基础弱，处于较落后水平。所以污染环境犯罪案件少见也不足为奇。

最高人民法院和最高人民检察院在2016年出台了《2016年司法解释》，据统计，在《2016年司法解释》出台之前，涉及该罪名的案件数量徘徊在两位数之间；2016年案件数量突破三位数，达123件。但是从2017年开始，案件总量呈现下降的趋势，这与全国污染环境犯罪的情况相反。因为环境污染违法行为的入罪门槛在进一步降低，污染环境罪出现扩张的趋势。随着污染环境罪的积极扩张，司法实践中全国涉及污染环境罪的案件数量也呈直线上升趋势。[①] 有一部分因素在于，司法解释对污染环境犯罪定罪量刑标准的具体把握等问题作了全面、系统的规定，明确了污染环境罪定罪量刑的具体标准。司法解释的普遍司法效力或者说司法强制力为福建省各地区司法机关办理污染环境犯罪案件提供了较为明确的方向。

（一）污染环境罪属于轻罪，案件数占比较小

福建省污染环境罪的案件数，2015 年为 72 例，2016 年为 123 例，2017 年为 106 例，2018 年为 92 例，2019 年为 80 例。2015—2019 年，福建省 5 年的污染环境罪案例总数为 473 例。从绝对数来看，污染环境罪的案件数占比较小。总体来看，污染环境罪的宣告刑，大多为 3 年有期徒刑以下，属于刑法中的轻罪。

（二）罚金适用比例高，罚金数额偏低

通过对徒刑、缓刑与罚金刑量刑的数据分析，在判处了罚金的案件中，单处罚金的仅为 39 名被告人，其余 380 名被告人被并处罚金，比例为 90.69%。可见福建省污染环境罪适用并处罚金的比例相对较高。且单处罚金的被告人所判罚金数额普遍较高，可见在福建污染环境罪案件中，未被判刑的污染环境犯罪行为人将承担更高的财产代价。

福建省污染环境罪的罚金数额整体上是偏低的。统计表明，在判处了罚金的案件中，罚金 3 万元以下（不含 3 万元）占到了总量中的 57.28%（240/419 = 57.28%），罚金 3 万元到 10 万元（含 3 万元，不含 10 万元）也占据了一定的比例，为 36.52%（153/419 = 36.52%）。罚金 10 万元以上（含 10 万元）仅为 6.21%（26/419 = 6.21%），其中含罚金 100 万元一例。

三、福建省 2016—2019 年污染环境罪所有公开的裁判情况分析

课题组收集了福建省 2016—2019 年所有公开的污染环境罪裁判文书，总共 455 份（含二审），去掉 11 个重复案例，总共有效案例 444 个。以下是对四年来福建省所有公开的这 444 份判决书进行的统计分析，从方方面面对福建省的污染环境罪的实际情况进行解读。

（一）情况概述

从案件情况来看，超过 90% 的判决，宣告刑都在 3 年有期徒刑以下，污染环境罪在实务中表现为轻罪。福建省污染环境案件存在“自然人犯罪多，单位犯罪少”的情况。污染环境罪的主体包括自然人和单位。从统计数据来看，福

---

① 王卫、王景、南庆贺：“论污染环境罪的司法适用困境与出路——以 132 份污染环境罪判决书为例”，载《广西警察学院学报》2019 第 6 期，第 38—44 页。

建省污染环境案件中，被告人以自然人为主，占到了 93.98%（578/615 = 93.98%），追诉单位犯罪的案件数量相对较少。在 378 例污染环境案件有效判决中，涉及被告人 615 个，单位被告人仅 37 个。

我国的法律规定以双罚制为主，既对单位判处罚金，又对其直接负责的主管人员和其他直接责任人员判处刑罚。而在福建省污染环境犯罪案件中，37 个案例存在同时处罚单位犯罪的情况，也就是仅有 9.79%（37/378 = 9.78%）的案件存在并罚单位的情况。

严重污染环境的共同犯罪占据了福建省污染环境案件一定的比例。108 个案件存在共同犯罪，占比 28.57%（108/378 = 28.57%）。

福建省污染环境罪判处缓刑的有 141 例，其中拘役判处缓刑的 22 起，占 65 件被判处拘役刑案件的 33.85%（22/65 = 33.85%）。

（二）涉案犯罪人文化程度分析

从被告人文化程度来看，本次搜集的案件中保存有文化程度信息的自然人被告共有 476 人，其中文盲 16 人，小学文化 155 人，初中文化 224 人，中专文化 14 人，高中文化 41 人，大专文化 19 人，大学本科 7 人。通过比较，被告自然人属于小学与初中文化的比例超过 70%，而大学学历的自然人被告数量仅为个位数。由此可知犯污染环境罪的自然人主体文化程度普遍较低。结合上文中的福建省污染环境罪的地域分布数据，犯罪案件多分布于闽南的厦门、漳州、泉州地区。这些地区从事经商业者较多，而经商行业往往对人们的文化程度要求不高，因此福建省污染环境犯罪的被告自然人多为文化程度较低者。

以上也能看出，污染环境罪的发生与行为人的生态保护意识有密切的关联。相对而言，受教育程度的高低，与生态保护意识的强弱有某种内在的关联。此种现象也提示我们，刑罚对犯罪预防的效果是有限的。如若想在根本上解决环境污染的问题，还需要从思想根源上下功夫。即从平时的生态环境保护意识的提升上下功夫，强调事前预防。而项目组在调研的过程中发现，有些企业老板直到站到了被告席上，仍然莫衷一是，不懂为何会犯罪。如此可见，我国生态环境保护方面的教育、宣传，有待进一步提升。期望能通过良好的教育、引导，将生态环境保护理念深入人心，从而从根本和源头上解决生态环境保护的问题，起到预防犯罪的效果。

（三）涉案单位特征分析

从 37 个被告企业的行业特征来看，制造业公司有 15 件，在制造业中金属和五金制造业公司占 10 个；皮革制造业公司占 4 个；工具制造业公司占 2 个；铁件与机电制造业公司各 1 个。矿业公司同样占据了一定的比例，矿业公司占 4 个；除此之外，还有建材业、印制业、工贸业、模具业、机械业等行业，所占比例较小，数量多为一家企业。可见，污染环境犯罪的被告单位多为制造行业，因为在制造业发展过程中，在很多环节都将产生污染物，这是产品制造中不可避免的，比如废水、废气、发生副反应的生成物等。若是制造业忽视了对上述物质的处理，缺乏合理回收渠道，就会对环境造成较大的污染。

（四）简易程序适用情况

福建省污染环境犯罪案件中，法院适用简易程序审理案件的数量为 88 件。法院之所以创立简易程序，其目的就是在确保司法公正的同时，提高办案效率、节约司法资源。由于污染环境犯罪的案件取证难度大，往往存在案件事实不清、证据不足的情况，由此导致法院少适用简易程序审理该类案件。

（五）被告人委托律师情况

根据案件统计，福建省污染环境罪中，有律师进行辩护（包括法律援助律师）的被告人是 207 位，无律师辩护的有 392 位。从上述数据可知，污染环境罪案件的刑事辩护率相较其他传统案件的刑事辩护委托率而言，比例较高。而在我国，虽然刑事诉讼法赋予了律师在刑事辩护中承担的职责，律师刑事辩护风险大、辩护作用小、辩护的难度大，由此种种因素导致很多律师不愿意接受刑事辩护，因而刑事辩护率呈现持续下降的状态。

（六）自首情况

福建省污染环境罪被告人自首的数量为 335 个，占据被告人总数的 55.83%。说明福建省污染环境犯罪案件的被告人自首率较高，过半数的被告人具有在案发之前能够自动归案，如实供述其所犯罪行的自首情节。从 444 份判决书中可以看出，各地区法官均严格依照《刑法》对犯罪人自首认定的规定对污染环境犯罪案件的被告人进行自首情节的认定，在判决书中，过半数的法院提到“被告人主动投案，并如实供述自己的犯罪事实，系自首”。

四、全国污染环境罪判决书情况抽样分析

课题组调取了 2015—2017 年全国不同地区判决的 132 份污染环境罪的刑事判决书，涉及 244 名被告人。从统计情况看，宣告刑最高的为有期徒刑 4 年，1 人次，占比 0.4%，宣告刑都在有期徒刑 4 年以下（含 4 年），没有超过有期徒刑 5 年（含 5 年）的判决。宣告刑超过有期徒刑 3 年（含 3 年）的人数为 8 人次，占比 3.3%。宣告刑在有期徒刑 3 年以下，包括宣告无罪、免予刑事处罚、缓刑、拘役、3 年有期徒刑以下（不含 3 年）236 人次，占比 96.7%。适用缓刑人数 127 人，占比 45.90%。如果从宣告刑的角度进行划分，目前我国的污染环境罪可以说是一个名副其实的轻罪。

从司法适用缓刑和宣告刑的幅度和比例来看，在司法实践中，污染环境罪并

没有成为一个重罪。本书认为，即便立法对污染环境罪的法定刑设置进行了逐步提升，把法定最高刑设置为有期徒刑7年，但事实上，环境法益并没有在实践中得到应有的重视和保护，进而污染环境罪的宣告刑普遍偏低。如此的司法现状，与刑事政策及立法意图之将污染环境犯罪作为重点打击目标的初衷，有不符之处。当然，污染环境罪作为一个工业发展之后新出现的罪名，在认识和处理层面有一个渐进的过程。

具体到罚金刑，从课题组调取的2015—2017年全国不同地区判决的132份污染环境罪的刑事判决书，涉及244名被告人。从调取的数据看，罚金超过人民币2万元（含2万元），126人次，占比51.64%；罚金数额最高的为人民币500万元，1人次；罚金超过人民币10万（含10万元），20人次，占比8.20%。从发展的态势看，罚金刑有逐渐攀升的趋势，且罚金刑数额差别甚大。对自然人适用罚金从最高的500万元，到210万元、50万元、40万元不等，计算的规则在判决书中没有明示。对自然人判处罚金（包括并处与单处罚金），平均罚金数额为4.45万元。对单位并罚适用罚金的判决数为18份，占判决总数的13.64%，单位罚金平均数为101.3万元。

另外，从我国2016年12月公布的全国八个环境污染犯罪典型案例来看，对单位判处的罚金数额最高的达到了7500万元，其他对单位判处罚金数额分别为40万元、245万元、400万元、2000万元不等。判决书中并没有列明罚金数额裁判的依据和规则。相比较而言，对自然人判处罚金（包括单处和并处）的数额要比单位罚金数额低很多，但8个典型案例中，2个案例对个人判处罚金最高的都达到了100万元，相对应的，这两个案例对单位判处罚金也较高，分别为7500万元、400万元（同一个案例，起诉两家单位）、2000万元。

“罚金刑是通过给犯罪人以财产性的痛苦，以镇压其犯罪性，并使其下次不能犯罪为目的的刑罚。罚金刑通常只适用于轻微的犯罪，剥夺犯罪人一定数量的金钱，以期唤醒犯罪人的规范意识。因此，罚金刑不是像自由刑一样，通过持续性地作用于受刑者的人格来改善受刑者，而是通过作用于犯罪人的规范意识，起到抑制犯罪的效果。”① 近年来，随着徒刑的威慑效果日渐受到质疑，特别是短期自由刑的式微，徒刑的刑罚效果遭遇到强烈的怀疑。因此，诸多学者认为，“在观念上自由刑是刑罚体系的中心，在实际运用上罚金刑是刑罚体系的中心。”② 相比较而言，罚金刑比徒刑在去标签化方面，具有更多的优势。罚金刑具有回避烙印的机能，对一些轻罪犯罪人的冲击比较缓和。且从功利的角度考量，罚金刑适用的国家成本较低，执行成本低还能给国库收入带来好处。因此，

---

① 张明楷：《外国刑法纲要》，清华大学出版社2007年版，第390页。
② 张明楷：《外国刑法纲要》，清华大学出版社2007年版，第391页。

现代刑罚体系对罚金刑的看重，也便是自然而言的事①。

第三节　模糊数学之罪刑数量关系建模

模糊数学，专门研究处理界限不清晰、不确定的量，用以处理一些事实上存在某种客观规律，但用规律的数字表达不那么精确和清晰的变量关系。诚然，刑法中的刑罚实施效果，特别是关于威慑力之一般预防和特殊预防的具体效果，一直在理论上有讨论。学界普遍认为，刑罚具有预防犯罪的效果，但具体效果如何，一直缺乏翔实的数据进行论证。具体到污染环境罪之刑罚效果评估，一样会遇到如此问题。

基于刑罚效果的不确定性和模糊性，本书特引入模糊数学的表达方式，希望能借助模糊数学的公式表达科学地测算出污染环境罪之刑罚效果。针对影响污染环境罪刑罚实施之诸多因子，本书特运用层次分析法（AHP 法）分析处理问题。因此本书选用层次分析法和模糊综合评判法进行研究。目的在于通过评判污染环境罪刑罚实施效果，找出实务中存在的主要问题。发现问题是解决问题的开始，希望通过该罪刑罚实施效果的有效评估，为我国生态环境刑事司法和刑事立法提供相应参考。

一、污染环境罪刑罚实施效果之评估模型的建立

模糊综合评判法是一种基于模糊数学的综合评判方法。该综合评判法根据模糊数学的隶属度理论，把定性评判转化为定量评判，即用模糊数学对受到多种因素制约的事物或对象作出一个总体的评判。它具有结果清晰，系统性强的特点，能较好地解决模糊的、难以量化的问题，适合各种非确定性问题的解决。② 层次分析法，是指将与决策总是有关的元素分解成目标、准则、方案等层次，在此基础之上进行定性和定量分析的决策方法，是一种确定权重系数的有效方法，它把复杂问题中的各种因素划分为互相联系的有序层，并使之条理化。把模糊综合评判法与层次分析法结合应用于所评判的对象，建立形成有序的递阶层次结构，就每一层次的相对重要性给出定量的表示，确定其同一层次各因素的权重，最后对客观实际进行模糊评判，得出最终结果。③ 通常情况下建立模糊综合评判模型应

---

① 张明楷：《外国刑法纲要》，清华大学出版社 2007 年版，第 391—392 页。

② 李安贵等：《模糊数学及其应用》，冶金工业出版社 2005 年版，第 1—4 页。

③ 唐中富、姚泽华、钱剑雄、张有忱："基于模糊评价和层次分析法的客运索道安全评价方法研究"，载《中国安全科学学报》2008 年第 6 期，第 152—157 页。

包含三个基本要素：一是评价集，二是因素集，三是权重集。根据研究对象复杂性，数学模型分为单级模型和多级模型，本书研究的污染环境罪实施效果适合多级模型研究。

（一）建立因素集

在建立模糊综合评判模型中，因素集是由影响评判对象的各个因素所组成的集合，是决定模糊综合评判是否科学合理的关键步骤之一，也是重点研究的对象。在选取评判因素时既要尽可能全面，又要重点突出。若考虑因素过多过细，确定诸因素的权重时可能出现过小的现象，不仅不利于评判效果，而且把问题复杂化，抓不住重点，因此需要必要的甄选。

根据《刑法》第338条规定以及相应的司法解释。根据调研结果，结合专家组意见、法律法规和司法实践，按照层次分析法理论，本书把污染环境罪实施效果评估分为三个层次。

第一层为目标层，即我们评判的总目标为污染环境罪刑罚实施效果评估。

第二层为一级影响因素，即影响污染环境罪刑罚实施效果的主要因素。包括①污染环境罪刑罚的威慑力；②污染环境罪的惩治力；③污染环境罪刑罚实施以来当地环境改善度；④人们对该罪名实施以来的满意度。以上四个主要因素，可概况为“二力二度”。

（1）污染环境罪刑罚的威慑力。在刑罚理论中，刑罚的预防效果主要包括一般预防与特殊预防。而一般预防，又分为消极的一般预防与积极的一般预防。真正达到不想犯、不敢犯、不能犯的预防作用，其中不想、不敢、不能分别对应刑罚的积极一般预防、刑罚的消极一般预防以及刑罚的特殊预防。[①]

（2）污染环境罪的惩治力，相当于刑罚的不可避免性。正如贝卡利亚所言：“对于犯罪最强有力的约束力量不是刑罚的严酷性，而是刑罚的必定性，这种必定性要求司法官员谨守职责，法官铁面无私、严肃认真。”[②] 因此，本书将刑罚的不可避免性，表述为刑罚的惩治力，即有罪必罚的司法环境。

（3）污染环境罪刑罚实施以来当地环境改善度。刑罚的效果直接反映在现实的环境改善方面，通过民众的感知，了解环境的改善度。尽管环境治理效果是一系列措施实施的结果，但刑法作为其他部门法的最后保障法，也可以理解为刑罚实施的最后效果。

---

① 张明楷：《责任刑与预防刑》，北京大学出版社2015年版，第55—60页。

② ［意］切萨雷·贝卡里亚：《论犯罪与刑罚》，黄风译，中国法制出版社2005年版，第72页。

（4）人们对该罪名实施以来的满意度。民众对该罪之具体实施的具体满意度，通过社会学的考量标准，了解该罪刑罚实施的具体效果。

第三层为二级影响因素，即在四个一级影响因素上进一步细化，便于更精准研究。一是对于污染环境罪的威慑力，可以分为①群众知晓度①、②群众畏惧度、③风险率。

（1）群众知晓度。即群众对于污染环境行为是否可能构成犯罪的认知，如若不知，一般预防的效果便很难达到。实务中，存在有行为人被起诉后，仍然不认为自己行为构成犯罪的情况。

（2）群众畏惧度。基于对刑罚后果的恐惧和害怕，而不敢犯罪。在刑罚的效果方面，体现为刑罚的消极一般预防。

（3）风险率。即犯罪成本与犯罪收益之比。刑罚惩处率越高、惩罚的法定刑与宣告刑越大、刑罚越是不可避免，风险率就越高。

二是对污染环境罪的犯罪惩治力，可以分为①犯罪数量、②累犯数量、③入刑率（快查严办）、④判罚轻重程度。

三是环境改善度可分为①空气污染度、②水污染度、③土壤污染度、④农田森林保护度。分别从空气、水、土壤、农田森林等不同方面进行考量。

（1）犯罪数量。犯罪数与客观的犯罪情况相呼应，犯罪数在某种程度上反映了惩治力的大小，呈正向相关。

（2）累犯数量。累犯数量越大，说明特殊预防的效果越差，也说明犯罪惩治力度不够。

（3）入刑率。入刑率是最终查处的案件数与实际案件数的比，入刑率越高，说明刑罚的不可避免性越高，在同样的法定刑状况下，刑罚的惩治力就越大。

（4）刑罚轻重程度。刑罚轻重程度反映了刑罚对某类犯罪的具体回应，刑罚越重，说明该行为的刑法保护值越高，刑法越是不能容忍该类犯罪。

根据以上分析，建立模型因素集，用数学表达式表示为：

$U=\{U_1, U_2, U_3, U_4\}$ = {威慑力，惩治力，环境改善度，满意度}

其中：

$U_1=\{U_{11}, U_{12}, U_{13}\}$ = {知晓度，畏惧度，风险率}

$U_2=\{U_{21}, U_{22}, U_{23}, U_{24}\}$ = {犯罪数，累犯数，入罪率，刑罚程度}

$U_3=\{U_{31}, U_{32}, U_{33}, U_{34}\}$ = {空气污染度，水污染度，土壤污染度，农

---

① 阮鹏、黄燕："新型传染病公众威慑力评价研究"，载《医学与社会》2012年第7期，第21—23页。

森保护度}

U_4 = {满意度}

（二）建立模型

根据以上分析，应用层次分析法建立污染环境罪实施效果评估模型，如图 2－24 所示。

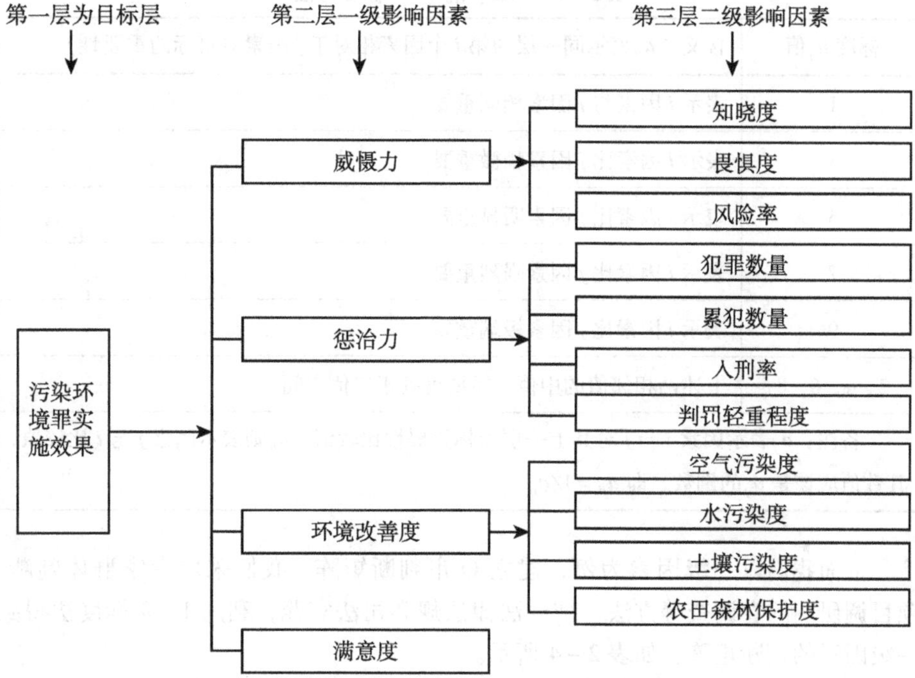

图 2－24　污染环境罪实施效果评估模型

（三）建立权重集

在评判模型中，权重的建立是关键性的环节，直接关系到结果的科学性和贴合性。我们先设定污染环境罪实施效果评估模型的一级因素权重集如下，具体求解过程如下文。

污染环境罪实施效果评估模型的一级因素权重集为：

$\omega = \{\omega_1, \omega_2, \omega_3, \cdots, \omega_m\}$，$\sum_1^m \omega_i = 1$，$\omega_i$，表示第 i 个一级因素在综合评判体系中所占的权重。

污染环境罪实施效果评估模型的二级因素权重为：

$\omega_i = \{\omega_{i1}, \omega_{i2}, \omega_{i3}, \cdots, \omega_{in}\}$，$\sum_1^n \omega_{ij} = 1$，$\omega_i$ 表示第 i 个一级因素，ω_{ij}表

示第 j 个二级因素在第 i 个一级因素中所占的权重。

1. 建立一级因素判断矩阵

判断矩阵是表示本层所有因素针对上一层某一个因素的相对重要性的比较。我们研究判断矩阵的元素 a_{ij} 采用 Santy 的 1－9 标度方法给出。判断矩阵 A 中各元素 a_{ij} 为 i 行指标相对 j 列指标进行重要性两两比较的值，如表 2－3 所示①。

表 2－3　Santy 的 1－9 标度方法

标度 a_{ij} 值	含义（a_{ij} 表示同一层内第 i 个因素相对于 j 因素对目标的重要性）
1	表示 i 因素与 j 因素相同重要
3	表示 i 因素比 j 因素稍微重要
5	表示 i 因素比 j 因素明显重要
7	表示 i 因素比 j 因素强烈重要
9	表示 i 因素比 j 因素极端重要
2，4，6，8	上述两相邻值的中值，重要度处于二值之间
备注：a_{ij} 表示因素 i 与 j 对其上一层目标重要性比较值，a_{ji} 则表示因素 j 与 i 比较值，其数值应该是 a_{ij} 的倒数，即 $a_{ji}=1/a_{ij}$	

下面我们以一级因素为例，建立 Q 市判断矩阵。我们采取专家群体判断、项目调研、问卷调查等方法，结合法律法规和司法实践，利用 1～9 标度法得到一级因素的判断矩阵，如表 2－4 所示。

表 2－4　污染环境罪实施效果一级因素判断矩阵

因素	因素			
	威慑力	惩治力	环境改善度	满意度
威慑力	1	1/3	5	3
惩治力	3	1	7	5
环境改善度	1/5	1/7	1	1/2
满意度	1/3	1/5	2	1

① 曹茂林："层次分析法确定评价指标权重及 Excel 计算"，载《江苏科技信息》2012 年第 2 期，第 39—40 页。

用数学表达式表示为：

$$A=\begin{bmatrix}1 & \frac{1}{3} & 5 & 3\\ 3 & 1 & 7 & 5\\ \frac{1}{5} & \frac{1}{7} & 1 & \frac{1}{2}\\ \frac{1}{3} & \frac{1}{5} & 2 & 1\end{bmatrix}$$

2. 确定一级因素权重集

（1）计算一级因素权重集。各因素的权重是由对应于判断矩阵 A 的最大特征根 λ_{max}对应的特征向量来确定的，求出特征向量后经归一化（使向量中各元素之和等于1）处理就可以确定权重集。本书采用 Matlab 软件求解权重集。我们上面采用 1 ~9 标度法获得判断矩阵时，成对比较有时候出现不一致情况，是允许的，本书求出 λ_{max}后对数据进行一致性检验，如果符合要求，就可以得到相应的权重集。

（2）检验矩阵一致性。在进行层次单排序时需进行一致性检验。一致性检验具体步骤如下①。

①计算一致性指标

$$CI=\frac{\lambda_{max}-n}{n-1} \tag{1-1}$$

②确定平均随机一致性指标 *RI*。

RI 是经过统计计算得来，可以看作一个常数，通过查表获得，如表 2 -5 所示。

表 2 -5 不同 *n* 值对应的 *RI* 值

n	1	2	3	4	5	6	7	8	9	10	11
RI	0	0	0.58	0.90	1.12	1.24	1.32	1.41	1.45	1.49	1.51

③计算一致性比例 CR 并进行判断。

$$CR=\frac{CI}{RI} \tag{1-2}$$

一般，当一致性比率 $CR=\frac{CI}{RI}<0.1$ 时，认为判断矩阵的不一致程度在容许范围之内，有满意的一致性，通过一致性检验。可用其归一化特征向量作为权向

① 余胜威：《MATLAB 优化算法案例分析与应用》，清华大学出版社 2014 年版，第 96—113 页。

量，归一化利用 MATLAB 软件中的相关函数实现，否则要重新构造成对比较矩阵 A，对 a_{ij}加以调整。

（3）以一级因素的判断矩阵为例进行求解。上文已经建立 Q 市污染环境罪实施效果评估的一级因素判断矩阵 A，本书利用 MATLAB 软件，在命令窗口输入代码进行计算，运行后结果为如表 2－6 所示。

表 2－6　MATLAB 计算结果权重

判别矩阵	A 的最大特征值	CI	RI	CR	权重集 W
A	4.0685	0.02205	0.9	0.0254	[0.2643，0.5693，0.0609，0.1055]

A 的最大特征值 λ_{max}，一致性指标 CR＝0.0254＜0.1，通过一致性检验，因此，所得的一级因素权重集 W＝［0.2643，0.5693，0.0609，0.1055］符合要求，可以作为权重集使用。类似方法，可以求解二级因素的权重集。

（四）建立评价集

当前，在应用较多的评价集有 3 级、5 级、7 级、9 级评价集。对污染环境罪实施效果的评价，根据人们一贯思维和研究需要，我们在此选择 5 级评价集为我们研究集。现设定污染环境罪实施效果评估的等级集合为：

$V=\{v_1, v_2, v_3, v_4, v_5\}=[95, 85, 70, 50, 30]$，其中 v_1＝效果突出，v_2＝效果明显，v_3＝效果一般，v_4＝效果较差，v_5＝效果很差，如表 2－7 所示。

表 2－7　评价等级区间对照

等级	效果突出	效果明显	效果一般	效果较差	效果很差
分值	(90，100]	(80，90]	[60，80]	[40，60)	[0，40)

（五）构建模糊评价矩阵

基于上述建立的评价集，评价等级区间对照表，我们采用专家评价、问卷调查和调研等方法，对二级影响因素集 U_{ij}中的每个因素进行评价，构建单因素模糊评价矩阵 E_i。

$$E_i=\begin{bmatrix} e_{11} & e_{12} & \cdots & e_{1m} \\ e_{21} & e_{22} & \cdots & e_{2m} \\ \vdots & \vdots & & \vdots \\ e_{n1} & e_{n2} & \cdots & e_{nm} \end{bmatrix}$$

其中，e_{11}表示单因素 U_{ij}被评为 V_i 的隶属度，$i=1, 2, \cdots, n$；$j=1, 2, \cdots, m$。

例如，威慑力因素中对其二级因素构建模糊评价矩阵，本书采用问卷调查的方式获取Q市的威慑力因素的二级因素评价表，具体如表2-8所示。

表2-8　威慑力因素的二级因素评价（群众问卷调查有效问卷495份）

威慑力	评价				
	效果突出	效果明显	效果一般	效果较差	效果很差
知晓度	159	194	88	44	10
恐惧度	7	79	154	187	68
风险率	12	33	60	187	203

表2-8数据归一化处理后可得评价矩阵为：

$$E_1 = \begin{bmatrix} 0.3212 & 0.3919 & 0.1778 & 0.0889 & 0.0202 \\ 0.0141 & 0.1596 & 0.3111 & 0.3778 & 0.1374 \\ 0.0242 & 0.0667 & 0.1212 & 0.3778 & 0.4101 \end{bmatrix}$$

（六）求解模糊综合评估结果

（1）求解二级模糊综合评价矩阵。由二级因素权重集 W_i 和对应的二级因素评价矩阵 E_i 相乘，得到二级因素的评估结果集 D_i。

$$D_1 = W_1 \cdot E_1,\ D_2 = W_2 \cdot E_2,\ D_3 = W_3 \cdot E_3,\ D_4 = W_4 \cdot E_4 \qquad (1-3)$$

所有二级因素的评估结果集 D_i 组合成为一级因素评价矩阵 S_1

$$S_1 = \begin{bmatrix} D_1 \\ D_2 \\ D_3 \\ D_4 \end{bmatrix} = \begin{bmatrix} W_1 \cdot E_1 \\ W_2 \cdot E_2 \\ W_3 \cdot E_3 \\ W_4 \cdot E_4 \end{bmatrix} \qquad (1-4)$$

（2）求解一级因素的评估结果集。然后利用一级因素权重矩阵 W 与求解出的一级因素评价矩阵 S_1 进行乘积得到一级因素模糊综合评价矩阵 S。

$$S = W \cdot S_1 \qquad (1-5)$$

（3）求解污染环境罪实现效果评估分数 Z。根据一级因素的评估结果集 S，与评价集 $V = \{v_1, v_2, v_3, v_4, v_5\} = [95, 85, 70, 50, 30]$，

$$Z = S \cdot V^T \qquad (1-6)$$

当然，也可以利用公式计算各一级因素的评价分数 Z_i（$i=1, 2, 3, 4$），针对评价结果进行分析。

$$Z_i = D_i \cdot V^T \qquad (1-7)$$

二、污染环境罪刑罚实施效果评估

在调研的过程中，项目组重点对福建省 Q 市进行了调研，2017 年福建各市 GDP 排行榜中，Q 市以 7548.01 亿元排名第一①，说明 Q 市第一、第二产业比较发达，选取 Q 市作为研究地区，比较具有代表性。

（一）确定判断矩阵并计算权重集

根据上文分析，采取专家群体判断方法，建立 Q 市污染环境罪实施效果一级因素的判断矩阵并计算其权重集。

1. 一级因素判断矩阵和权重集

根据上文分析，采取专家群体判断方法，建立 Q 市污染环境罪实施效果一级因素的判断矩阵。如表 2-4 所示。最后根据表 2-6，可得权重集为：[0.2643，0.5693，0.0609，0.1055]，同理可得其他因素的判断矩阵和权重集，如下文所述。

2. 二级因素判断矩阵和权重集

（1）Q 市威慑力二级因素判断矩阵和权重计算。

表 2-9　Q 市威慑力二级因素判断矩阵

因素	因素		
	知晓度	恐惧度	风险率
知晓度	1	1/2	1/3
恐惧度	2	1	1/2
风险率	3	2	1

用数学表达式表示为：

$$A_1 = \begin{bmatrix} 1 & 1/2 & 1/3 \\ 2 & 1 & 1/2 \\ 3 & 2 & 1 \end{bmatrix}$$

利用 MATLAB 软件进行计算得到结果如下：

A_1 的最大特征值 $\lambda_{max} = 3.0092$

一致性指标 $CR = 0.0079 < 0.1$，通过一致性检验，因此，

一级因素权重集为：$W_1 = [0.1634, 0.2970, 0.5396]$

（2）Q 市惩罚力二级因素判断矩阵和权重计算。

---

① 百度百科：https：//baike. baidu. com/item/% E6% B3% 89% E5% B7% 9E/220985？fr = aladdin.

表 2－10　惩罚力二级因素判断矩阵

因素	因素			
	犯罪增减	累犯数	入罪率	判罚程度
犯罪增减	1	1/5	1/2	1/3
累犯数	5	1	3	2
入罪率	2	1/3	1	1
判罚程度	3	1/2	1	1

用数学表达式表示为：

$$A_2 = \begin{bmatrix} 1 & 1/5 & 1/2 & 1/3 \\ 5 & 1 & 3 & 2 \\ 3 & 1/2 & 1 & 1 \end{bmatrix}$$

利用 MATLAB 软件进行计算得到结果如下：

A_2 的最大特征值 $\lambda_{max} = 4.0248$

一致性指标 $CR = 0.0092 < 0.1$，通过一致性检验，因此，

一级因素权重集为：$W_2 =$ ［0.0893，0.4891，0.1896，0.2321］

（3）环境改善度二级因素判断矩阵和权重计算。

表 2－11　环境改善度二级因素判断矩阵

因素	因素			
	空气污染度	水污染度	土壤污染度	农田森林保护度
空气污染度	1	2	3	5
水污染度	1/2	1	2	3
土壤污染度	1/3	1/2	1	2
农田森林保护度	1/5	1/3	1/2	1

用数学表达式表示为：

$$A_3 = \begin{bmatrix} 1 & 2 & 3 & 5 \\ 1/2 & 1 & 2 & 3 \\ 1/3 & 1/2 & 1 & 2 \\ 1/5 & 1/3 & 1/2 & 1 \end{bmatrix}$$

利用 MATLAB 软件进行计算得到结果如下：

A_3 的最大特征值 $\lambda_{max}=4.0145$

一致性指标 CR=0.0054<0.1，通过一致性检验，因此，

一级因素权重集为：$W_3=[0.4829, 0.2720, 0.1570, 0.0882]$

（4）满意度二级因素判断矩阵和权重计算。

因满意度没有二级因素，因此其二级因素判断矩阵为

$$A_4=[1]$$

权重集：$W_4=[1]$

（二）建立Q市二级要素模糊评价矩阵

我们采用专家评价、问卷调查和调研等方法，建立了Q市二级要素模糊评价矩阵。其中问卷调查有效卷为495份。评价专家为20人。

1. 威慑力因素中二级因素模糊评价矩阵

威慑力因素中对其二级因素构建模糊评价矩阵，上文已经进行了分析计算，如表2-8所示，在此不再赘述，其威慑力因素中二级因素评价矩阵为：

$$E_1=\begin{bmatrix}0.3212 & 0.3919 & 0.1778 & 0.0889\\ 0.0141 & 0.1596 & 0.3111 & 0.3778\\ 0.0242 & 0.0667 & 0.1212 & 0.3778\end{bmatrix}$$

同理可得其他因素中二级因素评价矩阵，如下文所述。

2. 执行力因素中二级因素模糊评价矩阵

执行力因素中对其二级因素构建模糊评价矩阵，本书采用20位专家判别和调研结果的方式获取评价隶属度，具体如表2-12所示。

表2-12 执行力因素的二级因素（20位专家）评价

执行力	评价				
	效果突出	效果明显	效果一般	效果较差	效果很差
犯罪增减	0	2	3	5	11
累犯数	0	3	3	7	7
入罪率	0	1	4	7	8
刑罚程度	0	2	3	6	9

上表归一化处理后可得评价矩阵为：

$$E_2=\begin{bmatrix}0 & 0.1 & 0.15 & 0.25 & 0.55\\ 0 & 0.15 & 0.15 & 0.35 & 0.35\\ 0 & 0.05 & 0.2 & 0.35 & 0.4\\ 0 & 0.1 & 0.15 & 0.3 & 0.45\end{bmatrix}$$

3. 环境改善度因素中二级因素模糊评价矩阵

环境改善度因素中对其二级因素构建模糊评价矩阵，本书采用问卷调查的方式获取评价隶属度，具体如表 2-13 所示。

表 2-13　环境改善度因素的二级因素评价（群众问卷调查有效问卷 495 份）

环境改善度	评价				
	效果突出	效果明显	效果一般	效果较差	效果很差
空气质量	20	185	136	121	33
水质量	53	65	98	113	198
土壤质量	36	39	69	113	238
农森保护度	64	67	153	150	61

上表归一化处理后可得评价矩阵为：

$$E_2 = \begin{bmatrix} 0.0404 & 0.3737 & 0.2747 & 0.2444 & 0.0667 \\ 0.1071 & 0.1313 & 0.1980 & 0.2283 & 0.4000 \\ 0.0727 & 0.0788 & 0.1394 & 0.2283 & 0.4808 \\ 0.1293 & 0.1354 & 0.3091 & 0.3030 & 0.1232 \end{bmatrix}$$

4. 群众满意度因素中二级因素模糊评价矩阵

群众满意度因素中对其二级因素构建模糊评价矩阵，本书采用问卷调查的方式获取评价隶属度，具体如表 2-14 所示。

表 2-14　群众满意度因素的二级因素评价（495 人）

威慑力	评价				
	效果突出	效果明显	效果一般	效果较差	效果很差
群众满意度	7	43	129	231	85

上表归一化处理后可得评价矩阵为：

$$E_4 = [0.0141, 0.0869, 0.2606, 0.4667, 0.1717]$$

（三）计算模糊综合评估结果

Q 市污染环境罪实施效果模糊综合评估结果利用公式计算可得：

1. 求解二级模糊综合评价矩阵

由二级因素权重集 W_i 和对应的二级因素评价矩阵 E_i 相乘，得到二级因素的评估结果集 D_i。

由式（1-3）可得：

$$D_1 = W_1 \cdot E_1 = [0.1634,\ 0.2970,\ 0.5396] \cdot \begin{bmatrix} 0.3212 & 0.3919 & 0.1778 & 0.0889 & 0.0202 \\ 0.0141 & 0.1596 & 0.3111 & 0.3778 & 0.1374 \\ 0.0242 & 0.0667 & 0.1212 & 0.3778 & 0.4101 \end{bmatrix}$$

$$= [0.0697 \quad 0.1474 \quad 0.1868 \quad 0.3306 \quad 0.2654]$$

同理，代入上文数据计算可得：

$D_2 = W_2 \cdot E_2 = [0 \quad 0.1150 \quad 0.1595 \quad 0.3295 \quad 0.4006]$，

$D_3 = W_3 \cdot E_3 = [0.0715 \quad 0.2405 \quad 0.2357 \quad 0.2427 \quad 0.2274]$，

$D_4 = W_4 \cdot E_4 = [0.0141 \quad 0.0869 \quad 0.2606 \quad 0.4667 \quad 0.1717]$。

所有二级因素的评估结果集 D_i 组合成为一级因素评价矩阵 S_1

$$\text{则 } S_1 = \begin{bmatrix} D_1 \\ D_2 \\ D_3 \\ D_4 \end{bmatrix} = \begin{bmatrix} 0.0697 & 0.1474 & 0.1868 & 0.3306 & 0.2654 \\ 0 & 0.1150 & 0.1595 & 0.3295 & 0.4006 \\ 0.0715 & 0.2405 & 0.2357 & 0.2427 & 0.2274 \\ 0.0141 & 0.0869 & 0.2606 & 0.4667 & 0.1717 \end{bmatrix}$$

2. 求解一级因素的评估结果集

利用一级因素权重矩阵 W 与求解出的一级因素评价矩阵 S_1 进行乘积得到一级因素模糊综合评价矩阵 S（$S =$（S_1，S_2，S_3，S_4，S_5）。由式（1－5）可得：

$$S = W \cdot S_1 = [0.0243 \quad 0.1282 \quad 0.1820 \quad 0.3390 \quad 0.3302]$$

3. 求解污染环境罪实现效果评估分数 Z

根据一级因素的评估结果集 S，与评价集 $V = \{v_1, v_2, v_3, v_4, v_5\} = [95, 85, 70, 50, 30]$，

$$Z = S \cdot V^T$$

利用公式计算各一级因素的综合评价分数 $Z_i =$（$i = 1, 2, 3, 4$）代表第 i 个一级因素的综合评分数。由式（1－7）$Z_i = D_i \cdot V^T$ 可计算：

$Z_1 = D_1 \cdot V^T = 56.7269$，同理可计算得

$Z_2 = 49.4309$

$Z_3 = 62.6811$

$Z_4 = 55.454$

由（1－6）式得：$Z = S \cdot V^T = 52.8016$

从计算结果来看，模糊综合评价矩阵 S 中 S_4 值最大，Q 市污染环境罪实施效果综合评估为较差，评估得分为 52.8016，接近评价等级 v_4 效果较差的评分区间［40，60）中间位置，因此，总体评估 Q 市当前污染环境罪实施效果没有达到预期目标，需要改进。从四个一级影响因素的评分值可知，二级因素评价结果：$Z_2 < Z_4 < Z_1 < Z_3$，可知，Q 市环境改善度（Z_3）相对较高，说明自污染环境罪修订，新的罪名实施以来，对环境的改善还是起到了较大的作用。评估数据最

低为惩罚力度（Z_2），说明惩罚力因素还不够，影响了整个评估效果。因此在全面提升各因素评分的基础上，应该着重加强惩罚力的实施效果。因此，需要在惩罚力方面，加大力度，进行改善。

三、判决书及建模实证分析小结

马克思曾说：“一种科学只有在成功地运用数学时，才算达到了真正完善的地步。”本书采用模糊综合评价方法和层次分析法对污染环境罪实施效果进行评估是一次尝试，在建立模型的基础上，对Q市污染环境罪实施效果进行了实体研究，从结果来看，与实际有一定的拟合度，基本反映了当地的情况，说明本模型具有实用性。目前采用该方法对法律实施效果的评估研究还处于起步阶段，需要不断完善和改进。

从研究的结果看，对提高污染环境罪实施效果提出三点建议：一是加大宣传力度。懂法是守法的基础，从研究情况看，很多个人，包括大部分企业负责人，对与环境相关的法律一知半解。在司法实践中，甚至还有人因污染环境被提起诉讼时不知错在哪，自己还不知道犯法了，可见加大宣传力度的必要性。二是惩治力评分最低，从一定程度上反应惩治的力度还不够大，处理结果偏轻，入罪率、查处率不够高。三是提高违法成本。从累犯率来看，有些企业和个人，明知违法，仍共同实施污染环境行为，说明违法成本不够高，存在侥幸心理，甚至不怕查处。因此，可适当提高污染环境罪的违法门槛和法定刑高度，特别是罚金刑的数额，杜绝出现“犯罪罚十年，幸福五十年”的低违法成本现象。四是环境教育与办理执照同行。不论企业还是个人，办理相关执照时，把环境教育列入办理执照的必经步骤，让企业和工厂负责人必须懂法，提高其素养，从源头上预防污染环境罪的发生。

在对2017年全国197份污染环境罪的二审刑事判决裁定书进行分析之后，发现我国污染环境罪在刑事裁量方面呈现出一些有规律性的变化。197份判决裁定书中，除掉存在内容重复、错漏、信息不全等情况的文书15份，总有效文书182份。182份裁判文书，涉及被告人431人次，污染环境罪的共犯率很高。其中，二审的案件，以上诉案件为多数，检察院抗诉案件很少。存在22例被改判和重审的案件（22例中，包括11例改判减轻刑罚，2例加重刑罚，1例变更罪名，8例为撤销原判，发回重审），占总二审案件的12.09%。22例被改判案件，占总182份二审案件的12.08%。被改判涉案被告人59人次（8例被撤销原判，发挥重审，涉案人数31人；11例24人被改判较为轻缓的刑罚，2例3人改判较重的刑罚；1例1人涉及被更改罪名），占二审涉案人数的13.69%。

所有二审案件中，上诉人上诉及检察院抗诉多以量刑不当为由，基本未涉及对罚金刑适用的异议。所有涉及直接改判的案例中，只有1例1人被改判罚金刑，罚金刑比之前减少，上诉理由中并未提及罚金刑。在22例改判重审的案件中，有1件因为罪名的表述直接改判。除此之外，其他21例案件，皆以对量刑有异议为由，进行上诉抗诉。以此可以看出，在污染环境罪的量刑中，刑罚裁量是二审的主要异议点。而刑罚裁量中，又主要以徒刑的时间长度、是否使用缓刑等为主要异议点。对罚金刑的裁量，异议不大。182份裁判文书中，有47起案件按撤诉处理。其中包括46例准许上诉人撤回上诉，维持原判，以及1例准许抗诉机关撤回抗诉，维持原判。47件按撤诉处理的案件，占总二审案件的25.82%。在对197份二审判决裁定中182份有效文书进行分析之后，发现有以下特点。

（一）当事人对徒刑的适用异议较多，对罚金刑异议少

对污染环境罪的罚金刑适用，异议较少。分析罚金刑适用异议少的原因，笔者认为，应该是对污染环境罪并处罚金的罚金数额偏小，行为人并不认为如此小的罚金数额是一个难事或负担。相比较污染环境行为造成的生态环境损失及被告人的收益来看，判决中所适用的罚金数额的确偏低。如此低的罚金数额，自然对被告人不会造成任何心理和经济上的影响和负担。故二审案件中，上诉抗诉的理由，皆没有出现因对罚金数额的异议，提出上诉或抗诉。

对徒刑适用，特别是是否适用缓刑，异议较大。在182份二审裁判中，上诉抗诉的理由，主要以对量刑有异议提出上诉或抗诉。其中，对徒刑的裁量有异议，既包括所适用徒刑的长度，又包括是否适用缓刑。在对裁判文书进行分析的过程中发现，包括当事人在内的各方人士，对污染环境行为的认识度，差异很大。针对污染环境犯罪，对刑法所保护的生态环境利益，认识上存在较大差异。这种认识上的差异，直接体现在对污染环境行为的定罪和量刑上。在对生态环境法益认识程度较高的人看来，对污染环境的行为，应该进行严厉惩处，甚至认为目前的法定刑还有待提升，方能起到防控犯罪的目的。在对生态环境法益认识度不高的人看来，污染环境行为，最多是违法行为，要构成犯罪都很难。即便是构成犯罪，对应的刑罚处罚也不应该过重，缓刑即可。因此，基于对生态环境法益不同的认识，导致了二审案件中，对污染环境罪刑罚的裁量异议非常大。

（二）基于对污染环境罪的认识差异，二审撤诉改判率偏高

二审案件中12.09%的案件改判率，13.69%的涉二审被告人被改判，对生态环境法益的认识程度不一。基于不同的认识，对环境污染行为的严重程度，生态环境法益的重要性认识不同，则对污染环境罪的惩罚程度认识有所差异。从二审改判的情况看，改判的案件，既包括加重刑罚，也包括减轻刑罚，也包括变更罪名的。这说明，当事人和公安、检察院等部门，对同样的污染环境行为，存在不同的看法和认识。生态环境法益保护，迫在眉睫。

一般而言，检察院追诉倾向较大，法院偏向于中立。因此，以量刑较轻进行

抗诉的检察机关，认为污染环境行为较为恶劣，需要刑法较大力度的保护。而调研结果显示，改判案件中，二审轻判的案件，占大多数。这说明，各部门对生态环境保护的立场虽然较为趋同，但对生态环境法益的重要性认识程度不一。进而，导致在对同样的事实进行认定的时候，量刑判定，存在较大差异。

司法裁判的过程也是教育启发的过程：超过25%的二审案件，以撤诉处理。182份有效裁判显示，总47例为撤诉处理，其中46例为上诉人撤诉，1例为抗诉机关撤诉。以此可以看出，在对污染环境罪的定罪量刑方面，主要针对量刑中的徒刑部分有异议。如上文所分析，对定罪量刑，特别是量刑中的徒刑有异议，主要是因为对生态环境法益的认识度存在差异。

以上情况可以看出，因为对生态环境法益的认识程度的不一，导致各方对污染环境行为的定罪量刑存在较大差异。特别是认为针对罪与非罪，罪重罪轻等的不同看法，在发生分歧之后，司法裁判的过程也是一个价值观念交锋的过程。在182份二审案件中，有超过25%的案件以撤诉处理。撤诉结案意味着，各方对定罪量刑的情况已经基本达成共识，且多为上诉人撤诉。这说明，经过司法审判的过程，当事人已经加深了对生态环境法益保护的认识，认可了法院的裁判结果，认罪认罚。虽然不是主动认罪认罚，但起码在思想观念上，已经认可了法院的裁判。各方思想观念的交锋结果，是提升了生态环境法益保护意识，对防控污染环境犯罪，起到了积极的推动作用。

（三）法院对违法所得的处理方式意见不统一

对违法所得处理存在异议：扣押或没收？对行为人犯罪所得，到底是扣押，还是没收，一、二审存在不同的认识。虽然有法律规定，但在实务中具体该如何处理，并没有具体规定。因此，在裁判中出现了这一实务难题。存在二审改判案件，将一审判决中扣押违法所得的决定，改为直接没收。因此，对犯罪工具、违法所得的实务处理，是污染环境罪实务中的一大难题，需理论界与实务界共同努力解决。

第四节　自由刑适用之建模实证分析

再犯率是衡量刑罚效果的重要指标，尽管我们很难确定到底是何种原因导致了罪犯再次犯罪，也可能是改造好了之后某些偶发因素的诱发导致罪犯再次犯罪。客观而言，有很多因素决定了罪犯刑罚执行完毕之后是否决定再犯。如犯罪能力、犯罪成本、犯罪需求、犯罪诱因等，诸多因素综合决定了罪犯是否再犯。从中观层面进行考察，再犯率是一个很重要的社会学意义上的参考指标，用以目测个罪刑罚配置的合理性。

客观而言，作为贪利型犯罪，污染环境罪之诱因为利益的诱惑。从调研情况看，行为人犯罪的主要原因为盈利，主要体现为为了增加收益而降低成本，从而简单化处理企业的生产废弃物所导致。在实务中，很少有纯粹为了报复社会，没有利益考量的污染环境行为。如果自由刑适用的威慑力可以从污染环境罪的再犯率体现，自由刑作为犯罪的重要成本之一，在行为人考量是否犯罪的过程中起到了很大的作用。失去自由，意味着经营行为的彻底中断或中止，在经济上的损失也会接踵而来。从调研情况看，污染环境罪之自由刑适用效果不错，很少有被判处了实刑的企业主，在刑罚执行完毕之后，再故意为污染环境行为。只是，污染环境罪的法定刑幅度，特别是其法定最高刑，是否应当与第339条等罪名进行有效衔接、平衡，值得继续研讨。如果从宣告刑的角度观之，将污染环境罪作为轻罪进行处理，针对此类没有人身伤害的非暴力性贪利型犯罪，自由刑的适用需要足够的谦抑。那么，对于污染环境罪而言，财产性、资格刑的合理配置，则成为立法和司法的重要考察对象。

一、变量要素的提取

（一）环境污染程度

根据《刑法》第338条规定，以及《2016年司法解释》中第1条和第3条对严重污染环境和后果特别严重的规定，进行对比如表2－15所示。

表2－15 环境污染程度等级对照

类型	严重污染环境	后果特别严重	对应等级
污染位置	饮用水水源一级保护区、自然保护区核心区		1－10级
危险废物重量	三吨以上	一百吨以上	1－10级
污染物中铅、汞、镉、铬、砷、铊、锑的含量	超过国家或者地方污染物排放标准三倍以上		1－10级
污染物中镍、铜、锌、银、钒、锰、钴的含量	超过国家或者地方污染物排放标准十倍以上		1－10级
逃避监管的方式污染环境	有		1－10级
二年内因污染环境受过两次以上行政处罚，又实施前列行为	有		1－10级

续表

<table>
<tr><th>类型</th><th>严重污染环境</th><th colspan="2">后果特别严重</th><th>对应等级</th></tr>
<tr><td>违法减少防治污染设施运行支出</td><td>一百万元以上</td><td colspan="2"></td><td>1 – 10 级</td></tr>
<tr><td>违法所得或者致使公私财产损失</td><td>三十万元以上</td><td colspan="2">一百万元以上</td><td>1 – 10 级</td></tr>
<tr><td>造成生态环境</td><td>严重损害</td><td colspan="2">特别严重损害</td><td>1 – 10 级</td></tr>
<tr><td>致使集中式饮用水水源取水中断</td><td>乡镇十二小时以上</td><td colspan="2">县级以上城区十二小时以上</td><td>1 – 10 级</td></tr>
<tr><td>致使基本农田、防护林地、特种用途林地永久性破坏</td><td>五亩以上</td><td colspan="2">十五亩以上</td><td>1 – 10 级</td></tr>
<tr><td>其他农用地基本功能丧失或者遭受永久性破坏</td><td>十亩以上</td><td colspan="2">三十亩以上</td><td>1 – 10 级</td></tr>
<tr><td>其他土地基本功能丧失或者遭受永久性破坏</td><td>二十亩以上</td><td colspan="2">六十亩以上</td><td>1 – 10 级</td></tr>
<tr><td>致使森林或者其他林木死亡</td><td>五十立方米以上</td><td colspan="2">一百五十立方米以上</td><td>1 – 10 级</td></tr>
<tr><td>幼树死亡</td><td>二千五百株以上</td><td colspan="2">七千五百株以上</td><td>1 – 10 级</td></tr>
<tr><td>疏散、转移群众</td><td>五千人以上</td><td colspan="2">一万五千人以上</td><td>1 – 10 级</td></tr>
<tr><td>致使人中毒</td><td>三十人以上</td><td colspan="2">一百人以上中毒</td><td>1 – 10 级</td></tr>
<tr><td>致使人轻伤、轻度残疾或者器官组织损伤导致一般功能障碍</td><td>三人以上</td><td>十人以上</td><td rowspan="2">五人以上 + 一人以上</td><td>1 – 10 级</td></tr>
<tr><td>致使人重伤、中度残疾或者器官组织损伤导致严重功能障碍</td><td>一人以上</td><td>三人以上</td><td>1 – 10 级</td></tr>
<tr><td>致人死亡或者重度残疾的</td><td></td><td colspan="2">一人以上</td><td>1 – 10 级</td></tr>
</table>

我们对表 2 – 15 进行了初步的对比、分类和等级划分。规定从严重污染环境到后果特别严重之间为 1 到 10 级，严重污染环境程度底数为 1 级，后果特别严重程度的底数为 10 级。从而得出等级计算公式为：

$$G = (X - S_1) / [(E_1 - S_1) / 10]$$

其中 G 为等级数（取整数），X 为实际污染程度，S_1 为严重污染环境程度底数，E_1 为后果特别严重程度的底数。有些无法用数量表示的污染情况，可根据此公式进行人工评估。

（二）从宽或从重处罚情节

如犯罪人的人身危险性，即犯罪人的主观意识。把从宽或从重处罚的情节划分为10个等级。具体见表2－16。

表2－16 从宽或从重处罚的情节等级对照

<table>
<tr><th>处罚情节</th><th>等级</th><th>备注</th></tr>
<tr><td rowspan="5">从宽情节</td><td>5</td><td rowspan="5">从5到1分别是达到最大从宽条件和达到最低从宽条件，0为无从宽从重情节</td></tr>
<tr><td>4</td></tr>
<tr><td>3</td></tr>
<tr><td>2</td></tr>
<tr><td>1</td></tr>
<tr><td rowspan="5">从重情节</td><td>－1</td><td rowspan="5">从－1到－5分别是达到最低从重情节和达到最大从重情节</td></tr>
<tr><td>－2</td></tr>
<tr><td>－3</td></tr>
<tr><td>－4</td></tr>
<tr><td>－5</td></tr>
</table>

（三）自由刑刑期的量化

按照《刑法》第338条规定【污染环境罪】自由刑从拘役到7年以下有期徒刑这个幅度进行划分。按照月份标准计算，污染环境罪自由刑幅度为1个月至84个月。

（四）主观恶性的量化

按照实际情况进行等级划分，最高等级为10，表现为故意且为共犯中的主犯。故意最高等级10，过失最高等级5。存在自首、立功、坦白等从轻减轻情况的，可以降低主观恶性级别。

二、变量数据的获取

通过对73个污染环境罪案例进行分析，按照上文的划分标准对影响自由刑的相关因素进行数字化，数据如表2－17所示。

表2－17 影响自由刑的相关因素数字化统计

案件编号	污染程度	主观恶性	从宽情节	自由刑时间/年
1	1	10	0	6
2	2	10	2	18

续表

案件编号	污染程度	主观恶性	从宽情节	自由刑时间/年
3	6	10	1	18
4	2	10	1	12
5	3	10	0	0
6	3	10	0	24
7	5	10	2	12
8	4	10	2	9
9	3	10	2	4
10	3	10	2	12
11	2.5	10	2	0
12	3	10	3	18
13	3.5	10	2	9
14	2	10	2	4
15	2	10	1	6
16	2	10	2	5
17	3.5	10	1	8
18	2	10	1	6
19	3	10	1	10
20	2	10	2	0
21	2	10	2	0
22	2	10	1	10
23	5	10	1	36
24	5	10	1	36
25	5	8	3	9
26	5	8	3	9
27	2	10	0	12
28	5	10	0	36
29	5	8	2	24
30	2.5	10	0	10
31	2.5	10	0	12

续表

案件编号	污染程度	主观恶性	从宽情节	自由刑时间/年
32	2. 5	10	0	10
33	2. 5	8	2	6
34	2	10	0	12
35	3	10	2	12
36	3	10	0	12
37	3	8	2	6
38	3	10	2	6
39	2. 5	10	1	8
40	3	10	2	10
41	3	10	2	6
42	3	8	4	4
43	4	10	2	18
44	3. 5	10	1	8
45	3. 5	8	3	6
46	3. 5	8	3	6
47	3. 5	10	1	11
48	4	10	2	12
49	4	8	4	10
50	3. 5	10	1	12
51	3. 5	10	2	24
52	3. 5	9	4	18
53	3. 5	8	4	18
54	2	10	2	6
55	2	10	1	18
56	3	10	1	12
57	3	9	2	9
58	3. 5	10	2	8
59	3. 5	9	4	6
60	3. 5	10	0	12

续表

案件编号	污染程度	主观恶性	从宽情节	自由刑时间/年
61	3.5	8	2	9
62	3.5	6	2	6
63	3.5	6	2	6
64	3.5	5	1	10
65	3	10	2	6
66	2.5	10	2	7
67	2	10	0	6
68	3	10	0	8
69	3	8	2	7
70	3.5	10	1	9
71	3	10	0	12
72	4	10	0	8
73	4	10	0	8

三、模型假设及符号说明

（一）模型假设

（1）假设污染环境罪判例数据是客观真实的；

（2）假设各要素对自由刑的影响是线性的；

（3）假设各要素之间没有交互作用；

（4）在模型改进中我们假设各要素之间存在交互作用。

（二）符号说明

Y：判处自由刑的时间；

X_1：环境污染程度；

X_2：犯罪人主观意识；

X_3：从宽或从轻处罚的情节；

β_i：回归系数；（$i=0$、1、2、3）；

ε：随机误差；

b：回归系数的样本估计值；

b_{int}：回归系数的区间估计；

r：残差；

r_{int}：置信区间；

$stats$：用于检验回归模型的统计量，有三个数值：相关系数 r^2、F 值、与 F 对应的概率 p。

设有 P 个可能的因素影响最后的预测结果，则该线性模型可记为：$Y=\beta_0+\beta_1x_1+\beta_2x_2+\beta_3x_3+\cdots+\beta_px_p+\varepsilon$

则当给出（x_1，x_2，…，x_p；Y）的 P 个可能因素的 n 组样本（x_{i1}，x_{i2}，…，x_{ip}；Y　$i=1$，2，3，…，n），就可以利用最小二乘法求得参数 β_0，β_1，…，β_p 的最小二乘估计 b_0，b_1，…，b_p 的估计值，进而求得回归方程：

$$Y^*=b_0+b_1x_1+\cdots+b_px_p$$

若 Y 与 X 存在在线性关系，则每个数据样本可写为：$Y_i=\beta_0+\beta_1x_1+\beta_2x_2+\cdots+\beta_px_p+\varepsilon_i$（$i=1$，2，…，$n$）

设 $C=\begin{pmatrix} X_{11}-\overline{X_1} & \cdots & X_{p1}-\overline{X_P} \\ \vdots & \ddots & \vdots \\ X_{n1}-\overline{X_1} & \cdots & X_{pn}-\overline{X_P} \end{pmatrix}$；

$b=(b_1,\ \cdots,\ b_p)$；$Y=(Y_1-\bar{Y},\ \cdots,\ Y_n-\bar{Y})$

则回归结果计算为：$C'Cb=C'Y$；

设 $S=C'C$，若 S 存在逆矩阵，则 $b=(C'C)^{-1}C'CY$

建立回归模型：

$$Y=\beta_0+\beta_1x_1+\beta_2x_2+\beta_3x_3+\varepsilon \qquad (1-8)$$

根据表 2－7 的样本值，运用 MATLAB 中的 regress 函数第一次求得回归系数的点估计值 $b=(-13.04,\ 4.42,\ 1.22,\ -1.14)$。

可得回归方程

$$Y=-13.04+4.42X_1+1.22X_2-1.14X_3$$

四、模型的检验与改进

为了检验所得的多元线性方程，运用多元线性回归模型中的函数 regress 对模型进行了检验与改进。求回归系数的点估计和区间估计、并检验回归模型，用于检验回归模型的统计量 $stats$ 有三个数值：相关系数 r^2、F 值、与 F 对应的概率 p。相关系数 r^2 接近 1，说明回归方程越显著。$F>F_{1-\alpha}(k,\ n-k-1)$ 拒绝 H_0，F 越大，说明回归方程越显著。与 F 对应的概率 $p<\alpha$ 时拒绝 H_0，回归模型成立。用 MATLAB 运算后结果如表 2－18 所示。

表 2－18　模型用 MATLAB 运算所得结果

回归系数	回归系数估值	回归系数置信区间	
b_0	－13.04	－29.68	3.59
b_1	4.42	2.83	6.00
b_2	1.22	－0.27	2.71
b_3	－1.14	－2.59	0.30
$R^2=0.327$　$F=11.15$　$p=0.01$　$s^2=38.11$			

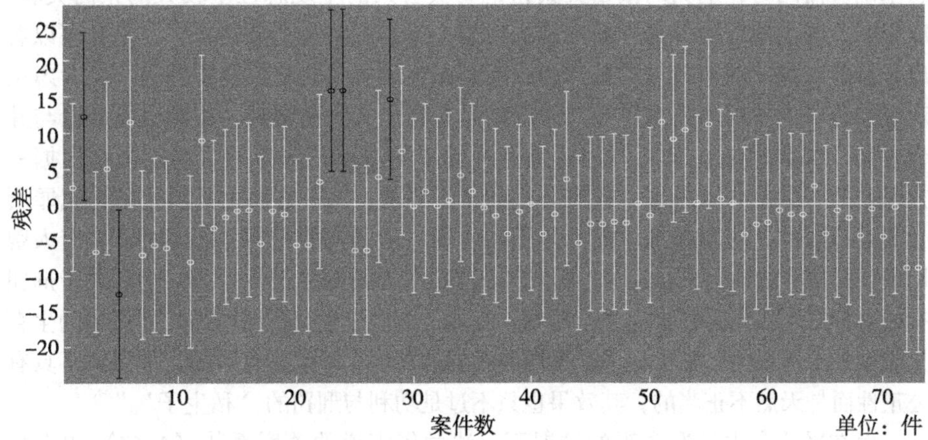

图 2－25　残差及其置信区间

从这个拟合结果看，因 *finv*（0.95，1，71）$=3.96<F$，$p=0.01$ 小于 0.05，所以回归方程成立，虽然从可决系数 $R^2=0.3247$ 可以看出实际拟合度比较差，但是可以从结论中看出其客观存在的规律。

五、自由刑数量建模实证分析小结

由回归方程

$$Y=13.04+4.42X_1+1.22X_2-1.14X_3$$

Y 代表污染环境罪之宣告徒刑（缓刑因素没有考虑）；X_1 表示行为的危害结果，即污染行为对环境的损害程度；X_2 表示行为人的主观恶性；X_3 表示从轻从宽情节对量刑结果的影响。从回归方程结果总体看，首先，刑罚的结果与行为所侵害的法益关联度最大，关联系数为 4.42。其次，刑罚结果与行为人的人身危险性关联度较大，关联系数为 1.22。最后，刑罚结果与行为人存在的从轻减轻情节，负向相关，关联系数为 -1.14。

（一）刑罚理论：报应主义基础上的并合主义

从回归方程的系数来看，两个最主要的正向相关系数，分别为法益侵害的后果——污染程度（4.42），以及犯罪人的人身危险性——主观恶性（1.22）。这说明了，目前我国采用的刑罚理论为并合主义的刑罚理论，既考虑报应主义要求的实际法益侵害后果，又考虑了预防刑主义判断的重要基础犯罪人的人身危险性。报应主义与预防刑主义的结合，是现代刑法立法与司法的重要特点。

从具体数据来看，刑罚后果与危害后果正向关联度更大，说明侵害的法益是影响量刑的最核心要素，正符合了客观主义所追求的以法益侵害为衡量标准的思想基础。而同时，刑罚的裁量又紧密地与被告人的主观恶性呈较大的正向关联。以犯罪人的主观危险性为判断标准的思想，是新派主观主义的思想。由此可以看出，目前，我国刑罚裁量的基础为：既考虑客观主义的法益侵害思想，又考虑主观主义犯罪人主观恶性的思想，采取的是并合主义的刑罚观。相对报应刑论与并合主义（综合理论）意义等同，是一种折中的观点，认为刑罚的正当化根据一方面是为了满足恶有恶报、善有善报的正义要求，另一方面也必须是防止犯罪所必需且有效的，应当在报应刑的范围内实现一般防与特殊预防的目的①。有人曾用理智而精辟的话语调侃道，"报应之于刑罚有如婚姻之于性行为；功利之于刑罚有如生育之于性行为；报应之于功利，有如婚姻之于生育。诚如婚外性行为的生育只能是来历不正的私生子，不受报应制约的功利刑，即使是有效的，也因其不具有公正性而是天然不正当的，其效果也只不过是功利与刑罚的'私生子'。"②

而在采并合主义刑罚观的情况下，法益侵害说的关联系数（4.42）比人身危险性的关联系数（1.22）更大，前者差不多是后者的两倍。以此说明，在污染环境罪的刑罚裁量过程中，客观主义思想的影响比新派主观主义的影响更大。而在污染环境罪的刑罚裁量中，首先以具体的危害结果，即行为对生态环境造成的损害结果为判断基础。因此，从实然的角度考察，目前，我国的污染环境罪为实害犯，非危险犯。

（二）刑罚与法益侵害的后果关联系数最大，与法益侵害后果成最大系数正相关

从污染环境罪的刑罚回归模型 $Y = -13.04 + 4.42X_1 + 1.22X_2 - 1.14X_3$，可以看出，刑罚的结果与 X_1 关联度最大为 4.42。从实证数据可以看出，在实务中，污染环境罪实则是一个实害犯。理由，刑罚结果主要以危害结果之法益侵害为基

---

① ［日］大谷实：《刑法总论》，成文堂 2000 年版，第 23 页。

② 邱兴隆：《刑罚理性导论：刑罚的正当性原论》，中国政法大学出版社 1998 年版，题记。

础，表现为典型的客观主义思想下的实害犯。

这是从实然的角度进行分析，污染环境罪目前在我国的实务中表现为实害犯。随着风险社会的到来，以及刑罚在社会治理中发挥更大作用的需要，将刑罚前置化处理，将污染环境罪发展为危险犯，则需要从理论层面到立法层面的共同努力。目前，对污染环境罪是否应该发展为危险犯，理论界仍然争议很大。各国的立法司法经验，只能说明国外实践存在之实然，并不必然导致我国立法司法中必须借鉴之应然结果。

继而，从我国现有立法情况及司法实务数据分析判断，目前我国污染环境罪仍然为实害犯。至于是否将其定为危险犯的争论，实为理论上的探讨。从目前司法实践判处的刑罚情况来看，刑罚后果还是主要根据法益侵害的后果，即法益侵害的大小。因此，目前来看，司法实践还是将污染环境罪认定为实害犯。

（三）犯罪人的主观恶性对量刑影响

从回归模型来看，犯罪人的主观恶性对量刑的影响度排第二，系数为1.22。从司法实践的判例来看，污染环境罪，既存在过失犯罪的案例，也存在故意犯罪的案例。虽然在理论界，对污染环境罪的主观罪过形式，有很大争议。特别是从刑法教义学的角度进行解读，不同的学者提出了不同的观点和看法。有故意说，过失说，也有模糊罪过说①。本书采用客观观测的方法，发现实务中污染环境罪既有过失犯罪案例，也有故意犯罪案例。虽然过失犯罪的案例较少，但从实务裁判情况来看，还是应当认定污染环境罪的罪过形式为：故意+过失。

（四）客观主义刑法观影响更大

行为人的人身危险性性主要通过行为当时的主观心态，以及行为之后的表现展现出来。从总体看，刑罚的结果与法益侵害的后果关联系数更大（4.42）。行为人的人身危险性回归系数为1.22②。由此可以看出，在污染环境罪的裁量过程中，我国还是更加注重客观主义的观点。以教育矫正为内容的预防刑，主要考虑行为人的人身危险性，其回归系数为1.22，远远小于所侵害法益对刑罚结果的影响之回归系数4.42。

通过污染环境罪刑罚之量刑要素的实证分析，可以发现，尽管我国采用并合

---

① 陈洪兵：“‘美丽中国’目标实现中的刑法短板及其克服”，载《东方法学》2017年第5期，第40页。

② 约为2.36，意思是，从数学模型的角度考察，回归系数表现为一个系数，结果值需要系数与自变量相乘，才能体现出刑罚的结果。虽然主观恶性与从轻减轻情节的自变量幅度都为10，但是，二者所代表的内涵有所不同。一个是行为当时的主观恶性，一个是行为之后的认罪悔罪态度和表现。将两个系数的绝对值相加，来表现行为人的人身危险性，以此估推行为人的人身危险性对量刑的具体影响之回归系数。

主义的刑罚思想，在量刑的过程中，客观主义和主观主义的思想都会对刑罚的裁量有具体的影响。但对量刑影响最大的要素还是法益侵害的后果，由此可以看出，我国司法裁量中，受客观主义思想的影响更大。

（五）其他影响因素解读

在污染环境罪刑罚计算的过程中，回归模型为：$Y=-13.04+4.42X_1+1.22X_2-1.14X_3$。其他影响系数 -13.04 较大，且为负数。由此可以看出，污染环境罪的刑罚结果，总体偏轻。除了侵害的法益、行为人的人身危险性、从轻减轻情节等因素对刑罚的裁量有影响外，其他的不确定因素对刑罚结果有着较大影响。

（1）量刑偏轻。而该常数项表现为负数，则体现为其他因素的影响导致了刑罚结果的减轻。因此，徒刑裁量总体表现为偏轻。污染环境罪之刑罚结果之大数据调研之结果如下，刑罚裁量之徒刑多为 3 年以下有期徒刑，且多为一年以下有期徒刑的判例，鲜见 2 年以上徒刑的判例。以上刑罚情况，体现出污染环境罪的裁量结果大多为轻罪判决，与数据分析结果高度吻合。

（2）法官的自由裁量度较大。从对司法实践的调研来看，刑罚裁量的结果，大概与法官的价值判断、对生态环境法益的认识程度、各地方的刑事政策以及其他因素相关联。从回归模型来看，其他影响刑罚裁量结果的常数项为 -13.4，该常数表示其他因素对刑罚裁量的结果影响很大。由此可见，法官的自由裁量度较大。

（六）事后认罪认罚对量刑的影响较大

虽然从回归模型可以看出，污染环境罪为实害犯，主要根据行为对生态环境侵害的法益来判断刑罚的大小。但是，基于并合主义的刑罚思想，从对犯罪人的教育矫治的角度出发，行为人事后的态度对量刑的影响也很大。从回归模型来看，从轻减轻因素对量刑影响之关联系数为 -1.14。犯罪人事后的认罪悔罪、主动赔偿、自首、立功、坦白因素等，对刑罚裁量的结果，影响也很大。

该回归模型主要计算的是，污染环境罪最终裁量的徒刑，与法益侵害结果、主观恶性、从轻减轻情节等三个自变量之间的关系。通过回归模型可以看出，污染环境罪之宣告刑受从轻减轻情节的影响较大，回归系数为 -1.14。这表明，事后认罪认罚的态度越好，刑罚的结果越轻。从预防刑的角度考量，该回归模型符合现实中刑罚裁量的计算标准。同时，回归系数较大，说明刑罚裁量受行为人是否认罪认罚等因素的影响较大。

从污染环境罪的宣告刑来看，污染环境罪比较轻的宣告刑，表示该罪实则为轻罪。在对轻罪的处理方式上，我国目前正在推行认罪认罚从宽制度。大数据显示，有很大比例的案例，特别是案情简单，被告人认罪认罚的，诉讼模型都是采简易程序。该类案件，基于被告人主动认罪认罚，其上诉抗诉率也较低。从数学模型之回归系数来看，基于主动认罪认罚而导致刑罚减少的回归系数较大，为 -1.14。这说明，行为人事后的认罪态度，对刑罚的裁量影响较大，也说明认罪认罚从宽制度在污染环境罪司法裁量中的具体运用情况，表现良好。

总体而言，从污染环境罪的防控来看，对污染环境罪的预防应该比惩罚更重要，环境生态法益的保护，需要提前预防。因此，从预防的角度出发，通过对犯罪人的惩戒，起到预防犯罪的目的，应该是动用刑罚的重要因素。有学者说道："环境犯罪的这种长期性、潜伏性、隐蔽性特点，使得其一旦发生危害，后果便难以挽回。如果只将本罪规定为结果犯，就使得刑法只起到事后惩罚的作用。刑法的预防功能没有得到充分发挥，更不利于保护环境以及公私财产和人民群众的生命和健康。所以，在结果发生以前就要对可能威胁到人类利益或生态环境的犯罪行为予以刑事处罚，才能有效保护生态环境和人类健康。"①

第五节 个人罚金刑适用之建模实证分析

污染环境罪犯罪主体多为私营业主。作为工业社会发展过程中进行营利性生产的企业老板，一般具有一定的经济实力。进而，在罚金刑的适用过程中，为了获得较轻的刑罚，都会主动认罪、主动缴纳罚金。从污染环境罪刑罚执行情况看，罚金刑执行率和执行效果都比较好。即便是被判了非常高罚金的单位，也会在财力允许的范围内积极、努力地执行罚金刑。

从随机调取的 132 份近 3 年来全国范围内的污染环境罪判决书来看，132 份判决中，涉及被告人 244 人，1 人被判处无罪，1 人被判处免予刑事处罚，242 人被判处刑罚，232 人适用了罚金刑，占适用刑罚判决人数的 95.87%。污染环境罪判决中大量适用罚金刑，且罚金刑数额有无限攀升之趋势。132 份判决中，有 18 份判决同时并处单位罚金，占比 13.64%。相比较对自然人的罚金数额，单位罚金数额明显增大，罚金数额的差别也非常大，从最低对单位处以罚金人民币 1 万元，到最高处以 500 万元罚金。18 份对单位并处罚金的判决，对单位罚金的平均数为人民币 101.3 万元。以上可以看出，我国刑事裁量对单位处以罚金的力度较大。但是罚金数额的计算原则和方法等，一般皆由法官自由把握和裁量，在判决书中也很少体现罚金数额的来由。对于罚金数额的计算方法，需要通过罚金制度的完善进行革新，以确保惩罚犯罪的同时尽量保障被告人的合法

---

① 谢慧："从环境的刑法保护看污染环境罪"，载《北方民族大学学报》（哲学社会科学版）2017 年第 5 期，第 143 页。

财产。

一、自变量要素的提取

对于污染环境犯罪的刑罚处罚种类主要有自由刑和罚金刑。本书主要研究污染环境犯罪中个人罚金刑数额的确定。依据刑法总则以及有关适用财产刑的解释，对于刑法未明确具体处罚金额的，其处罚金额标准最低不少于1000元。由此可知，对于污染环境罪，其最低的罚金为1000元，但是最高罚金未规定。

经过调查研究和分析，以及对79起污染环境犯罪判例中个人罚金数额的分析，虽然环境犯罪罚金刑数额采用无限额的罚金制度，但是额度大小存在内在的规律，主要考虑以下几个因素。

（一）环境污染程度

《刑法》第52条规定："判处罚金，应当根据犯罪情节决定罚金数额。"犯罪情节是表明犯罪行为的社会危害性和犯罪人的人身危险性的各种事实，根据犯罪情节决定罚金的数额是罪责刑相适应原则的必然要求。在此，我们认为决定犯罪人的罚金数额时，要以犯罪人的犯罪情节为主要根据。

根据《2016年司法解释》中第1条和第3条对严重污染环境和后果特别严重的规定，建立对比表，因内容与上文相同，在此不再赘述，详见环境污染程度等级对照表2-15。

（二）行为人的经济状况

个人收入情况是一个比较难确定的因素，本书借鉴国外日额罚金的量刑、最低劳动报酬或月工资额或其他收入的罚金制，结合税收制的划分标准。按照犯罪人年收入额减去年基本生活费用后的30%处罚比较客观合理。这样比较公平，既防止了因贫富差距引起的富人违法成本低的问题，又有利于罚金刑的执行。而且适应通货膨胀而引起的单位币值不断贬值的变化。收入划分等级将当地刚入职公务员的年收入定位为初级小康后进行划分，详细对比见表2-19。

表2-19 经济状况划分对比

分类	细分	等级	年收入	备注
低收入	贫困人口	1	1万元以内	
	穷人	2	2万元以上	
	低收入	3	4万元以上	

续表

分类	细分	等级	年收入	备注
中等收入	初级小康	4	5万元以上	
	中级小康	5	10万元以上	
	高级小康	6	30万元以上	
	中高收入	7	50万元以上	
高收入	富人	8	100万元以上	
	富翁	9	1000万元以上	
	富豪	10	5000万元以上	
	超级富豪	11	1亿元以上	

（三）从宽或从重处罚的情节

如犯罪人的人身危险性，即犯罪人的主观意识。把从宽或从重处罚的情节划分为10个等级。具体见从宽或从重处罚的情节等级对照表2－16。

（四）判处自由刑的刑期

按照《刑法》第338条规定【污染环境罪】自由刑从拘役到七年以下有期徒刑这个幅度进行划分。按照月份标准计算，污染环境罪自由刑幅度为1个月至84个月（统计数据在《刑法修正案（十一）》生效前）。

（五）缓刑情况

按照判处缓刑年限进行划分，按照月份标准计算。

（六）主观恶性

按照实际情况进行等级划分，故意为等级10，过失为等级5。如果是故意犯罪中的主犯，表现为10。如果是共犯中的从犯，可以在之前等级上相应减少。

二、变量数据提取及模型的建立

通过对73个污染环境罪案例进行分析，按照上文的划分标准对影响罚金额的6个相关因素进行数字化，数据如表2－20所示。

表 2-20　影响罚金额的相关因素数字化

案件编号	罚金/万元	污染程度	经济状况	主观恶性	从轻情节	自由刑时间/月	缓刑时间/月
1	1	1	5	10	0	6	12
2	4	2	6	10	2	18	0
3	10	6	6	10	1	18	24
4	1.5	2	4	10	1	12	0
5	5	3	4	10	0	0	0
6	1	3	4	10	0	24	0
7	12	5	5	10	2	12	24
8	3	4	5	10	2	9	0
9	1	3	5	10	2	4	0
10	2	3	4	10	2	12	18
11	1	2.5	4	10	2	0	0
12	1	3	5	10	3	18	24
13	2	3.5	4.5	10	2	9	0
14	1	2	4	10	2	4	0
15	1	2	4	10	1	6	12
16	0.5	2	4.5	10	2	5	0
17	0.8	3.5	5	10	1	8	14
18	1	2	3	10	1	6	0
19	3	3	3	10	1	10	0
20	2	2	3	10	2	0	0
21	2	2	3	10	2	0	0
22	1	2	3	10	1	10	0
23	2	5	4	10	1	36	0
24	2	5	4	10	1	36	0

续表

案件编号	罚金/万元	污染程度	经济状况	主观恶性	从轻情节	自由刑时间/月	缓刑时间/月
25	1	5	4	8	3	9	0
26	1	5	4	8	3	9	0
27	1	2	3	10	0	12	18
28	5	5	4	10	0	36	0
29	3	5	4	8	2	24	0
30	1	2.5	3	10	0	10	0
31	2	2.5	3	10	0	12	0
32	2	2.5	3	10	0	10	0
33	1	2.5	3	8	2	6	12
34	7	2	3.5	10	0	12	18
35	8	3	4	10	2	12	24
36	1	3	4	10	0	12	24
37	0.5	3	4	8	2	6	12
38	8	3	3	10	2	6	0
39	6	2.5	4	10	1	8	12
40	7	3	4	10	2	10	0
41	1	3	4	10	2	6	6
42	1	3	4	8	4	4	4
43	0.5	4	4	10	2	18	24
44	1	3.5	3.5	10	1	8	0
45	0.5	3.5	3.5	8	3	6	0
46	0.5	3.5	3.5	8	3	6	0
47	1	3.5	3.5	10	1	11	0

续表

案件编号	罚金/万元	污染程度	经济状况	主观恶性	从轻情节	自由刑时间/月	缓刑时间/月
48	1.5	4	4	10	2	12	12
49	1.5	4	4	8	4	10	12
50	6	3.5	3.5	10	1	12	24
51	5	3.5	4	10	2	24	36
52	1.5	3.5	4	9	4	18	24
53	2	3.5	4	8	4	18	24
54	1	2	3	10	2	6	0
55	5	2	3	10	1	18	24
56	2	3	3.5	10	1	12	0
57	1	3	3.5	9	2	9	0
58	2	3.5	3.5	10	2	8	12
59	2	3.5	3.5	9	4	6	12
60	10	3.5	3.5	10	0	12	24
61	5	3.5	3.5	8	2	9	18
62	0.5	3.5	3.5	6	2	6	12
63	0.5	3.5	3.5	6	2	6	12
64	1	3.5	3.5	5	1	10	0
65	1	3	4	10	2	6	0
66	3	2.5	4	10	2	7	0
67	0.5	2	3.5	10	0	6	0
68	0.5	3	3.5	10	0	8	0
69	0.5	3	3.5	8	2	7	0
70	1	3.5	3.5	10	1	9	18

续表

案件编号	罚金/万元	污染程度	经济状况	主观恶性	从轻情节	自由刑时间/月	缓刑时间/月
71	2	3	4	10	0	12	24
72	5	4	4	10	0	8	0
73	5	4	4	10	0	8	0

（一）模型假设

（1）假设污染环境罪判例数据是客观真实的；

（2）假设各要素对罚金数额的影响是线性的；

（3）假设自由刑与罚金刑存在一定的对应关系；

（4）假设各要素之间没有交互作用；

（5）在模型改进中我们假设各要素之间存在交互作用。

（二）符号说明

y：罚金数额

x_1：环境污染程度

x_2：犯罪人的经济状况。

x_3：犯罪人主观意识

x_4：从宽或从轻处罚的情节

x_5：判处自由刑的时间

x_6：判处缓刑的时间

β_i：回归系数；（$i=0$、1、2、3）；

ε：随机误差；

b：回归系数的样本估计值；

b_{int}：回归系数的区间估计；

r：残差；

r_{int}：置信区间；

stats：用于检验回归模型的统计量，有三个数值：相关系数 r^2、f 值、与 f 对应的概率 p。

（三）模型建立

根据以上分析，建立模型需要找出罚金数额与污染环境程度、犯罪人的经济状况、犯罪人主观意识、从宽从轻处罚的情节、判处自由刑的程度和判处缓刑的程度等要素的关系。

（1）罚金数额与经济状况关系图做散点图如图 2 – 26 所示。

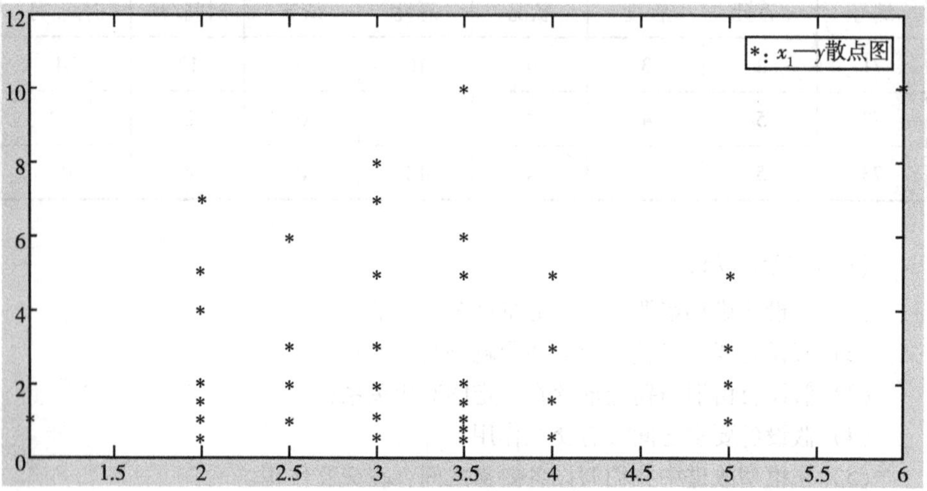

图 2 – 26　罚金数额与经济状况关系散点

（2）罚金数额与污染环境程度关系图如图 2 – 27 所示。

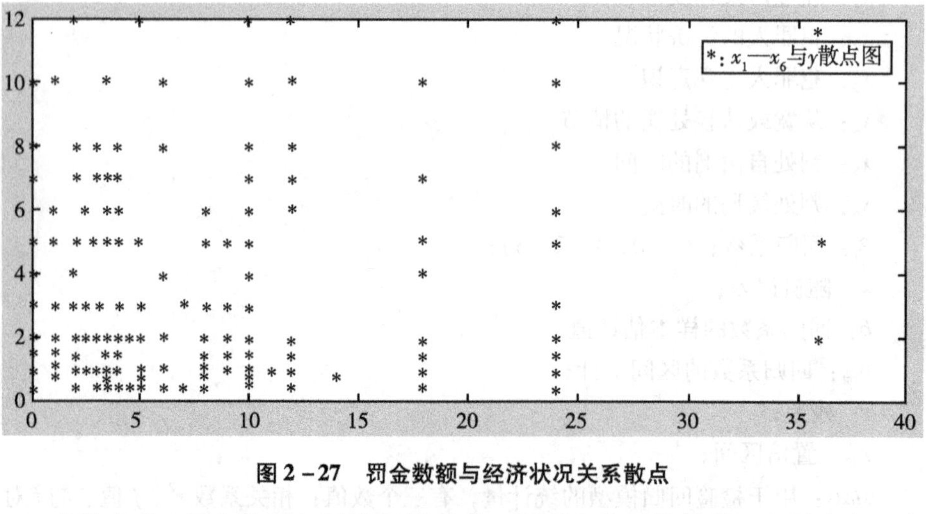

图 2 – 27　罚金数额与经济状况关系散点

总体来看，罚金数额与污染环境程度、犯罪人的经济状况、犯罪人主观意识、从宽从轻处罚的情节、判处自由刑的程度和判处缓刑的程度等要素的线性关系不明显，在此我们建立多元线性回归模型来初步研究各变量之间的内在关系和规律，建立模型如下：

$$y=\beta_0+\beta_1x_1+\beta_2x_2+\beta_3x_3+\beta_4x_4+\beta_5x_5+\beta_6x_6+\varepsilon \qquad (1-9)$$

其中 β_i（$i=1, 2, 3, 4, 5$）为待估参数，ε 为系统误差，在此表示除列出的六种因素以外的其他因素对罚金的影响。我们假设分析统计的数据是合理的，根据这些数据，我们利用最小二乘法求得参数 β_0，β_1，…，β_p 的最小二乘估计 b_0，b_1，…，b_p 的估计值对回归系数 β_i 进行了点估计。在点估计中我们根据多元线性回归方程统计工具箱中的回归分析命令的点估计的函数：

$$b=regress\ (y,\ x)$$

根据表 2－7 的样本值，运用 MATLAB 第一次求得回归系数的点估计值 $b=(-7.4, 1.1, 0.2, 0.665, -0.5, -0.054, 0.09)$。

可得回归方程

$$y=-7.4+1.1x_1+0.2x_2+0.665x_3-0.5x_4-0.054x_5+0.09x_6$$

（四）模型的检验与改进

为了检验所得的多元线性方程，运用多元线性回归模型中的函数 $[b, b_{int}, r, r_{int}, stats]=regress\ (y, x, alpha)$，对模型进行了检验与改进。

1. 求回归系数的点估计和区间估计、并检验回归模型

用于检验回归模型的统计量 *stats* 有三个数值：相关系数 r^2、f 值、与 f 对应的概率 p。相关系数 r^2 接近 1，说明回归方程越显著。$f>f_{1-\alpha}(k, n-k-1)$ 拒绝 h_0，f 越大，说明回归方程越显著。与 f 对应的概率 $p<\alpha$ 时拒绝 h_0，回归模型成立。用 MATLAB 运算后结果如表 2－21 所示。

表 2－21　罚金数额回归模型 MATLAB 运算结果

回归系数	回归系数估值	回归系数置信区间	备注
b_0	－7.40	－13.57－1.222	
b_1	1.10	0.386－1.82	
b_2	0.20	－0.695－1.092	
b_3	0.665	0.096－1.23	
b_4	－0.5	－0.99－0.933	
b_5	－0.054	－0.142－0.034	
b_6	0.09	0.0345－0.143	
$r^2=0.324$　$f=5.281$　$p=0.00016$　$s^2=4.905$			

从这个拟合结果看，因 *finv*（0.95，1，71）$=3.96<f$，$p=0.00016$ 远远小于 0.05，接近 0（统计学根据显著性检验方法所得到的 p 值，一般以 $p<0.05$ 为

显著，$p<0.01$ 为非常显著，其含义是样本间的差异由抽样误差所致的概率小于 0.05)，所以回归方程成立。虽然从可决系数 $r^2=0.324$ 可以看出实际拟合度比较差，但是可以从结论中看出其客观存在的规律。

2. 画出残差及其置信区间

运用函数 *rcoplot*（*r*，r_{int}）可得第一次的残差图如图 2－28 所示。

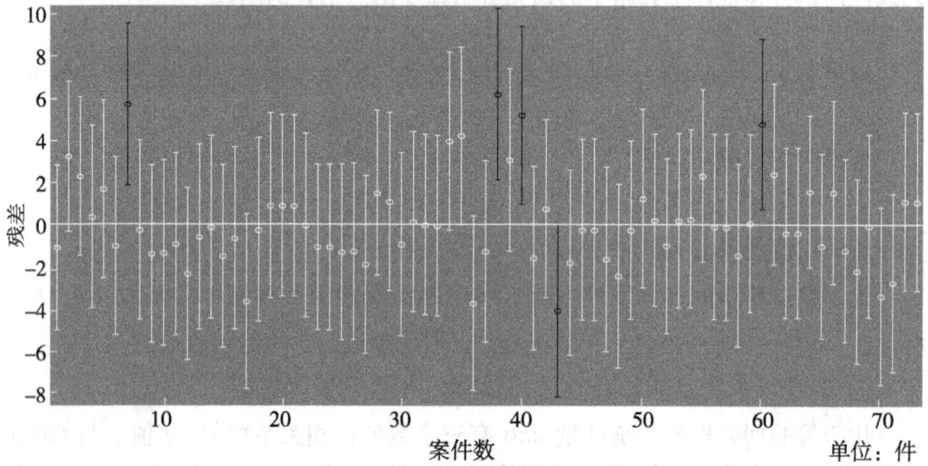

图 2－28　罚金数额模型残差（一）

根据残差图 2－28 中红线标出的第 7 个数据、第 38 个数据、第 40 个数据，第 43 个数据和第 60 个数据的残差离零点较远，可视为异常点，不能很好地和回归方程符合。把这几个异点剔除，从新运算结果如表 2－22 所示。

表 2－22　罚金数额回归模型 MATLAB 第二次运算结果

回归系数	回归系数估值	回归系数置信区间	
b_0	－5.02	－9.94	－0.10
b_1	0.71	0.14	1.29
b_2	0.34	－0.37	1.05
b_3	0.41	－0.036	0.86
b_4	－0.44	－0.87	－0.01
b_5	－0.012	－0.082	0.06
b_6	0.079	0.034	0.12
$r^2=0.35$　$f=5.5$　$p=0.00013$　$s^2=2.9$			

从运行的结果参数看，拟合度有所提高，但是效果还是不理想。

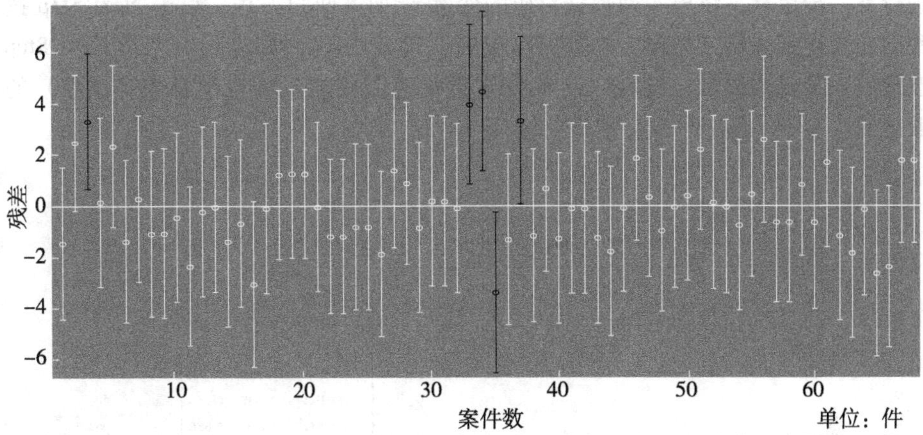

图 2－29　罚金数额模型残差（二）

根据残差图 2－29，有五个数据的残差离零点较远，可视为异常点，不能很好地和回归方程符合。对于所得的异常点运用逐步回归法。逐步回归法的思想：从一个自变量开始，视自变量 y 作用的显著程度，从大到地依次逐个引入回归方程；当引入的自变量由于后面变量的引入而变得不显著时，要将其剔除掉；引入一个自变量或从回归方程中剔除一个自变量，为逐步回归的一步；对于每一步都要进行 y 值检验，以确保每次引入新的显著性变量前回归方程中只包含对 y 作用显著的变量；这个过程反复进行，直至既无不显著的变量从回归方程中剔除，又无显著变量可引入回归方程时为止。运行如图 2－30 所示。

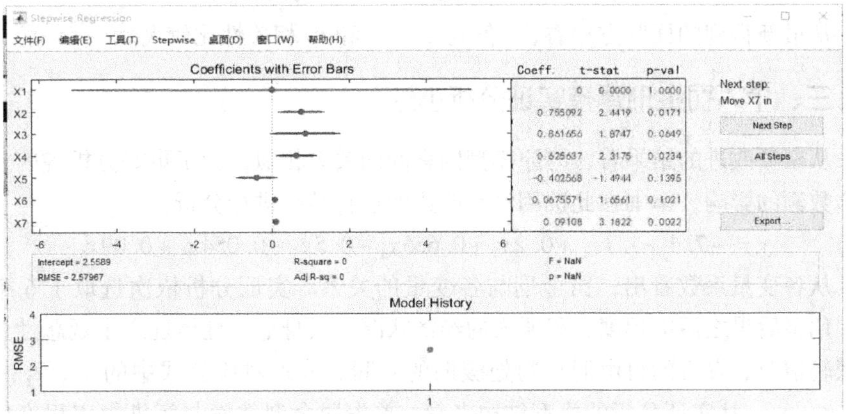

图 2－30　逐步回归法剔除变量步骤一

程序提示：将第 7 列加进回归方程（Move x_7 in），点击 Next Step 按钮，即进行下一步运算，将第 4 列数据对应的变量 x_3 加入回归方程。点击 Next Step 按键后，又得到提示：将第 1 列数据对应的变量 x_1 加入回归方程。点击 Next Step 按键后，又得到提示：Move No terms，即没有需要加入（也没有需要剔除）的变量了。

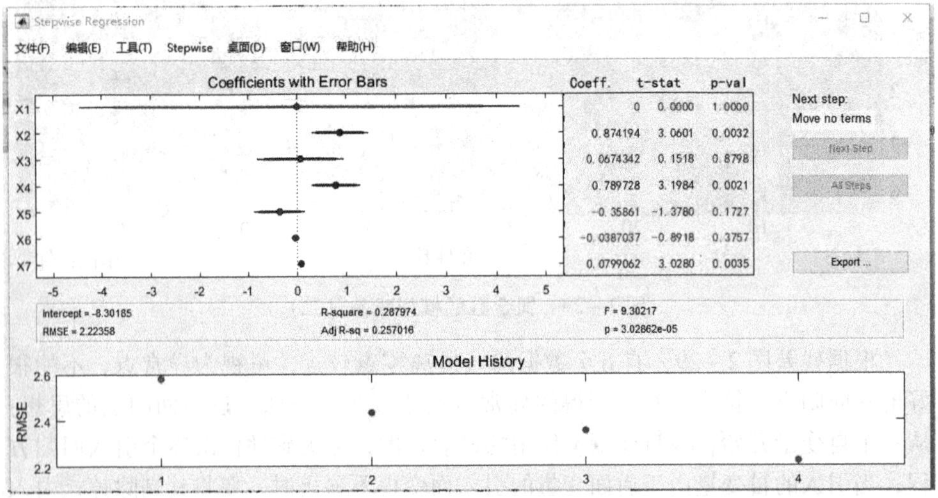

图 2-31 逐步回归法剔除变量结果

最后得到回归方程（蓝色行是被保留的有效行，红色行表示被剔除的变量）：

$$y = -8.3 + 0.8x_1 + 0.79x_3 + 0.08x_6$$

从最新得到的回归方程看，y 值与 x_1，x_3 和 x_6 相关性比较大。

三、个人罚金刑建模实证分析小结

从模型改进的结果看，与原模型因素间的关系相似，为了更好分析各因素对罚金数额的影响，本书在此选用没有改进的运行结果进行分析：

$$y = -7.4 + 1.1x_1 + 0.2x_2 + 0.665x_3 - 0.5x_4 - 0.054x_5 + 0.09x_6$$

从各变量系数看出，罚金刑与各变量的关系。实证分析依次选取了 6 个变量，危害后果之污染程度、犯罪人的经济状况、人身危险性体现之主观恶性、从轻减轻情节、宣告的自由刑和判处缓刑的时间，分别对应公式中的 x_1、x_2、x_3、x_4、x_5、x_6。从实证分析的模型结构来看，首先罚金刑数额与污染损害程度呈正向相关，且关联度最大。其次，与被告人的主观罪过程度，呈较大的正相关。再次，与被告人的表现，存在有自首、立功、坦白等从轻减轻情况的，呈负相关关系。影响相对较小的，是被告人的经济状况，呈正相关关系。被告人被宣告的自由刑，与罚金刑数额呈负向相关关系。

通过对回归模型的分析，可以发现，污染环境罪中个人判处罚金的数额与各变量之关系，存在以下特点：罚金数额与法益侵害后果关联度最大；被告人的主观恶性是影响罚金刑裁量的重要方面；存在较大的差额系数，说明法官的自由裁量度很大。该模型中，差额系数为 -7.4，污染环境罪污染程度越轻微，该系数对罚金刑的影响就越大。以此可以看出，在一般的污染环境罪罚金刑裁量过程中，主要依赖法官的自由裁量。

总体而言，污染环境罪可以归为贪利型犯罪，对于此类贪利型犯罪适用罚金刑，符合立法和司法打击犯罪之初衷。的确，正如学者所言，罚金刑的一般预防和特殊预防效果，很难从犯罪学的角度寻找到有实际说服力的数据和资料，虽然可以认定被科处罚金刑的行为人的再犯率要明显低于只判处自由刑的犯罪人。①由此可以看出，罚金刑适用效果如何很难用再犯率进行评判，因为实务中大多为并处罚金的案例，单处罚金的情况甚少。而财产刑适用的效果，可以从成本与收益两方面的经济考量，从犯罪人贪利的心理处罚，通过提升犯罪成本以威慑和遏制犯罪的发生。如果罚金刑畸高或明显高于犯罪收益，行为人犯罪的动力便会得到削减或遏制。但是，从人权保障的角度考量，民众的合法财产属于公民权益的重要内容，即便是犯罪人，也不可以因其犯罪而随意剥夺其财产。因此，罚金刑数额的计算，不能只靠法官的自由裁量，亟须进一步规制。

理论上而言，罚金刑的效果也是有限的，其作为财产刑的缺点被学者们总结为："即使按照日额金制来量定罚金刑，富有的和贫穷的行为人的不同的刑罚感（ungleiche Strafempfmdlichkeit）也不能完全被消除；在'无法测定的'富裕的行为人和身无分文的行为人情况下，会产生罚金刑适用上的困难；罚金刑的执行，使得被害人要求行为人进行损害赔偿的希望受到影响（参见《刑事诉讼法》第459条a第1款第2句）；最后，不能保证行为人自己缴纳罚金。"② 当然，从我国现有的罚金刑制度来看，吸取境外较好的制度是罚金刑改革的良方之一。比如罚金刑改革过程中，可以考虑适用日额罚金制。如德国的立法，"在1975年刑法改革时，立法者赞同已在丹麦、芬兰和瑞典实施的日额金制。根据该制度，罚金刑的天数取决于行为人罪责，每日的罚金数量则取决于行为人可支配的收入。日额金制有两个优点：它使得量刑过程透明，并使得处于不同经济地位的行为人有

① ［德］汉斯·海因里希·耶赛克，托马斯·魏根特：《德国刑法教科书》，徐久生译，中国法制出版社2017年版，第1043页。

② ［德］汉斯·海因里希·耶赛克，托马斯·魏根特：《德国刑法教科书》，徐久生译，中国法制出版社2017年版，第1042页。

‘割爱的平等’（Opfergleichheit）之感。”①

针对污染环境罪，我国目前适用的是无限额制度，即对罚金刑的适用，没有上限和下限的限制，完全由法官自由裁量。从近年判决的情况看，污染环境罪的判决中，既有高达500万元甚至更高的罚金，又有低到几千元远远低于其犯罪所得，更远远低于环境修复成本的罚金。罚金刑数额的计算呈现出无序和无规律可循的状况，尽管法官的判决主要依法官的专业素养和良知进行裁量，但宏观而言，的确有违反责任主义原则之嫌疑。客观而言，罚金刑在污染环境罪中的适用，亟须调整、革新，否则会出现立法者之前未曾想象的各种乱象，进而阻碍我国法治的进程。

第六节　单位罚金刑适用之实证分析

污染环境罪之罚金刑适用，包括两部分：个人罚金刑和单位罚金刑。一般而言，同一个案例中，对单位判处的罚金刑数额要比对个人判处的罚金刑数额高。污染环境罪中，对个人判处罚金刑的案件比例非常高，而同时对单位处以罚金刑的比例不是特别高。从数额方面进行比较，可以发现，单位罚金数额明显高于个人罚金。但是，通过数据分析和模型建议，发现对单位判处罚金数额中，存在诸多问题。实证分析显示，某些异常点的出现，是相对一般案例，对单位判处罚金刑出现了畸高现象。这显示出，罚金刑适用过程中，数额计算的无上限和无计算公式现象。因为没有规定上限和下限，理论上就可能存在巨额罚金刑的可能。特别是针对单位判处罚金，相比较某些单位犯罪导致生态环境不可逆转的损害，具体的生态损害无法用金钱估量。具体对应到罚金刑，进而便有了出现天价罚金的可能。

通过实证分析，本书发现，我国污染环境罪对单位处以罚金，存在诸多宏观和微观的特点。具体表现为：经济比较发达地区并处单位罚金的案例比较多，且罚金数额较大；并处单位罚金的案件数量，体现了当地政策上的重视程度；对单位判处罚金的总体状况，数额偏低（除去某些个别个案对单位罚金数额很大）。为了应对污染环境罪中罚金刑适用出现的各种问题，本书通过实证研究的方法，寻找其中相关规律，分析问题，力图寻找优化罚金刑配置的具体方法。

---

① ［德］汉斯·海因里希·耶赛克，托马斯·魏根特：《德国刑法教科书》，徐久生译，中国法制出版社2017年版，第1043页。

一、自变量要素的提取

与上文提到的第二次数据统计基本保持一致，从知网法律库中的案例库查找所有污染环境罪中单位受到处罚的判例，一共查找到95条结果，其中2017年81例，2016年11例，2015年4例。因知网法律库中2017年的判例收集比较全，并且为最新判例，研究价值比较大。因此，课题组选取2017年所有污染环境罪中单位受到处罚的判例81例（包含一个误把污染环境罪判成环境污染罪的案例）作为我们的研究对象，经过对案例的整理提取，去除几个重复案例和1个不符合要求的案例（执行程序），最终选取74个案例作为我们分析研究的对象。74个单位犯污染环境罪的判例中，一审70例（其中发回重审一例），约占2017年总一审案件数1313件的5.33%；二审4例，约占2017年总二审案件数198件的2.02%，其中3例被告人或者被告单位不服上诉，1例检察院抗诉。在4例二审案件中，维持原判的3例，改判1例（为检察院抗诉）。

二、具体情形统计分析

数据搜集以后，课题组对收集来的全国2017年的74例涉单位犯罪的污染环境罪案例，进行统计分析。该分析的过程，既包括宏观上的分析，如被罚企业的地域、经济状况、单位分布情况等。又包括微观层面的分析，分析对单位惩处的罚金数额与各相关变量之间的关系。本课题组提取的与单位罚金数额相关的主要变量，包括污染程度、个人罚金数额、个人判处的自由刑刑期、缓刑时间、从轻减轻情节、犯罪人的罪过形式等。通过建模，找出污染环境罪中单位罚金数额与以上相关变量之间的数学规律。本课题组通过宏观和微观的分析，发现污染环境罪单位犯罪中对单位惩处罚金数额的特点和规律，并希望找到其中的缺陷和不足。

（一）从单位地域和单位性质分析罚金刑特点

对74个单位犯罪的判例进行分析，发现案件分布特点。案件数排名前几位分别是江苏省30例，浙江13例，福建8例，天津7例，如图2-32所示。这些数据一定程度上反映了当地经济发展情况和治理环境的力度，即越是经济发达地区，对污染环境罪的惩处力度越大。这说明，污染环境罪的发生是工业社会发展的结果。而随着经济社会的持续发展，民众开始意识到生态环境的重要性，进而开始下大力气整治污染环境问题。在数据上可以看出，便是，经济越发达地区，污染环境罪的单位犯罪案件越多。这与当地整治环境的刑事政策，有直接关系。

从数据我们可以得出，经济发达的省份污染环境的单位犯罪相对比较多，需要我们重点监控和预防，如江苏、浙江和福建。上海作为我国的经济中心，单位污染环境犯罪的只有2例。笔者认为，除了数据收集的原因外，主要是对环境的保护力度比较大，宣传比较到位，人们的保护环境意识相对比较强。从判例内容看，部分企业的负责人或者辩护人在最后陈述或者辩护中，多次强调法律意识淡薄，甚至有的犯罪人在被起诉之前一直认为污染环境不会构成犯罪，不是严重的事。从判例的企业性质来看，小企业和私人企业是污染环境罪的犯罪主体，占90%以上。

以上说明，民众，特别是企业经营者的环保意识有待提升。对企业而言，增加环保措施，的确是在增加经营成本。但是，从全社会的总体福利和效益来看，企业增加的投入与环境污染对社会造成的损害相比，效益很高。因此，要从源头上控制污染环境行为，惩罚不是目的，从总体上控制环境污染，让包括企业主在内的所有民众享受到良好的生产生活环境，才是立法目的所在。

小结：随着社会经济的持续发展，民众的环保意识有待加强。企业在追求经济效益的同时，也必须加强企业的社会责任感，在发展企业的同时，要对公众生活之必需品，即生态环境负责。特别注意加强小企业特别是边远地区企业的管理和教育，防止边远地区单位污染环境的状况加剧。

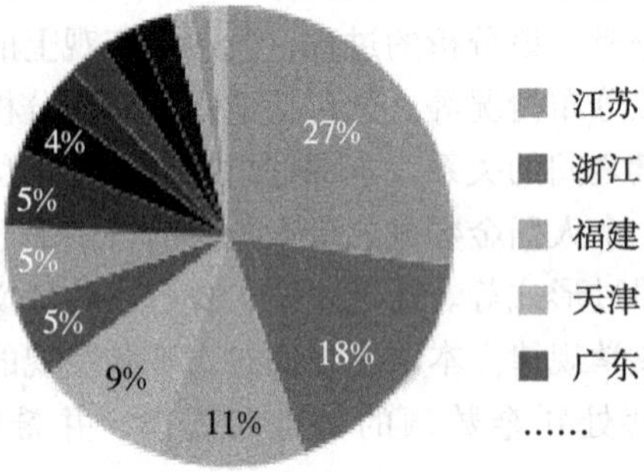

图2-32 从单位地域分布

（二）单位主管或负责人主观罪过：故意

在69个（不包含发回重审一例）惩罚单位犯罪的一审判例中，主观方面表现为故意。主观上明知道会污染环境而照样实施的占100%，说明单位污染环境罪中负责人或主管人员主观上是故意和恶意的。

（三）生态环境修复费用情况

在69个一审污染环境罪单位犯罪判例中，裁判文书具体评估修复环境所需费用的很少，有7个判例提及了与修复环境相关的费用，约占一审判例总数的10%，如处理污染物费用，恢复部分污染点的费用，这7个判例中只有2个判例具体提及修复环境的费用，约占一审判例总数的 3%。从以上数据我们可以看出，在污染环境罪的调查研究和审判中，对环境修复的关注度不够，主要关注的是污染程度和刑罚情况。笔者认为，应该把关注度更多转移到对环境的修复上来，虽然对损害环境程度的评估和修复费用的计算存在诸多的困难和问题，但把环境的修复费用纳入判罚中，使判罚的结果体现在恢复环境上，最终达到消除影响，还人们一个美好的环境才是我们想要的。

（四）单位犯罪对应个人徒刑和缓刑情况

我们首先要分析自由刑中徒刑和缓刑之间的关系，根据《刑法》第 61 条："对于犯罪人适用刑罚，应当根据犯罪的事实、犯罪的性质、情节和对于社会的危害程度，依照本法的有关规定判处。"和《刑法》第 72 条至第 77 条对缓刑的规定，我们可以看出，缓刑主要是对犯罪分子社会危害性和个人危害性进行评估的总体结果。因此，缓刑只是对个人采用的刑罚，事实上是否对单位的主要负责人或相关责任人员适用缓刑，对单位罚金的影响不大。即只要对单位进行处罚的，主要是对单位判处罚金，与对应的个人刑部分是否适用缓刑关联度不是很大。

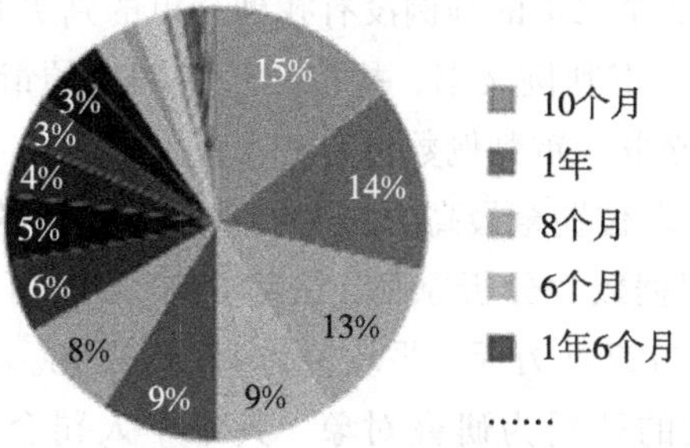

图 3－33　个人自由刑分布

在 69 个一审单位被判处罚金的判例中，涉案人员 150 人次。其中处以自由刑的 144 人（最低自由刑为 3 个月，最高为 3 年 6 个月），判处缓刑的 80 人（最低缓刑为 5 个月，最高为 4 年），占 55.6%；没有处以自由刑，单处罚金的 6 人。

（五）单位罚金数额情况分析

罚金分为单位罚金和个人罚金，按照《刑法》第 31 条规定："单位犯罪的，对单位判处罚金，并对其直接负责的主管人员和其他直接责任人员判处刑罚。本法分则和其他法律另有规定的，依照规定。"所以，对单位犯罪，原则上实行双罚制，即同时处罚犯罪的单位和该单位的直接负责的主管人员和其他直接责任人员。笔者通过分析判例发现，单位犯污染环境罪中如果有几个主管人员或其他直接责任人员时，相关人员基本都是共犯，按照共犯原则处理，所以，本书在分析单位犯罪时，对其直接负责的主管人员和其他直接责任人员不只一个时，只分析一个相关责任人的处罚情况，即简化了模型，也对分析影响小。单位罚金统计如图 2－34 所示。

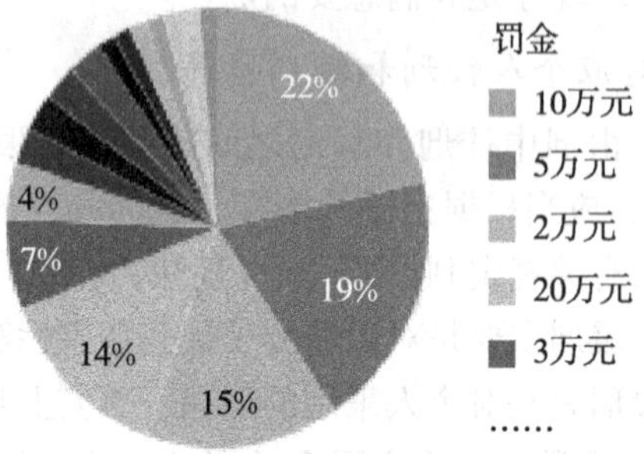

图 2－34 单位罚金分布

在 74 个判例中，有 4 个二审判例，既有一审又有二审的判例只有一个（因法库收集的原因，有 3 个二审的判例没有找到一审的判决），因此我们根据 3 个只有二审判例而没有一审判例文书，提取出一审判罚的情况，作为一审数据研究，增加研究数量，至此一审判例数量为 73 例。

在 74 例判例中，单位罚金最高的为 6000 万元，最低的为 1 万元，罚金次数最多的是 10 万元，根据数学分析原则，去除 6000 万元罚金这个异点，其余 73 个判例单位总罚金为 1127.5 万元，平均值为 15.45 万元。在 74 个判例中，选择一名单位相关负责人的处罚为研究对象，其中个人罚金统计结果如图 2－35 所示。

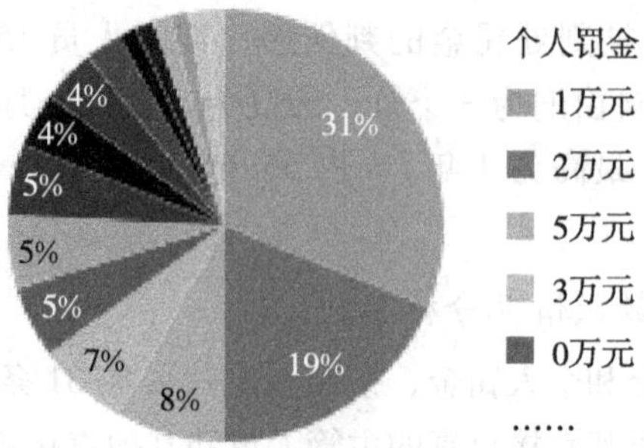

图 2－35 个人罚金分布

个人罚金最高为30万元，最低为5000元，频数最高的是1万元，其中有4人没有被处罚金。根据数学分析原则，去除30万元罚金这个异点，剩余73个判例的个人总罚款为214.1万元，平均每人罚款约2.93万元。对比单位罚金和个人罚金，如表2-23所示。

表2-23 单位罚金和个人罚金对比

类别	最高罚金/万元	最低罚金	去除异点后罚金总数	去除异点后平均罚金数额	频数最高的罚金数
单位	6000	1	1127.5	15.45	10
个人	30	0.5	214.1	2.93	1

（六）从行为人主观罪过和犯罪情节分析

从主观罪过来看，单位犯罪的74例判例中，都是主观故意，明知污染环境仍为之，大多是为了节约成本，不顾对环境造成损害，主观恶意比较大。从犯罪情节来看，单位犯罪的负责人或责任人，在知道案发后，大多能自首，如实供述自己的罪行，认罪态度比较好，有的还主动修复环境，赔偿损失。只有3例是因被告不满判决而上诉的，上诉率只有4%。认罪认罚比较好，都得到不同程度的从轻处理。从4%的上诉率和55.6%的缓刑率我们可以得证。

三、罚金刑模型的建立

（一）模型假设和变量的建立

（1）模型假设；

（2）假设单位的污染环境罪判例数据是客观真实的；

（3）假设各要素对单位罚金数额的影响是线性的；

（4）假设自由刑与罚金刑存在一定的对应关系；

（5）假设各要素之间没有交互作用。

（二）变量因素的建立

结合前文的理论分析，与单位罚金相关的因素主要有单位负责人（本书选取惩罚最重的人为单位负责人）罚金、单位负责人被判处的徒刑、单位负责人缓刑、污染程度、主观罪过、减轻或加重情节等。我们把各要素数据化，污染程度因素表示方法见表2-15；减轻或加重情节表示方法见表2-16；主观罪过表示方法按照实际情况进行等级划分，故意为等级10，过失为等级5。如果是故意犯罪中的主犯，表现为10。如果是共犯中的从犯，可以在之前等级上相应减少；缓刑和徒刑都以月为单位进行统计。把各因素数量化后如表2-24所示。

表2-24 单位罚金各因素数量化表

序号	单位罚金/万元	个人罚金/万元	徒刑/月	缓刑/月	污染程度	减轻或加重情节	主观罪过
1	5	0	18	24	4	2	10
2	2	0.5	8	12	3.1	2	10
3	15	5	0	0	4	0	10
4	40	10	24	30	5	2	10
5	2	0.5	8	12	4	2	10
6	50	2	36	48	7.5	2	10
7	10	1	12	0	2	2	10
8	1	1	5	0	2	2	10
9	2	1	12	18	3	0	10
10	10	5	18	24	4	2	10
11	100	20	15	18	5	1	10
12	50	1.5	7	0	3	2	10
13	2	1	9	0	2	2	10
14	20	4	9	12	3.5	2	10
15	5	3	3.5	0	3	2	10
16	2	0.6	4	6	1.2	2	10
17	4	0	3	6	2.5	2	10
18	10	2	10	0	3.5	2	10
19	5	1	6	0	3.2	2	10
20	20	4	18	24	4	2	10
21	30	2	10	0	4	1	10
22	5	2	8	12	4.2	2	10
23	20	1	12	0	3	2	10
24	10	1.5	6	0	4	2	10

续表

序号	单位罚金/万元	个人罚金/万元	徒刑/月	缓刑/月	污染程度	减轻或加重情节	主观罪过
25	5	2	0	0	1.5	3	10
26	15	2	9	18	3.2	2	10
27	20	1	11	0	3	1	10
28	20	1.5	14	0	3.5	1	10
29	10	1	10	0	2.5	1	10
30	5	1	13	0	2.8	1	10
31	20	2	8	0	4	1	10
32	30	2	10	12	4.2	2	10
33	1	0.8	8	0	3	2	10
34	10	2	10	18	3.8	2	10
35	50	10	36	0	7	2	10
36	25	3	18	24	5.5	2	10
37	5	1	12	24	2.8	2	10
38	200	10	42	0	7.6	2	10
39	2.5	0.5	5	8	3	2	10
40	3	3	5	0	3	2	10
41	2	0.8	5	0	2.8	2	10
42	2	1	8	0	3.5	2	10
43	6000	30	33	0	6	2	10
44	3	1	12	15	3.5	2	10
45	3	1	9	12	3.5	2	10
46	5	1	9	0	4	2	10
47	10	2	9	12	4	1	10

续表

序号	单位罚金/万元	个人罚金/万元	徒刑/月	缓刑/月	污染程度	减轻或加重情节	主观罪过
48	20	7	15	18	4.5	2	10
49	10	2	8	12	3.8	2	10
50	3	1	10	15	3.5	2	10
51	2	0.9	9	0	3	2	10
52	7	0	12	15	3.5	2	10
53	10	3	18	0	3.8	2	10
54	5	2	12	18	3.5	2	10
55	10	5	9	0	3.6	2	10
56	2	1	8	0	3	2	10
57	5	1	8	12	3.2	2	10
58	3	1.5	12	24	3.5	2	10
59	10	5	12	24	3.6	2	10
60	20	3	0	0	3.5	1	10
61	20	0	24	36	4.6	2	10
62	5	1	12	12	3.6	2	10
63	5	4	10	12	3.6	2	10
64	10	2	7	0	3.7	3	10
65	10	5	18	24	4.5	2	10
66	20	5	0	0	4	3	10
67	2	1	9	0	3	2	10
68	5	0.5	10	12	3.5	2	10
69	5	1	6	0	3	2	10
70	10	1	15	0	3.7	1	10

续表

序号	单位罚金/万元	个人罚金/万元	徒刑/月	缓刑/月	污染程度	减轻或加重情节	主观罪过
71	10	1	10	12	3.8	2	10
72	2	1	12	18	3.8	2	10
73	10	2	19	0	4	2	10
74	40	8	24	24	4.6	1	10

从表2－23看出，序号43的数据比较突出，作为异点，我们将其去除，分析时取其他73个数据样本。

（三）符号说明

y：单位罚金数额

x_1：环境污染程度

x_2：相关责任人的个人罚金

x_3：相关责任人判处自由刑

x_4：相关责任人判处缓刑时间

x_5：从宽或从轻处罚的情节

x_6：主观罪过

β_i：回归系数；（$i=0$、1、2、3）；

ε：随机误差；

b：回归系数的样本估计值；

b_{int}：回归系数的区间估计；

r：残差；

r_{int}：置信区间；

stats：用于检验回归模型的统计量，有三个数值：相关系数 r^2、f 值、与 f 对应的概率 p。

（四）模型的建立

根据上述理论，建立模型需要找出单位罚金数额与污染环境程度、相关责任人个人罚金数额、相关责任人个人判处自由刑时间、从宽从轻处罚的情节、相关责任人个人判处缓刑的时间等要素的关系。单位罚金数额与污染环境程度关系图，做散点图如图2－36所示。

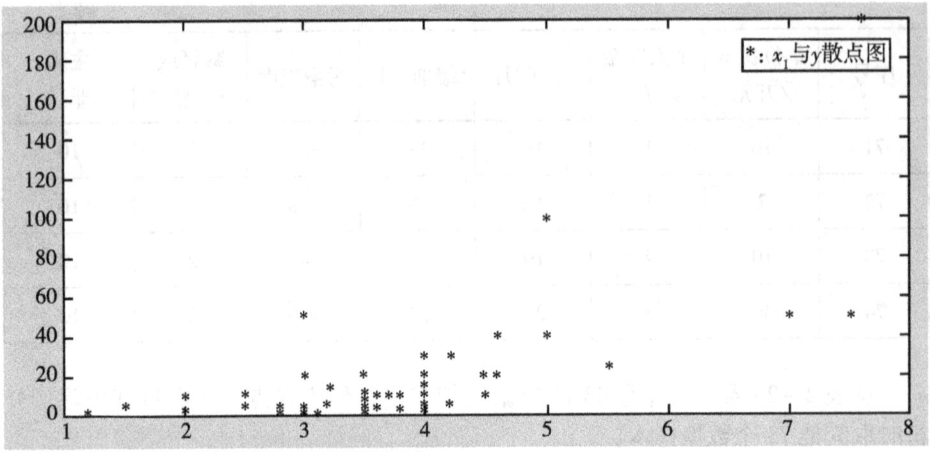

图 2-36　单位罚金数额与污染环境程度关系

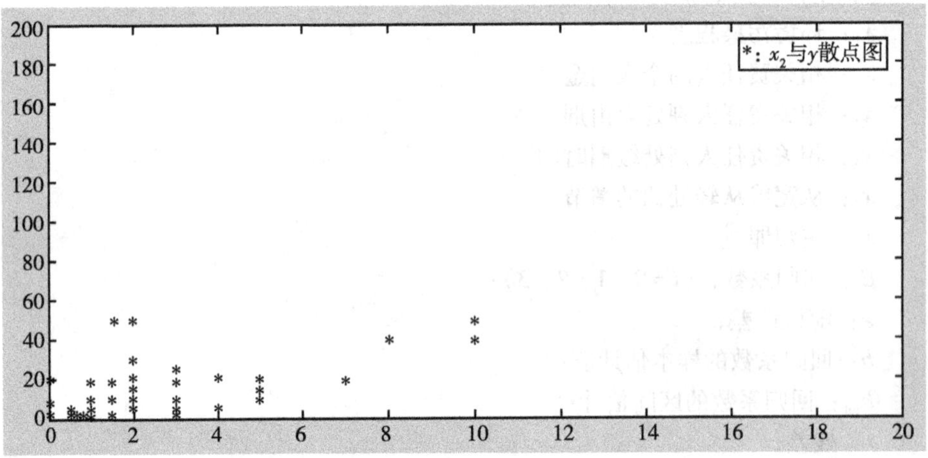

图 2-37　单位罚金数额与责任人罚金数额关系

建立模型如下：

$$y = \beta_0 + \beta_1 x_1 + \beta_2 x_2 + \beta_3 x_3 + \beta_4 x_4 + \beta_5 x_5 + \beta_6 x_6 + \varepsilon \tag{1-10}$$

其中 β_i（$i=1, 2, 3, 4, 5$）为待估参数，ε 为系统误差，在此表示除列出的六种因素以外的其他因素对罚金的影响。我们假设分析统计的数据是合理的，根据这些数据，我们利用最小二乘法求得参数 β_0，β_1，…，β_p 的最小二乘估计 b_0，b_1，…，b_p 的估计值对回归系数 β_i 进行了点估计。在点估计中我们根据多元线性回归方程统计工具箱中的回归分析命令的点估计的函数：$b = regress\ (y, x)$

根据表 2-23 的样本值，运用 MATLAB 第一次求得回归系数的点估计值$b=$（0，6.49，3.55，1.38，-0.73，-0.28，-2.55）。

可得回归方程：$y=0+6.49x_1+3.55x_2+1.38x_3-0.73x_4-0.28x_5-2.55x_6$

（五）模型的检验与改进

为了检验所得的多元线性方程，运用多元线性回归模型中的函数 regress 对模型进行了检验与改进，$[b, b_{int}, r, r_{int}, stats] = regress(y, x, alpha)$。

1. 求回归系数的点估计和区间估计、并检验回归模型

用于检验回归模型的统计量 *stats* 有三个数值：相关系数 r^2、f 值、与 f 对应的概率 p。相关系数 r^2 接近 1，说明回归方程越显著。$f>f_{1-\alpha}(k, n-k-1)$ 拒绝 h_0，f 越大，说明回归方程越显著。与 f 对应的概率 $p<\alpha$ 时拒绝 h_0，回归模型成立。用 MATLAB 运算后结果如表 2-25 所示。

表 2-25 单位罚金模型 MATLAB 运算结果

回归系数	回归系数估值	回归系数置信区间	
b_1	0	0.00	0.00
b_2	6.49	0.34	12.63
b_3	3.55	2.07	5.03
b_4	1.38	0.55	2.20
b_5	-0.73	-1.13	-0.33
b_6	-0.28	-7.53	6.97
b_7	-2.55	-4.61	-0.49
$r^2=0.67$ $f=27.13$ $p=0.00$ $s^2=257.94$			

从这个拟合结果看，因 *finv*（0.95，1，71）$=3.96<f$，$p=0.00$ 远远小于 0.05，接近 0（统计学根据显著性检验方法所得到的 p 值，一般以 $p<0.05$ 为显著，$p<0.01$ 为非常显著，其含义是样本间的差异由抽样误差所致的概率小于 0.05），所以回归方程成立。可决系数 $r^2=0.67$ 可以看出，实际拟合度较好。

2. 画出残差及其置信区间

运用函数 *rcoplot*（r，r_{int}）可得第一次的残差图 2-38。

根据残差图 2-38 中列出的第 12 个数据、第 35 个数据、第 38 个数据的残差离零点较远，可视为异常点，不能很好地和回归方程符合。对于所得的残差图 2-38，运用逐步回归法将其中不显著的因素剔除掉，对该模型进行重新检验，得到第一次的回归分析图 2-39。

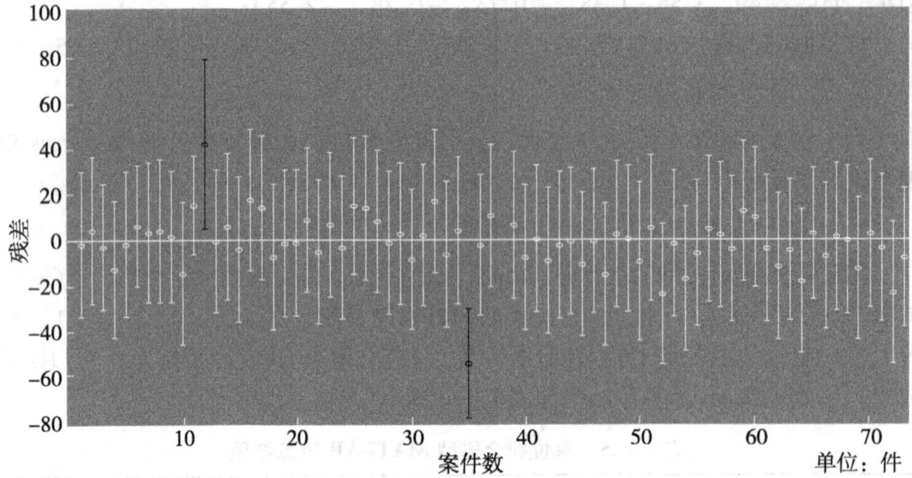

图 2－38 案件残差

最后得到回归方程（蓝色行是被保留的有效行，红色行表示被剔除的变量）：

$$y = -26.04 + 6.48x_1 + 3.56x_2 + 1.38x_3 - 0.73x_4$$

从最新得到的回归方程看，$r^2 = 0.67$ $f = 34.4$ $p = 0.00$ $s^2 = 254.1$，结果比原模型拟合度更好。y 值与 x_1，x_2，x_3 和 x_4 相关性比较大。

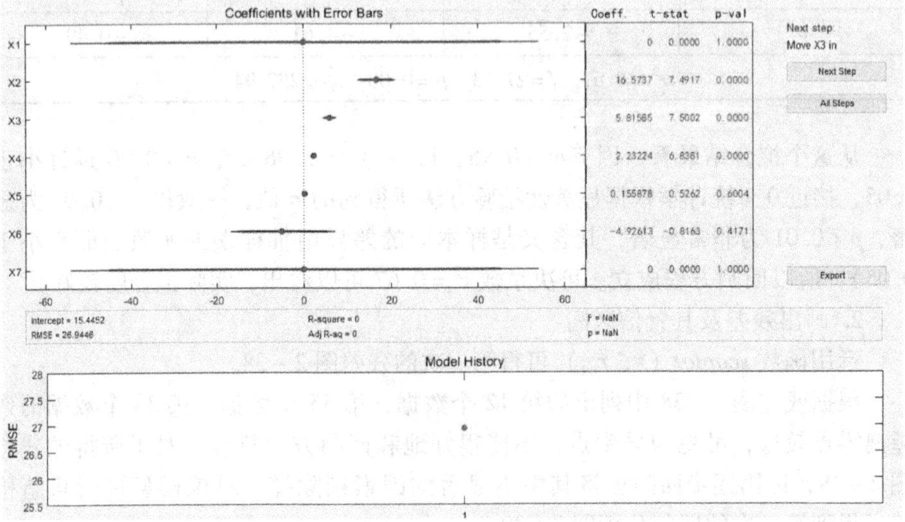

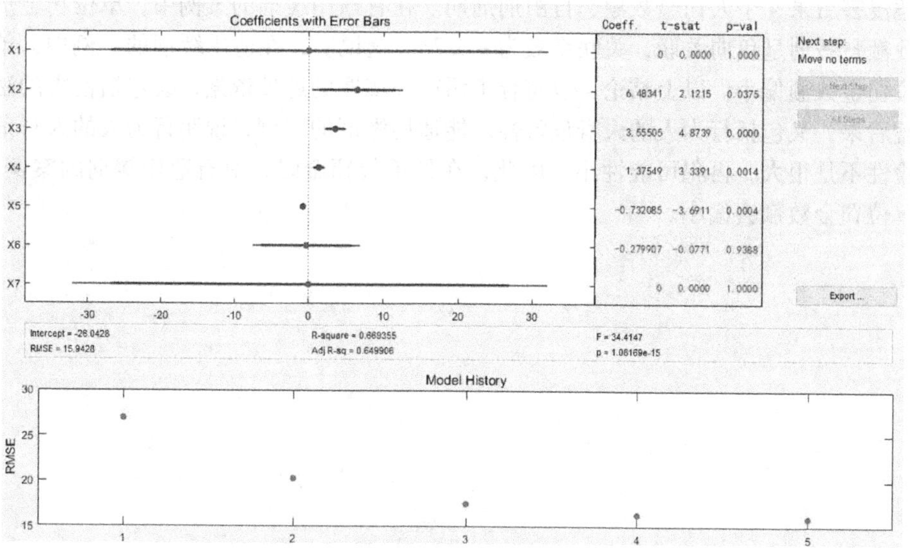

图 2-39 回归分析

四、单位罚金刑实证分析小结

在模型改进之后发现，回归模型的拟合度为 0.67，模型的可靠度很大，该模型用来分析罚金刑数额具有很强的科学性。因此，通过该模型得出的公式，可以观察出单位罚金的罚金数额与各变量因素的相关关系。从回归模型 $y = -26.04 + 6.48x_1 + 3.56x_2 + 1.38x_3 - 0.73x_4$，可以看出，单位罚金与变量 x_1，环境污染的程度，关联度最大。呈正向关联，关联系数为 6.48。与个人罚金数额，关联度也很大，关联系数为 3.56；与个人所处的自由刑关联系数为 1.38，呈正向关联；与个人所受的缓刑刑期，呈负向关联，关联系数为 -0.73。

总体而言，单位罚金数额与对单位负责人及相关负责人员的刑事惩罚，呈正相关关系，是刑罚对污染企业进行的惩处。因为单位为拟制的人，不可能有徒刑。因此，对单位判处罚金是对单位进行的刑事处罚。通过回归模型公式，可以看出，单位罚金数额与各变量之间的关系，与个人罚金的回归模型所体现的特点和规律基本相向。罚金数额与犯罪所造成的法益侵害，以及危害后果呈较大的正向关联。在单位罚金数额的计算中，这种正向关联，主要体现为单位罚金数与个人所处的徒刑刑期和罚金数额，呈较大正向关联。而个人所处的徒刑刑期和罚金数额，则与犯罪的危害程度和犯罪人的人身危险性，呈直接正向关联。

综上，单位罚金数额，基本上与犯罪的危害程度，以及单位犯罪中相关责任人所展现出的人身危险性，呈较大的正向关联。这种关联紧密程度，依次为：法益侵害后果、个人罚金数额、自由刑刑期。在有适用缓刑的案例中，单位罚金刑数额与缓刑呈负向关联，关联系数为 -0.73。这说明，在适用缓刑的案例中，单位罚金数额偏小。以上结论，也符合了污染环境罪的惩处依据，既包括侵害的法益后果，又包括行为人的人身危险性。能适用缓刑的案例，说明行为人的人身危险性不是很大，再犯可能性小。因此，在处单位罚金时，对有适用缓刑的案例，单位罚金数额会偏小。

第三章

污染环境罪刑罚配置的动态调整性

一切都在变化之中，生态环境问题也是处在动态变化之中。针对生态法益，从动态的视角看，惩处的力度将加大，而惩处的方法也随着惩罚效果的要求发生相应的变化。“根据积极一般预防的原理，当前刑罚执行的民众感知度亟待提升”。[①] 同样，在污染环境罪的惩治过程中，刑罚的效果有待进一步提升，而效果的提升也有赖多方的努力。

第一节　污染环境罪适用之困境分析

“‘两山论’告诉我们：发展经济与保护生态环境是对立统一的，既要追求金山银山，也要能保得住绿水青山，要在保住绿水青山的基础上实现可持续发展”。[②] 随着我国产业结构的调整，生态法益的社会和法学地位将逐渐提升。课题组针对污染环境罪的法定刑配置进行翔实的分析和论证，通过实证研究的方法，调查污染环境罪在实务裁判中的具体量刑情况以及刑罚执行的效果情况。具体调研方案可以考虑为：（1）针对福建省污染环境罪近年来的司法裁判情况进行实证分析，考虑该罪在实务操作中的具体情况和特点；（2）针对污染环境罪刑罚执行情况进行翔实研究，对具体可追踪的污染环境罪的行为人在刑罚执行期间以及刑罚执行完毕后近三年来的具体表现进行统计分析，具体考察污染环境罪刑罚执行的实际效果；（3）对污染环境罪的罚金刑和资格刑适用情况进行大数据的调查分析，调研近5年来污染环境罪在司法实践中的宣告刑宏观上呈现的特点以及未来可能呈现的新特点和新方向。

---

① 陈金林：《积极的一般预防理论》，武汉大学出版社2013年版，摘要第2—3页。

② 杨孝青：“习近平生态文明思想的哲学意蕴”，载《新视野》2021年第2期，第26—31页。

一、生态法益保护意识有待提升

随着我国污染环境罪罪名的确立，污染环境罪案件数在逐年上升。尽管判决书中也有司法机关对污染环境罪罪名表述错误的情况出现（2017 年，有 9 份裁判文书出现了罪名表述错误，将污染环境罪表述为环境污染罪），但总体而言，不管是司法机关还是民众，对生态环境保护的意识有所提升。这种保护意识的提升，可以从大量二审案件的上诉人主动撤诉表示认罪认罚可以看出。通过诉讼的过程，当事人了解到生态环境资源保护的重要性，同时也明白了污染环境的重大危害。

污染环境罪在我国的判决数呈现增加的趋势，但宣告刑普遍偏低，罚金刑呈现出两端变化之趋势。即一般的案例，罚金刑数额较低，但某些个案，罚金刑，特别是对单位的罚金，数额无限飙升。在裁判文书中，法官皆没有呈现罚金数额计算的具体公式。在财产也是现代社会重要利益的今天，对罚金刑的合理适用，成为刑罚制裁手段中日益重要的手段。特别是针对污染环境罪这类贪利型犯罪，以罚金刑为代表的财产刑的合理适用，对预防控制污染环境罪将起到积极有效的作用。鉴于我国污染环境罪暂无资格刑之具体规定，在实践中适用禁止令、公益劳动等非监禁刑措施，属于创造性的适用，但适用的量较少，尚未形成规模效应。

污染环境罪是我国刑法规定的生态环境类犯罪中的核心罪名，但从目前的司法状况看，尽管刑事政策已屡次加大惩处力度，但实务中，还是问题重重，困境丛生。现实中污染环境罪的查处之不易，直接导致了即便是环境破坏现象如此之猖獗，但案件却偏少。理论界和实务界都已经关注到此问题，究其原因，既有本罪犯罪构成证明上的技术难度，又存在相关职能部门消极懈怠不作为导致的不追究，还有相关人员对生态法益的漠视，等等。

从调研的情况看，包括污染环境罪在内的生态类犯罪存在的共同特点为："入刑低，破坏大，收益大"，被民众总结为"贩毒的收益，嫖娼的成本"。如此现状，生态类犯罪总体打击力度明显不够，生态保护刑法规制不足，危机重重。深究其理论根源，人之自私与贪婪在管理不到位的制度下，引发破坏环境之念头。根据我国污染环境罪的法定刑规定，一般的污染环境罪属于轻罪，即法定最高刑为有期徒刑三年。只有后果特别严重的污染环境行为，其法定刑在三年以上至七年以下。

从司法实践情况来看，污染环境罪的立案、侦破、起诉到审判等过程，皆存在该罪自身特有的诸多特点和难点，本书特对此进行探讨分析。因此，有学者指出，“为了克服环境污染治理中的刑法短板，应坚持解释论与立法论‘两手抓’。[①]”即便污染环境罪几经修法修订，但是，作为典型的法定犯，污染环境罪的相关问题，还是处在一个“与时俱进”的状态中。关涉污染环境罪，最主要的问题应该是生态法益的重要性问题。不管实际操作或者鉴定方面等存在怎样的技术障碍或难处，目前最关键的是要努力解决生态保护思想层面的问题。只有将法益保护意识提升到一定的思想高度，立法和司法操作层面，才能克服重重障碍，实现确实有效地生态法益保护。

二、污染环境罪的认定存在技术“瓶颈”

污染环境罪的认定存在诸多技术难题，如环境污染的危害结果的判断、主观罪过形式的判断、污染物范围的确定、危险废物的数量计算、重金属污染物超标排放入罪的判定、公私财产损失的计算、鉴定意见与检验报告的审查判断等，都比传统的犯罪在操作层面存在更多的障碍和困难。针对污染环境案件实践中呈现的诸多困境和难题，中共中央办公厅、国务院办公厅印发了《生态环境损害赔偿制度改革方案》。方案提出，从2018年1月1日起，在全国试行生态环境损害赔偿制度。这一方案的出台，标志着生态环境损害赔偿制度改革已从先行试点进入全国试行的阶段。通过在全国范围内试行生态环境损害赔偿制度，进一步明确生态环境损害赔偿范围、责任主体、索赔主体、损害赔偿解决途径等，形成相应的鉴定评估管理和技术体系、资金保障和运行机制，逐步建立生态环境损害的修复和赔偿制度，加快推进生态文明建设。该方案的出台，针对的是污染环境类案件修复难、修复费用高、修复时间长等问题。

当然，改革方案中提到的生态环境损害赔偿，到底是民事上的赔偿，还是非刑罚措施的一种，有待进一步研讨。根据《2016年司法解释》的规定，“生态环境损害，包括生态环境修复费用，生态环境修复期间服务功能的损失和生态环境功能永久性损害造成的损失，以及其他必要合理费用”。[②] 生态环境损害，既包括生态环境修复费用，又包括修复期间生态环境服务功能的损失以及永久性生态环境损失，以及其他必要合理费用。从调研情况看，生态环境修复费用相对比较好计算，即生态环境修复所需要的直接费用。但是，对生态环境造成的损害、损失等，则需要相关的专业人士才能统计得出。况且，某些生态功能属于不可恢复的功能，损失该如何计算？这是一个专业问题，或者说是专业难题。

在计算完生态环境损害后，这笔生态环境损害赔偿费用，赔偿的对象到底是

---

① 陈洪兵：“‘美丽中国’目标实现中的刑法短板及其克服”，载《东方法学》2017年第5期，第40页。

② 参见《2016年司法解释》第17条。

谁？或者，这笔赔偿金该由谁代管？生态环境属于自然环境，不能成为民法意义上的“人”的载体，尽管生态环境法益可以成为独立的法益。在犯罪人进行生态环境损害赔偿的时候，赔偿金该由哪个或哪些部门代收代管？生态环境损害赔偿的法律性质如何？以上问题，是环境犯罪实务中遇到的新问题，亟须理论界和实务界认真探讨，给出合适的回答。

本书主要针对调研过程中发现的污染环境案件相关问题，进行了逐一分析、讨论。从污染环境罪近年来的司法判决总数逐年上升的趋势可以看出，对污染环境罪的防控力度，随着刑事政策的重视，逐年加大。污染环境罪案件总数的逐年上升，是在克服了相关立法、司法等方面的困难之后，在实践中以保护生态法益为目标的司法成绩。但是，即便在惩处力度上有所加大，但现实中存在的问题，依然很严重，存在诸多需要解决的难题。

关于执法机关的合规守法问题，贝卡里亚有言，“预防犯罪的另一项措施是使法律的执行机构注意遵守法律而不腐化。组成执行机构的人越多，践踏法律的危险就越小，因为在互相监督的成员之中，是很难营私舞弊的。每个人所享有的权威越小（尤其是同冒险相比较），他们对于提高自己的权威就越不感兴趣。如果君主依靠某些器械、仪式以及严厉的敕令，或者通过准可自认为受到压迫的人提出正义的和非正义的起诉，来使臣民更习惯于畏惧司法官员，而不是畏惧法律，那么，这种畏惧更容易使这些司法官员有空可钻，而君主从中将难以赢得自身和社会的安全”。①

调研发现，职务犯罪与污染环境罪相伴而生。相关职能部门的人员渎职和受贿，使得诸多环境破坏行为在源头上没有控制好，而导致事态的进一步恶化。甚至，在利益链形成之后，诸多职能部门成为环境破坏行为的保护伞，阻碍相关部门的督察，这在事实上导致客观上的“发现难”、立案难。如果说污染环境罪查处的客观难度在于对技术和鉴定的依赖，那么，实务中存在的“地方保护”、“部门保护”或某些职能部门的懈怠等，则是一种人为主观障碍。

（一）技术依赖度高

环境状况的好坏，在民众看来体现为一种感性认识，明显的环境变化感官直觉能察觉出来。但是，具体的转变却很难被察觉，需要借助技术部门的专业鉴定。因此，在民众普通的心理依赖下，一般会推定环境是不错的并对此问题不会进行过多考虑。即便是环境被污染出了问题，民众也依然会认为这是政府以及相关职能部门的事。因此，在当下，环境的好坏缺乏有效的民众监督，环境质量的监控和管理更多地依赖于相关部门的技术监测。在当下，我国的行政执法效能相

---

① ［意］切萨雷·贝卡里亚：《论犯罪与刑罚》，黄风译，中国法制出版社2005年版，第131页。

对低下、各地区差异明显的情况下，再加上民众的环境保护意识相对薄弱，如此的状况对环境的保护以及重大环境污染事件的查处非常不利。

实务中，尽管之后的司法解释对污染环境罪入罪要求之“严重污染环境”，以及法定刑升格条件之“后果特别严重”的具体标准作出了规定。但是，从发现证据、收集证据、固定证据等角度进行考察，发现污染环境罪的侦破比传统的诸如故意杀人罪、故意伤害罪等自然犯更难。侦破之源头之发现困难，与污染环境罪之侵害法益生态环境法益之特殊性有直接关联。生态环境利益是一种与普通民众息息相关，但是，衡量标准又过度依赖现代科技的重要法益。并且随着现代社会的不断发展，各种新型生态环境损害的出现，更是大大超出了传统法益依靠目测和感知便能判断损害结果的判断难度。

根据我国现有立法，抛开各种理论上的争议，污染环境罪的成立需要达到一定的损害结果。即需要达到“严重污染环境”的损害结果或者事实的危险程度，才能达到污染环境罪的立案标准。但是，基于污染环境罪这一法定犯的特殊性，如果说发现污染事实可以通过普通人的生活经验进行判断，那么，对是否已经达到立案标准，且将构罪的证据进行收集、固定，则非易事。基于我国目前的违法—犯罪二元处罚机制，违法行为与犯罪行为之间，存在量与质的差别。具体到污染环境罪构成犯罪的标准，若非专业性测评，很难有把握通过生活经验直接判断一个污染行为是否已经构成污染环境罪。特别是一些需要高科技手段方能得出结论的情况，如某些危害微量元素的超标等，更是需要对高科技的依赖，方能知道具体损害情况的存在。

（二）证明举证鉴定成本高

结果犯之污染程度，需要对危害的结果进行鉴定和证明。而事实上，随着污染行为的持续性和覆盖性，污染程度很难真正被证明。即便是对诸如水、空气、土壤等通过事后的检测判断其被污染的程度，亦因为空气、水等其自然流动性而变得难以还原当初被污染的状况。在实践中，行为侵害的后果和严重程度很难通过固定的证据材料加以证明。证明难度一再加大，这是在实践中遇到的现实问题。

根据污染环境罪《2016年司法解释》，污染环境罪的构罪标准中，很多都是依赖技术鉴定方能进行具体判断。污染环境罪的成立需要证明污染行为达到一定的后果，证明标准在规定时便具有相当的技术性。污染环境罪入罪标准之“严重污染环境”，以及法定刑升格之“后果特别严重”，在很大程度上都依赖技术鉴定进行判断，否则，很难实现对环境生态法益的保护。换言之，环境生态是一种自然的存在，被破坏与否，被察觉与否，它都客观地存在于此，不言不语。基于环境生态法益的“默然性”①，增加了发现和证明的难度。基于刑法的谦抑性和谨慎性，实践中对污染环境犯罪行为的惩处，明显表现为对鉴定结果的依赖。

在实践中，很多污染环境的行为样态为，污染后果飘散在空气中或弥散在河流、江海中，随着行为的阶段性中断或中止，破坏现场很可能随着时空的移转而不复存在。这为司法部门的证据采集和司法论证造成了相当的难度，导致诸多应当受到刑事处罚的行为逃离刑事处罚的法网。证据搜集上的困难以及证明难度的高技术性要求，导致污染环境罪的犯罪构成之证成像一道难解的高等数学难题，困扰着司法实务部门。如何求解，需要多方智识力量的汇集，更需要社会和各研究机构加大对此问题的投入和关注度，以求问题得到真正解决。

（三）生态修复周期长、费用高

环境虽然可以被修复，但其修复和优化的周期非常之长，甚至某些破坏具有不可再生和不可修复性。在实践中，被查处的污染环境罪一般表现为水或土壤重金属超标，此类污染，在目前的状况下，很难找到修复途径。而重金属超标又属于难以用感官察觉、但又危害超级大的污染情况，在现实中除了查处难、查处的比例小之外，环境的修复亦是举步维艰。

从具体的环境修复情况看，环境修复周期长、修复费用高。高额的修复费用，从事实上警示人类在发展现代文明的同时，一定要谨慎使用有限的生态资源。从长远利益考量，生态利益是一种宏观的总体利益，没有良好的生态环境作为基础性保障，人类文明的进步和发展，则成为一纸空文。基于生态环境的特殊属性，导致环境破坏容易，但修复难。有些类别的环境破坏，能否修复取决于科技发达的程度，即便能修复，基于环境修复需要较长的周期以及对高科技的依赖，修复成本也异常高。

三、提升生态法益的刑法保护值

有学者指出，“应当以保护法益为指导解释刑法第338条规定的污染环境罪。”② 因此，刑法所保护的具体法益成为研讨类罪与个罪的基础，污染环境罪也不例外。如果从报应主义和一般预防的角度考虑，则要考虑一个罪名中所设定

---

① 环境生态法益，不像其他传统法益，被侵害客体会有及时且激烈的反应，侵害行为容易被察觉。比如，故意伤害罪，被害人会因为侵害行为将侵害事实直接向社会反馈，且容易被察觉。但环境生态法益，因其自身的特点，被侵害之后，被害人是全体公民，被侵害客体也以默然的方式承受，较难被察觉。

② 张明楷：“污染环境罪的争议问题”，载《法学评论》2018年第2期，第1页。

的法益保护值[①]，该对应多大的刑罚量。这个法益保护值，是根据不同时期不同社会发展状况之下，国家社会从社会管理和民众需求的角度出发，对不同的法益的保护程度进行预估。进而，从打击和预防犯罪的角度进行法定刑的配置。这种配置，是国家刑罚权的第一次分配，表现为法定刑的配置。法益保护值越大，对应的刑罚配置量越大。不管是法定刑，还是宣告刑，具体刑罚的配置都基于刑法所保护的法益保护值这一基本参数进行计算。根据我国目前立法的编排，法益保护值最大的类罪为危害国家安全罪，其次为危害公共安全罪，再依次分别为破坏社会主义市场经济秩序罪、侵犯公民人身权利民主权利罪、侵犯财产罪、妨害社会管理秩序罪、危害国防利益罪、贪污贿赂罪、渎职罪以及军人违反职责罪。从现有立法的编排可以看出，污染环境罪所保护的法益，并没有作为一种独立的新型法益被保护，而是放在了妨害社会管理秩序罪这一类罪下，位列第六。

一般而言，立法所设定的法定刑，当与所保护的法益匹配。我们可以根据立法中类罪的排列以及法定刑的设置，看出该类犯罪所侵害法益的法益保护值。目前状况看，我国虽然已经对生态环境法益有了一定的重视，民众也日益感受到良好的环境对于幸福生活的重要性。不同的法益，刑法的保护程度不同，进而配置的刑罚的量会不一样。在法定刑配置的过程中，基于对法益保护程度的不同需求，针对不同的法益，法定刑起刑点即法定刑的上限会有所差异。目前来看，随着生态环境法益的重要性日益提升。刑罚配置的量应当有所增加，以体现国家对环境保护的信心和决心。也因此增强刑罚对生态环境的保护力度，一则提升刑罚威慑力，二则通过刑法的保护再次提升民众的生态环境保护意识。笔者认为，随着社会的发展，我国有必要通过立法提升污染环境罪的法益保护值，进而优化污染环境罪的刑罚配置。

目前，我国刑法将污染环境罪放在第六章第六节进行规定，即放在妨害社会管理秩序罪中的破坏环境资源保护罪。客观而言，污染环境的行为，直接侵害的对象是生态环境。而根据我国目前的刑法规定来看，侵害的法益为社会管理秩序。这种立法规定，明显是基于20世纪90年代，我国环境保护问题尚不严重的情况所做的立法安排。随着我国经济状况的持续发展，工业化进程对生态环境的破坏日益严重，继而威胁到人们赖以生存的生活环境。在生态环境急需保护的状况下，生态环境法益成为一个新兴法益，亟须立法作出回应。

---

① 法益保护值为笔者提出，即该法益在刑法法益中的地位，刑法对不同法益的保护程度应当不同，进而对应不同的法定刑均值。这种对应关系，体现在立法和司法中，不同犯罪行为对应不同刑罚量的具体设置。尽管在立法当时，并没有从学理上对刑罚设置的幅度进行量上的论证。但一般而言，从罪刑均衡的角度考察，基于刑法对不同法益的保护程度不一，对不同的犯罪行为当然会设定有差别的法定刑幅度。因此，本书提出法益保护值一说，目的是求证不同犯罪行为与刑罚对应关系中的不同等值关系，以找寻数值之间的内在规律。

有学者指出，“环境刑法保护的法益是环境本身，而非传统的人身、财产法益”①。当然，也有学者认为，污染环境罪侵害的法益为集合法益。“环境法益一方面为典型的非个体法益，另一方面又指向具备一定的抽象性的生态环境整体，因此被视为集合法益的典型代表。前述环境法益的不同见解本质上就体现了集合法益的上述观点差异，可以说环境法益的诸多问题正来自于集合法益理论的见解纷争”。② 当然，在笔者看来，不管污染环境罪侵害的法益是生态环境本身，还是既包括生态环境法益，又包括普通民众的财产甚至人身健康权等法益，进而成为集合法益，污染环境罪所侵害的法益，必然包含生态环境这一重要法益。单从对生态环境法益进行保护的角度进行考察，其法益保护值亦需要大大提升。如果从集合法益的角度考察，更应提升污染环境类犯罪的法益保护值，因为一行为同时侵害了两种以上的法益，被类型化为一类犯罪，其行为造成的法益侵害后果，是几类法益的正向叠加，更应该提升其法益保护值，进而加大污染环境罪的刑罚配置。

因此，单从生态环境法益这一单一法益的角度观察，如果污染环境罪保护的法益为新型法益，目前我国刑法的编排则显得较为落后。对生态环境法益的认知度不同，导致了在立法和司法裁量中，不同人对同样的污染环境行为有了不同的认识。概言之，为了优化污染环境罪的刑罚配置，需要根据社会的发展变化，适时调整污染环境罪所保护的法益值。换言之，生态环境法益应该从我国刑法第六章的妨害社会管理秩序罪中脱离出来，成为独立的类罪。

在笔者看来，生态环境法益的法益保护值，应当仅次于国家安全和公共安全，可以考虑排在第三的位置。生态环境法益具有公共性，虽然对此类法益的侵害，不一定会造成公共安全事故。但是严重的污染环境类犯罪，其侵害后果，不管是持续性还是不可逆转性，都比普通的危害公共安全类犯罪要严重。由此可见，根据社会发展的客观情况，在刑事一体化思想的指引下，随着我国刑事立法和司法的继续发展，生态环境法益的法益值，需要继续提升。需要从之前被类型化为妨害社会管理秩序的犯罪，提升为独立的对生态环境类法益进行侵害的犯罪。如有学者指出，“污染环境罪不仅侵犯了国家的环境保护制度，还侵犯了不特定多数人的生命、健康和重大财产，以及人民群众生产、生活安全。污染环境罪客观上表现为足以造成污染环境的严重后果，主观上表现为故意。立法机关应

---

① 陈洪兵：“‘美丽中国’目标实现中的刑法短板及其克服”，载《东方法学》2017 年第 5 期，第 40 页。

② 李川：“二元集合法益与累积犯形态研究——法定犯与自然犯混同情形下对污染环境罪‘严重污染环境’的解释”，载《政治与法律》2017 年第 10 期，第 45 页。

进一步完善立法，提高本罪的法定刑”。①

第二节 污染环境罪刑罚配置的基础理论

对于一个犯罪而言，刑罚对其惩治的常规手段便是配置一定的刑罚。在启蒙运动之后，自然法所倡导之自由、平等之思想理念之下，学者们都在努力寻找罪刑均衡的实现途径。配置合适的刑罚，既是立法所努力的方向，更是司法通过程序努力实现正义的重要方向。关于污染环境罪刑罚配置的基础理论，本书主要选用刑事一体化思想下的二元行为无价值论，以及积极的一般预防基础上的刑罚反制犯罪理论。

一、刑事一体化思想下的二元行为无价值论

（一）刑事一体化思想

“刑事一体化”由北京大学储槐植教授于1989年提出，在此基础上，储槐植教授提出了包括关系刑法论、刑法结构、刑法机制、刑法适用解释、犯罪定量模式、第三种犯罪行为形式、复合罪过、刑法改革、刑法现代化、多层次犯罪原因论、犯罪场理论、监狱行刑悖论等在内的一系列学术范畴。30多年来，“刑事一体化”思想已经发展成为我国刑事法学各学科群包括刑法学、刑事诉讼法学、犯罪学、刑事政策学、监狱学普遍接受的学术研究观念和方法，并对我国刑事立法与刑事司法发挥重要指导作用。“刑事一体化”既是一种观念，也是一种方法。作为观念的“刑事一体化”，倡导刑法与刑法运作的内外协调，旨在论述构建一种结构合理和机制顺畅的实践刑法形态。作为方法的“刑事一体化”，则倡导一种刑事法科学研究方法，强调刑事法科学研究的开放性及其与各学科的融合，强调对社会现实的关注。“刑事一体化”思想立足于我国具体国情和法治实践，以“刑法现代化”为目标，重点推进“严密法网”和“去重刑化”，推动刑法结构更加合理，刑罚配置得当。中共十八届三中全会通过的《中共中央关于全国深化改革若干重大问题的决定》指出：“全面深化改革的总目标是完善和发展中国特色社会主义制度，推进国家治理体系和治理能力现代化。”“刑法现代化”的核心是推动我国刑法结构现代化，因而也是国家治理体系现代化的组成

---

① 谢慧：“从环境的刑法保护看污染环境罪”，载《北方民族大学学报》（哲学社会科学版）2017年第5期，第142页。

部分。结构决定事物的性质，制约事物功能的发挥。[①]

在总体上把握刑罚配置之刑事一体化思想后，要具体了解污染环境罪的合适配刑，则需要在对我国刑事立法相关配刑做宏观观察和了解的基础上，对污染环境罪本罪的刑罚配置做微观分析。刑罚配置需要在罪刑法定的大原则下，坚持罪刑均衡思想，尽量做到立法上的罪刑均衡，以尽量实现刑事立法该体现的分配正义。在我国刑法结构正从“厉而不严”转向“严而不厉”的过程中，通过调研分析发现，污染环境罪的刑罚配置处在需要进一步严密刑事法网，加大该罪之惩处力度的阶段。

刑法结构调整，最繁重的任务在严密刑事法网。具体到污染环境罪的刑罚配置，既要考察污染环境罪所保护之刑法法益在刑法中的重要地位，根据对法益的不同保护需求，进行刑罚配置。同时，又要考虑污染环境罪内部各种行为样态，及行为所造成的危害结果等，进行不同层次的划分，进而进行有阶层、有区别的刑罚配置。笔者秉持刑事一体化的思想，分别从实体和程序等多方视角，对污染环境罪的惩治及防控进行综合研究。

正如贝卡里亚多言，“预防犯罪比惩罚犯罪更高明，这是一切优秀立法的主要目的。从全面计量生活的幸福和灾难来讲，立法是一门艺术，它引导人们去享受最大限度的幸福，或者说最大限度地减少人们可能遭遇的不幸”。[②] 尽管所有的立法者、司法者都了解预防犯罪的重要意义和价值，但是，刑罚的预防刑并非毫无限制。本书认为，刑事一体化思想，既是一种思想指引，更是一种法学方法论。即在刑罚配置时，既需要考虑刑罚的最终效果，又不能让刑罚的预防功能无限地扩大化，而是在有限度的范围内进行刑罚的预防。一体化的思维，既讲求系统综合能动地看待问题，又要求刑罚配置有一定的限度；既要尽量发挥刑罚的预防功能，又要遵循刑法的谦抑原则。目前，在并合主义的刑罚思想下，以责任刑限制预防刑上限之思考，在学界具有相当的支持者[③]。笔者认为，刑事一体化思想之下的刑罚配置，应当最大限度地发挥刑罚的惩罚和预防功能，但又不唯刑罚论。在进一步严密刑事法网的基础上，最大化地实现刑罚的正面价值，尽量回避刑罚的负面价值。

（二）责任主义基础上的二元行为无价值论

在研究污染环境罪刑罚配置的合适度时，需要先研讨污染环境罪刑罚配置的参考标准。根据刑法的罪刑相适应原则，刑罚量需要跟犯罪人所应承担的责任相

---

① 储槐植：“刑事一体化思想的内核”，载《中国检察官》2018 年第 1 期，第 4—6 页；储槐植：“1997 年刑法二十年的前思后想”，载《中国法律评论》2017 年第 6 期，第 1—4 页。

② ［意］切萨雷·贝卡里亚：《论犯罪与刑罚》，黄风译，中国法制出版社 2005 年版，第 126 页。

③ 张明楷：《责任刑与预防刑》，北京大学出版社 2015 年版。

适应。针对污染环境罪自身的特点，根据严密刑事法网的刑事立法追求，可以适当降低污染环境罪的入罪门槛。在刑罚体系方面，通过对刑罚种类的完善，进一步严密污染环境罪的刑事法网。

根据刑法理论，刑罚配置的重要标准为责任，在很多教科书的表述中，表现为罪责刑相适应原则。而责任要素的内涵，则需要从不同的理论思想出发，寻找与刑罚对应的责任内涵。诚然，“在实体刑法中，‘责任’（刑事责任）问题是一个相当重要的理论课题。无论在大陆法系国家还是英美法系国家抑或在我国的刑法理论中，责任理论都有它的一席之地（尽管有关于责任的含义在各国的刑法理论中可能会有所区别）”。“有现代刑法灵魂原则之誉的责任原则日渐被越来越多的国家视为一条基本刑法原则，在德国、意大利等国甚至将其奉为宪法原则。”① 由此可以看出，责任主义原则②在刑法中的重要作用。在刑罚配置的过程中，以行为人应当承担的责任为参考标准，确定犯罪人应当承担的刑罚量。“责任原则，也叫责任主义、罪责原则，这是一条相当古老的原则。德国学者蒙森认为，这一思想早在古罗马人的十二铜表法中（公元前450年）就已存在。”③ 责任原则发展很早，在各国的表述中也不尽相同。比如，“罪责在德语中称为‘schuld’，在英语中，长期以来比较普遍地称为‘culpability’，但是，德国学者一般认为，‘blameworthy’一词会更符合这个概念的现代含义。在俄文中，‘罪责’这个概念还没有一般地成为刑法理论中使用的基本概念，但是，由于在罪过理论的研究中，‘应受谴责性’或者是‘（否定性）评价因素’是苏联及俄罗斯学者一直努力确立的概念，因此，俄文中的罪过一词经常就包含了罪责的基本意思”。④

在论述之前，我们需要对责任依次进行说明。我国在大量引入国外理论的时候，不同学者的翻译和表达不一，出现了对“责任”一词的多种翻译表达。如陈忠林教授便将意大利语中的“colpevolezza”译作“罪过”⑤。徐久生先生将德语中的“schuld”译为“罪责”一词⑥。因此，尽管中文译名不同，但汉语中关于大陆法系国家刑法理论中的对译词“责任”、“罪责”和“罪过”这些词汇应是指代以上大陆法系国家刑法理论中的同一概念（即指“应受谴责性”“非难可能性”的意思）。在古典的报应主义看来，责任的内涵对应行为对法益造成的侵

① 肖世杰：“论刑法中的责任原则及其实践悖反之克服”，载邱兴隆主编：《比较刑法．第2卷》，中国检察出版社2004年版，第85页。

② 责任主义原则，又叫责任原则，虽表达不一样，但内涵同一。

③ ［德］耶塞克等：《德国刑法教科书》，徐久生译，中国法制出版社2001年版，第29页。

④ 王世洲：《现代刑法学总论》，北京大学出版社2018年版，第217页。

⑤ ［意］帕多瓦尼：《意大利刑法学原理》，陈忠林译，法律出版社1998年版，第25页。

⑥ ［德］李斯特：《德国刑法教科书》，徐久生译，法律出版社2000年版。

害，法益所侵害的后果大小，对应犯罪人的责任大小。而从近代的预防刑来看，责任的内涵，则体现为预防犯罪所需要对应的刑罚量。“不管是报应刑论还是预防刑论，都不能完整地说明刑罚的正当化根据，于是产生了并合主义。并合主义是将责任报应与预防目的结合起来说明刑罚的正当化根据的理论”。[①] 在并合主义刑罚思想下，责任主义所要求的责任内涵，既包括报应思想所要求的刑罚量，又包括预防犯罪所要求的刑罚量，是二者的叠加。针对责任刑，尽管在理论上是否采“点的理论”，还是“幅的理论”，尚有争议。但是，通说都认可，责任刑是立法和司法中，刑罚配置的上限。如张明楷教授认为，“刑罚满足报应的需求，这是刑罚量刑的基础，也是责任内涵的主要构成部分，特别是在定罪的过程中，报应要素占据了刑罚的主要内容。在司法裁量的过程中，预防等其他综合因素，是影响量刑的因素，在实际裁量中发挥着很大的作用。这种影响，以各种形式存在，既有刑事政策指引，又有地方性法规的具体规定，更有社会发展和民众诉求对量刑造成的间接影响。这些影响都是在法定刑的幅度内通过对法官的影响，最终影响宣告刑”。[②]“可谴责性的存在前提是，行为人能够自由地即符合意义地决定自我：他具有责任或归责能力。在具体的情形中，不论行为人究竟是否实施了行为，不论其行为是合法还是违法的，这种责任能力一般都是存在的（或者是不存在的）。但是，可谴责性本身所涉及的却是一种现实的违法行为”。[③] 因此，具体案件的刑罚裁量，其实是对行为人行为的可谴责性的关注和衡量。根据行为人的可谴责性，决定刑种和刑罚的量。

目前，我国司法界采定罪量刑统一的估推式的量刑模式，一度受到学界的批判和质疑。“定罪事实与量刑事实的适度分离，不仅是有益的，而且是可能的。刑法的任务是对行为人的行为正确定罪和量刑。定罪是量刑的前提和基础，没有定罪，或者定不了罪，量刑就无从谈起；同样，在正确定罪之后，量刑能否适当、合理或者可接受，就是实现刑罚目的的重要环节。定罪依据的是犯罪构成的事实，在定罪以后，剩余的事实就成为影响量刑的事实了。将定罪的事实再次拿来决定刑罚的轻重，或者相反，将影响量刑的事实提前用于定罪过程，都是违反责任原则的。之所以强调两种事实的适度分离，是因为法定刑是为犯罪设置的，所以，犯罪的成立是法定刑适用的前提，换言之，没有犯罪就不可能有法定刑的适用”。[④]

为了适应目前预防刑理论在我国的发展，以及推进定罪与量刑分开的刑罚裁

---

① 张明楷：《责任刑与预防刑》，北京大学出版社2015年版，第72页。

② 张明楷：《责任刑与预防刑》，北京大学出版社2015年版，第27—28页。

③ [德] 韦尔策尔：《目的行为论导论：刑法理论的新图景》，陈璇译，中国人民大学出版社2015年版，第73页。

④ 张天虹：“罚金刑问题的几点思考”，载赵秉志等主编：《当代刑法的理论与实践：第七届中国大陆及港澳台地区刑事法论坛文集》，社会科学文献出版社2015年版，第397页。

量模式。本书认为，可以在确定定罪标准时，降低定罪的门槛，以严密刑事法网。在定罪的基础上，扩大刑罚裁量的幅度，以考虑预防因素在刑罚配置中的重要作用。因此，污染环境罪的本罪的刑罚幅度可以增大，针对本罪的刑种，从轻到重，也可以有较大的裁量幅度。就目前我国《刑法》的规定来看，《刑法》第338条规定，污染环境罪的最低刑罚为单处罚金，最高法定刑为七年有期徒刑，并处罚金。根据当前轻刑化的发展趋势，可以增加社会劳动刑作为介于罚金刑与拘役刑之间的刑种，且可以考虑设置异科罚金制度。

如上文所述，即便是在责任主义原则的统领之下，随着刑法学的不断发展，法哲学理论的进一步推进以及犯罪构成理论的日渐成熟与发展，在责任理论方面，随着新旧学派的争论，出现了从心理性罪责概念到目前的规范性罪责概念的发展①。心理责任论是19世纪至20世纪初期德国的通说见解，此种理论系基于道义责任论的基础来探讨责任的内涵，认为责任的内容系属于心理的事实，故系指行为人的责任能力以及故意或过失等心理状态。到20世纪初，德国刑法学者法兰克（R. Frank，1860—1934）提倡规范责任论。到目前，欧陆刑法学界，一般采规范责任论，认为对于具有意志决定权者，违反法的期待而决意实施违法行为时，始有责任。纵然行为人具有责任能力、责任形态（故意、过失），但如果没有期待可能性的存在，亦不可归责该行为人②。

具体到刑罚配置，在目前坚持责任主义原则的基础上，持何种偏向的二元论，对具体个罪的刑罚配置具有决定性的影响作用。就污染环境罪而言，为了应对目前日渐猖獗的犯罪形势，从应然的角度出发，在二元论的基础上，偏向主观主义者会认为污染环境罪应当被规定为危险犯，且为抽象的危险犯方为妥当。而坚持客观主义者会更偏向于将污染环境罪定为结果犯，没有危害的实际结果不能处罚。定罪是量刑的基础，没有罪，更难说有罚的存在。然而，在目前已经不可能有绝对的客观主义（结果无价值论），也不可能有绝对的主观主义（行为无价值论）的情况下，犯罪是对结果与行为人人身危险性的二元考量，已然成为目前刑事立法和刑事司法之共同认可之原则。然而，具体到污染环境罪，本书认为，在刑法恪守责任主义立场的基础上，为了体现刑罚的威慑性及惩罚性，考虑到风险社会下人类生存之脆弱及生命之不可逆性，有必要采二元立场之稍偏主观主义的立场。承认污染环境罪之危险犯之刑法立场，且在立法中，承认生态环境法益之独立价值，即便行为侵害的生态环境法益没有直接造成人类单个个体之人身财产法益之侵害，从人类社会之长远利益考量，亦应当进行处罚。如此之将惩罚行为提前化之考量，符合现代社会发展的现实需求，更是刑法之新派学者从解

① 王世洲：《现代刑法学总论》，北京大学出版社2018年版，第217页。

② 余振华：《刑法总论》，三民书局2015年版，第285—286页。

决现实问题之立场出发，在批判继承的基础之上发展传统的刑法学而给刑事立法及刑事司法带来的直接影响。

基于规范责任论，行为人对规范的违反需要以法规范的公开规定为基础。因此，具体到污染环境罪，欲达到怎样的预防犯罪的目的，欲将怎样的责任归咎于行为人，需要刑法分则之具体法条进行详细说明。目前，我国对污染环境罪之罪状与法定刑的描述，皆欠妥当。欲实现污染环境罪之刑罚配置的合理性，需首先做到法定刑配置之合理性。

二、积极一般预防指导下的刑罚反制犯罪理论

自贝卡利亚以来，刑法学界对刑罚的思考和讨论一直是刑法学理论不断发展的核心推动力。刑罚的目的到底是什么？刑罚又在多大的程度上有预防犯罪的功能？而在客观上刑罚具有威慑和预防犯罪功能的基础上，刑罚又该追求怎样的目的？对于以上问题的不同回答，衍生出刑法学在一定的历史范围内出现了旧派与新派的论争，并在此基础上，形成了相对较为稳定的折中说。以及一定时空范围内古典刑罚的“怀念”和回归，并在此基础上，思想界风起云涌，伴随着社会的不断变化，出现了不同的哲学思潮，并在不同哲学的指引下，对刑罚理论进行不同角度和不同程度的反思和革新。

对于刑罚的目的和功能，必须要回归一个基本的概念，即刑罚正当化根据的内涵。“刑罚正当化根据理论经过多年发展，也至少可以得出以下几个基本的结论：刑罚不能不回应社会现实的需要；特殊预防在总体上来说是无效的，但必须承认刑罚对罪犯的负面效果；即便是出于社会现实的需要，刑罚也不能没有任何节制；犯罪预防不完全是一个经验性的问题；刑罚理论必须超越具体的人与具体的案件，从更宏观的角度把握刑罚的效果与功能。因而，刑罚正当化根据的下一步走向就是：在一定的节制下，在特殊预防之外，同时从经验与规范两个层面，以宏观的视角观察刑罚对犯罪预防的贡献，并注意刑罚自身的负面效果。这些理论留下的缺口，恰好是积极一般预防理论登场的通道”。① “自刑罚存在以来，刑罚的正当性追问就一直是刑罚无法逃离的影子”。② 积极的一般预防同报应观、威慑论等理论一样，都是在解决刑罚正当性的根基问题。徐伟认为，“在确证刑法正当性根据的基础上，还要继续考量积极一般预防之认同与威慑的关系，准确定性两者是同质之物还是异质之物”。③ 笔者基于积极一般预防理论的引导，推

① 陈金林：《积极的一般预防理论》，武汉大学出版社 2013 年版，第 49—50 页。

② 陈金林：“刑罚的正当化危机与积极的一般预防”，载《法学评论》2014 年第 4 期。

③ 许伟：“论积极一般预防的理论构造及其正当性质疑”，载《中国刑事法杂志》2017 年第 4 期，第 87 页。

崇刑罚反制犯罪理论。因而认为，在控制犯罪方面，通过配置合适的刑罚，对污染环境罪的犯罪现状进行防控。

（一）基于规范违反说的积极一般预防理论

对刑罚内涵及功能的深度讨论之后，出于国家管理以及防控犯罪的需要，刑法学界基本达成以下共识：刑罚必须回应社会现实的需要。这也是近代学派（新派）对古典刑法学派（旧派）进行反思与批判，并对社会作出重大贡献的着力点。因此，尽管有不少反对积极一般预防的学者，认为积极一般预防秉持“工具主义”，将人作为工具而不是目的。但是，社会发展到现代，特别是随着高科技的进一步发展，风险社会成为现实，古典的理性人的假设已经成为一种纯粹的假设，而康德之“人只能作为目的不能作为手段”的理性预设，在当下社会已经过于“理想主义”。即在当下的风险社会，国家和社会为了防控风险的必要，必须以集体（民族国家或者某些群体）为单位，进行风险防御。在风险防控之必要性基础上，之前基于自然法学派之强调个人权利和自由的“个人权利神圣说”，则将受到一定的冲击。即在集体防控风险的必要性背景下，个人权利的让渡是必要的。基于此，在某种意义上，个人的“些微牺牲和付出”是必要而紧迫的。因此，基于古典思想而对现代刑法进行的所谓“工具主义”的批判，缺乏更深层次的思考。

综上，在并合主义的基础上，笔者主张规范违反说，即公民对法规范有忠诚和遵守的义务，而这个规范义务则是国家出于管理的需要所设立的规范。在此基础上，强调刑法的积极一般预防，即通过对犯罪行为的惩罚，强调守法的必要性，并鼓励民众积极守法，从而实现法规范的合法有效。积极一般预防理论的创立者海因理希·贝克曼认为，“刑罚服务于促成对法秩序的信赖，通过它的行为掌控效果达成由国家保证的安全（法信赖的确立）。”① “积极的一般预防，是与特殊预防论、消极的一般预防论相对应的刑罚目的论上的概念。特殊预防试图通过对特定犯罪适用刑罚来阻止某些具体的、特别危险的个人犯罪”②，对于消极的一般预防，是指通过发挥刑罚的威慑功能来防止潜在的社会一般人犯罪。积极的一般预防论强调规范上的引导，促使公众因尊重、认同法律而远离犯罪。“作为一种预防理论，积极的一般预防强调规范的维护，而不是直接针对‘犯罪’这一事实，这给公众价值观念的介入留下了空间。因而其预防视野更加开阔，更有利于在一个被真实把握的世界里实现预防的目标”。③

---

① 陈金林：《积极一般预防理论研究》，武汉大学出版社2013年版，第70页。

② 周光权：“通过刑罚实现积极的一般预防——国内首起‘黄牛’抢购软件案评析”，载《刑事法律评论》第2期，第143页。

③ 陈金林：《积极的一般预防理论》，武汉大学出版社2013年版，第123—124页。

(二)以刑制罪,以刑释罪理论

基于预防理论之预防犯罪的必要性,在突破之前的从犯罪到刑罚的逻辑演进,学界不断有学者提倡"量刑反制定罪"或者"以刑制罪"①。当然,即便是同样的表述,不同的学者因为着眼点不同,而在不同的层面上适用该提法。比如,劳东燕教授认为,"所谓的'以刑制罪',指的是刑罚的严厉程度反过来制约构成要件的解释,只适用于解释论层面,是作为刑法解释的指导准则而存在"。② 在解释学的层面,特别是在犯罪构成的解释和适用的层面,运用"以刑制罪"的概念。冯亚东教授主张"以刑定罪",认为刑罚的具体形态决定犯罪的内涵和外延,它同时适用于立法与司法层面:立法层面上,凡是应当受到"刑罚"处罚的危害行为均应视为"犯罪"追究刑事责任,反之,不应受"刑罚"处罚的危害行为则通通划入一般违法行为或承担民事责任的范畴。③ 冯亚东教授则在划定犯罪圈等更宏观的层面,适用"以刑定罪"的概念。当然,不管在何种意义上适用该概念,有一点是共通的,即承认刑罚对定罪应当有一定的反制作用,这是微观层面的认可和具体适用。在此基础上,合适刑罚量的适用,对犯罪的防控具有积极的作用。本书既认可刑罚对定罪的引导功能,也认可刑罚对预防犯罪的规制和引导效果,是在两个层面上适用"以刑制罪"理论。

1. 以刑制罪

"刑罚之所以能够对犯罪的成立与否起到决定作用,不仅是因为刑罚具有相对于犯罪的独立性、刑罚与犯罪具有相互依存性,而且是因为刑罚与犯罪之间的联系具有复杂性以及刑罚目的对手段具有制约性。"④

"一个国家的刑罚改革,是时代和国情的产物,但在某种意义上为权力和人文因素所决定"。⑤ 因此,有学者在反思的基础上,提出我国应当采用人本主义的刑罚观。"作为一种科学的刑罚观同时也作为一种理念,人本主义刑罚观对我国刑罚改革,无论是在方向上,还是在内容与目标实现,均具有积极的指导意

---

① "量刑反制定罪"或者"以刑制罪",笔者认为二者虽然表述不同,但意思一样,可以互换。因此,是在同等意义上适用以上两个概念,即刑罚对解释学意义上的定罪,以及刑罚对犯罪有反向的制约作用。很多学者强调解释学意义上的定罪功能,笔者更着重宏观层面的刑罚对犯罪圈划定有约束作用,并在此基础上,对犯罪预防有一定的作用。

② 劳东燕:《功能主义的刑法解释》,中国人民大学出版社2020年版,第74页。

③ 冯亚东:"罪刑关系的反思与重构——兼谈罚金刑在中国现阶段之适用",载《中国社会科学》2006年第5期。

④ 张永红、吴茵:"'刑罚反制'初论",载《湖南大学学报(社会科学版)》2011年第5期,第149页。

⑤ 李瑞生:《中国刑罚改革的权力与人文基础研究》,中国人民公安大学出版社2011年版,第30页。

义，有待于在我国的刑罚改革中予以贯彻”。[①] 我国的刑罚发展既要摆脱之前过于依赖刑罚权，即国家权力的特点，又要摆脱目前世界各国的刑法学界过于关注定罪（刑法教义学的核心内容）而忽视刑罚理论的特点。当然，从定罪量刑的顺序来看，定罪是在量刑之前，刑罚是犯罪的后果。但是，刑罚既是犯罪的后果（从报应的角度看），同时刑罚的量也影响到行为人的改造情况，还影响到犯罪预防的效果（从预防犯罪的角度看）。因此，刑罚对犯罪的影响，应该是具体而深刻的。现在近两百年来的刑事司法改革运用，从对刑罚思想的反思开始，最后落实到具体的立法和司法制度。

刑罚对定罪（犯罪）的反制作用，主要通过刑事政策这个媒介，不管是在微观的犯罪构成方面的解释和适用，最终确定罪与非罪，还是在对宏观的刑事责任大小的锚定以确定刑罚的量方面，最终对预防犯罪起到指引作用。事实上，刑罚对定罪（犯罪）的影响，特别是在近现代刑法中，是客观而具体的。刑罚的这种反制作用，也是刑法突破古典的报应思想，走向预防犯罪，特别是积极一般预防的明显表现。储槐植教授指出，“刑事政策对刑法具有导向与调节两大功能：刑事政策对刑事实体法的导向功能，主要体现在划定打击范围、确定打击重点、设定打击程度与选定打击方式之上；刑事政策的调节功能则体现在，其构成刑事立法与刑事司法之间沟通的‘中介’（即内部调节），同时也作为刑事法律与外部社会状况之间的调节器（即外部调节）。”[②]

“‘以刑制罪’的做法，也符合现代刑法理论逻辑构建上的‘刑罚→犯罪→刑法’的顺序。尽管从经验的角度审视，是先有刑法才有犯罪随之再出现对犯罪人施加刑罚（即国家行使刑罚权）的问题，即遵循‘刑法→犯罪→刑罚（权）’的顺序。然而，现代刑法理论体系之形成，实质上是根源于对国家专断性权力之提防，因而其构建依照完全相反的逻辑顺序：刑罚（权）→犯罪→刑法。换言之，首先是基于刑罚本身的特殊性，考虑对国家所享有的确立与施加刑罚的权力的约束，才有必要推行罪刑法定，对犯罪及其法律后果通过立法的方式作明文界定”。[③] 因此，刑罚思想与犯罪论的关系，应该也是统率和指导的关系，而不是表面上看到的犯罪→刑罚的关系，而应当是犯罪⇌刑罚的关系。出于二元的行为无价值论，以及更为注重积极一般预防的规范违反说，有必要更为强调刑罚对犯罪的反制和统帅作用。因此，具体到污染环境罪，刑罚配置的合适与否，直接关系到污染环境罪防控效果的好坏。

---

① 吴宗宪主编：《中国刑罚改革论》，北京师范大学出版社 2011 年版，第 79 页。

② 储槐植：《刑事一体化论要》，北京大学出版社 2007 年版，第 86—91 页。

③ 劳东燕：《功能主义的刑法解释》，中国人民大学出版社 2020 年版，第 72 页。

2. 以刑释罪

刑法条文的解释和适用，可谓是刑法教义学的中心。目前，针对刑法教义学的解释方法，有学者提出“以刑释罪”[①] 的观点。从方法论的角度看，“以刑释罪”的提法事实上与上文的“以刑制罪”有异曲同工之功效，只是侧重点和着眼点有所不同。具体而言，“以刑制罪”属于更宏观层面的提法，首先是方法论层面的表述和方法上的论述。而“以刑释罪”则是属于司法解释过程中，中观微观层面的具体运用。具体而言，与本书后边所要表达的“立法扩张，司法限缩”的观点，形成了观点和手段两方面的相得益彰。即在具体的解释过程中，可以通过“以刑释罪”的方法，在司法上找寻司法限缩的路径。而司法限缩则主要表现在刑罚量的宽缓，或者直接通过刑事司法的解释直接进行出罪。

“刑罚对构成要件的解释作用本身就隐藏在传统解释体系之中，这是实然的一面。另一方面，作为对一般法律后果的刑罚也同样对犯罪构成要件有反向制约作用，这是解释者的应然判断。因此，我们在解释构成要件时，必须要考虑到刑罚的种类设置与严厉程度的重要意义”。[②] 事实上，刑罚的量的确对刑法解释有某种反制和反向引导的功能，诚如上文所述之“以刑制罪”的方法论指引。而在具体的刑法解释过程中，运用具体的“以刑释罪”的方法对刑法解释进行具体的影响和指导，既在宏观上实现了刑事政策的目的和要求，又在某种意义上找寻到了笔者所认可的“立法扩张，司法限缩”的具体路径。落实到污染环境罪的刑罚配置，笔者认为，该罪之刑罚配置的未来走向，将是立法上法定刑配置的继续扩张及严厉化发展，而刑法的谦抑性主要通过司法的限缩形式，落实到具体的宣告刑上。因此，这既回应了生态法益保护之紧迫性的现实需求，又通过具体的解释路径，有效而具体地实现了刑法的谦抑性理念。

第三节　生态文明时代污染环境罪的惩处力度将加大

随着生态法益在我国的地位日益提升，我国对污染环境罪的惩处力度将进一步加大。不管是立法中罪名及其法定刑的设置，还是具体到司法中的宣告刑（包括徒刑和罚金），都会有进一步的提升。从比较法的视角看，各国在立法方面，相比我国已经有了较为成熟的经验，值得借鉴。不管是专章规定污染环境类犯罪的

---

① 陈昊明：“‘以刑释罪’——一种新的刑法解释方法?”，载《政法论坛》2021 年第 3 期，第 152—163 页。

② 陈昊明：“‘以刑释罪’——一种新的刑法解释方法?”，载《政法论坛》2021 年第 3 期，第 162 页。

德国，还是采用附属刑法形式做出相应规定的日本，在对污染环境类犯罪的惩处方面，都有着较好的值得借鉴的经验。从具体的刑罚的适用来看，目前配置的刑罚的量，还是总体趋轻。正如有学者所言，“我国司法实践中对于公害犯罪适用自由刑的期限相对较短。例如在福建汀江污染案中，对相关责任人只是判处了3—4 年或者 3—5 年的有期徒刑。自由刑在公害犯罪中并不能起到防止公害犯罪行为继续发生的作用，也可能是执行效果不理想的一种方式”。①

一、立法进一步精细化，环境犯罪的处罚范围变大

从积极的一般预防的角度考查，污染环境罪的惩处力度将进一步加大。具体表现为：立法的精细化，以及环境犯罪的处罚范围变大。“积极一般预防的必要性程度，也即维持和加强民众对规范信赖的必要性程度。虽然在表面看来，积极的一般预防仅考虑规范本身，但规范的存在也是为了维持社会生活的正常进行，而社会生活最终完全建立在重要的利益之上，在刑法学领域内，这种利益被称作‘法益’。因而，法益在一般预防必要性的确定中扮演着重要角色。另外，规范被违反的频率（也即犯罪率）对一般预防的必要性程度也有很大的影响。最后，当前社会所具有的防控规范违反的水准，也影响着一般预防必要性的程度。”②

对于环境的保护，我国从多方面进行了规定。2001 年 8 月 31 日《中华人民共和国刑法修正案（二）》（以下简称《刑法修正案（二）》）是专门针对环境犯罪而颁布的，它将《刑法》第 342 条的犯罪对象在“耕地”之外增加了“林地等农用地”，从而将罪名修改为“非法占用农用地罪”。2002 年 12 月 28 日《中华人民共和国刑法修正案（四）》（以下简称《刑法修正案（四）》）新增了第 152 条第 2 款“走私废物罪”；将第 344 条的打击对象从珍贵树木扩大到“珍贵树木或者国家重点保护的其他植物”，将该条罪名修改为“非法采伐、毁坏国家重点保护植物罪”“非法收购、运输、加工、出售国家重点保护植物罪”；在第 345 条第 3 款新增“运输”行为，并删除了“以牟利为目的”的规定，将该条罪名修改为“非法收购、运输盗伐、滥伐的林木罪”。同时，《刑法修正案（十一）》还对涉及环境犯罪其他条文进行了修改，这些修改集中体现为增设新罪，即新增第 341 条第 3 款“非法猎捕、收购、运输、出售野外陆生野生动物罪”、第 342 条之一“非法开垦、开发国家公园、国家级自然保护区罪”、第 344 条之一“非法外来入侵物种罪”，从而增加了环境犯罪的罪名个数，扩大了环境犯罪

---

① 李兰英：《公害犯罪研究》，法律出版社 2016 年版，第 153 页。

② 陈金林：《积极的一般预防理论》，武汉大学出版社 2013 年版，第 216 页。

的处罚范围。

具体到第338条的污染环境罪，《刑法修正案（八）》将《刑法》第338条中的“造成重大环境污染事故，致使公私财产遭受重大损失或者人身伤亡的严重后果的”改为“严重污染环境的”，从而降低了污染环境罪的入罪门槛；删除了《刑法》第343条关于“经责令停止开采后拒不停止开采”的规定，降低了非法采矿罪的入罪门槛。继《刑法修正案（八）》对《刑法》第338条污染环境罪作修改之后，《刑法修正案（十一）》第40条再次对该罪进行了修改，将该罪加重处罚的条件由原来的“后果特别严重的”改为“情节严重的”，从而扩大了加重处罚的范围。之后，我国《刑法修正案（十一）》对污染环境罪的法定刑进行了修订，整体上提升了该罪的法定刑。但是，相比较他国的相关立法，我国对于污染环境行为的规定，过于笼统。特别是对于罪状的描述，显得过于简单。虽然之后通过司法解释的形式，对污染环境罪的罪状和入罪情况进行了具体规定。但是，客观而言，环境包含了方方面面的内容，从空气到土壤，从水源到声音。在法律规定中，只将环境问题规定在一个罪名中，也实属罕见。对比他国的相关规定，我国的刑事立法，的确有待进一步精细化。在对比法定刑，以及污染环境罪之行为定性来看，我国放在秩序类犯罪中，相比较其他国家定性为危害公共安全罪，甚至危害国家安全罪，我国的定性明显偏轻。

虽然我国有学者认为，我国的环境犯罪的规定属于象征性立法，应当对此进行反思和批判。如“环境犯罪刑事立法都是立法者在面对日益严重的环境污染之时，以立法手段抗制生态风险的姿态之体现，但是对环境犯罪的治理难以发挥实效。当今中国环境污染极其严重，水资源受到严重破坏，森林资源遭到滥砍滥伐，雾霾严重影响了人们的生活，生态危机时时刻刻提醒着中国政府环境治理的重要性和紧迫性。在生态风险面前，我国环境犯罪刑事立法还停留在‘应急性’层面，立法者急于通过刑法手段抗制生态风险的情绪表露无遗，治理生态风险的姿态明确。环境犯罪刑事立法使法益概念更加薄弱，这正是象征性立法的特质”。[①] 但是，笔者认为，环境犯罪，特别是污染环境罪的规定并不像学者们认为的，只要通过法教义学的解释的方法就能直接解决，其的确涉及立法和司法的问题。的确，法定犯的诸多问题在某种程度上需要通过刑法解释学以及刑法基本理论的运用，进行司法解决。但是，涉及具体立法和法定刑配置，罪状描述，入罪标准，惩处的范围和具体限度等，则需要通过立法进行具体规定。

---

① 刘艳红：《网络犯罪的法教义学研究》，中国人民大学出版社2021年版，第17—20页。

关于污染环境犯罪核心条款之第338条和第339条的规定。第338条规定了污染环境罪，第339条规定了非法处置进口的固体废物罪和擅自进口固体废物罪，这两个罪是我国环境犯罪类罪中核心的罪名。在我国，污染环境罪总体囊括了对包括大气、水、土壤等环境类造成污染进而构成犯罪的犯罪行为。“从国外立法规定来看，污染环境犯罪的类型主要包括大气污染犯罪、水体污染犯罪、土地污染犯罪和固体废物污染犯罪，也有一些国家规定了噪声污染犯罪和海洋污染犯罪。在罪名模式上，有的国家采用独立罪名模式，在刑事立法中单独规定各项环境污染犯罪，也有国家采用混合罪名模式，将相关环境污染犯罪混同规定于同一条款之中。”①

从罪名设置角度而言有学者指出，“各国污染环境犯罪的罪名设置方式，有设置具体性罪名与设置概括性罪名两类。”② 第一类设置具体性罪名，表现为根据具体的环境要素和特定危险物质规定了详细的罪名。如俄罗斯在规定了污染大气罪、污染水体罪、污染海洋罪、毁坏土地罪之外，还规定了关于放射性、生态危险物和废料、微生物或毒素、动物疫情和植物虫害的犯罪。此类分项设置罪名的国家还有德国、俄罗斯、日本和英美。此类立法，分项设置犯罪，其优点是比较具体和明确，容易突出重点，但缺点是罪名过于烦琐，罪名的包容性不强，可能会导致立法的滞后。在行政刑法较为发达的德国、日本等国，污染环境犯罪被分解成十几个不同的罪名，相应设置了不同的法定刑，在适用上也较为方便、灵活，司法实践中行政处罚与刑罚的衔接也较为自然、顺畅。德国刑法中，污染环境罪的危险包括对人的危险犯和对环境的危险犯。在具体规定方面，德国刑法分则第29章专章规定了污染环境的犯罪。其中，包括污染水域罪（第324条）、污染土地罪（第324条a）、污染空气罪（第325条）、造成噪音震动和非放射性罪（第325条a）、未经许可的垃圾处理罪（第326条）、未经许可开动核设备罪（第327条）、未经许可的放射性物质及其他危险物品交易罪（第328条）、侵害保护区罪（第329条）、情节特别严重的危害环境犯罪（第330条）和放毒造成严重危害罪（第330条a）等10个具体犯罪。③

第二类是设置概括性罪名。一些国家将污染环境犯罪分为两项概括性罪名，一项是污染环境罪，包括了针对不同环境要素污染犯罪；另一项是废物犯罪，包

① 赵秉志主编：《环境犯罪及其立法完善研究——从比较法的视角》，北京师范大学出版社2011年版，第79页。

② 赵秉志主编：《环境犯罪及其立法完善研究——从比较法的视角》，北京师范大学出版社2011年版，第79页。

③ 《德国刑法典》，徐久生、庄静华译，中国法制出版社2000年版。

括了施于废物的各种行为。例如，《巴西环境犯罪法》中污染环境罪中包含了任何引起动植物死亡或危害人类健康污染的行为，此外还规定了非法生产、处理、包装、进口、出口、交易、供应、运输、储藏、保管、仓储和使用有害产品或物质罪。采用这种罪名方式的优点是罪名具有高度的概括性，适用性强，缺点是无法区别不同侵害行为的具体危害性。我国在污染环境犯罪的罪名设置上兼具以上两类分类特点。[①] 而我国刑法立法，对于污染环境罪的规定，用第338条一个法条、一个罪名加以解决。如上文所述，我国《刑法》第338条规定的污染环境罪承载了太多的使命和内涵。我国的刑法立法基本上是用一个法条，解决其他国家或地区十几个罪名要解决的立法问题，以至于司法困境频出，司法解释便被赋予了很高的期望。有学者指出，"我国环境犯罪的罪名体系存在的问题：罪名体系化程度不高，罪名规制范围较窄，罪名针对性不强，罪名结构单一"。[②] 在立法方面，以下列出德国、日本的相应具体立法，为我国的刑事立法提供参考。

（一）德国

刑法就立法体例之不同，而分为主要刑法与辅助刑法，其中，辅助刑法又可分为刑法单行法与附属刑法。在环境刑法之立法例上，德国将环境犯罪置于刑法典中，由其专章规范，德国1980年即于刑法中订定环境犯罪专章，现行《德国刑法》第二十九章"侵害环境之犯罪"，共有13个条文（第324条至第330条d）[③]，详见表3-1。

---

① 赵秉志主编：《环境犯罪及其立法完善研究——从比较法的视角》，北京师范大学出版社2011年版，第74—75页。

② 赵秉志主编：《环境犯罪及其立法完善研究——从比较法的视角》，北京师范大学出版社2011年版，第76—78页。

③ 郑昆山：《环境刑法之基础理论》，五南图书出版有限公司1998年版，第380—398页；吴耀宗：《刑法新增第190条之一之研究》，第83页。部分条文翻译如下：第324条水污染罪：未经许可污染水体或使其水质恶化者，处五年以下自由刑或并科罚金。未遂犯罚之。行为人过失犯之者，处三年以下自由刑或罚金。第324条a土壤污染罪：违反行政法上之义务将物质混入、使其注入或放流至土壤，而污染土壤或使其恶化，有下列情形者，处五年以下有期徒刑或并科罚金：一、其方式足以损害他人之健康、有重要价值之动植物或其他之物，或水体者。二、范围重大者。未遂犯罚之。过失犯之者，处三年以下有期徒刑或并科罚金。第325条空气污染罪：设施之运作，尤其是工厂或机器之运作，违反行政法上之义务造成空气组成之改变，足以损害该设施所属之场所以外之他人健康、有重要价值之动植物或其他之物者，处五年以下有期徒刑或并科罚金。设施之运作，尤其是工厂或机器之运作，违反行政法上之义务而将有害物质排放至营运场所以外之空气，范围重大者，处五年以下有期徒刑或并科罚金。过失犯之者，处三年以下有期徒刑或并科罚金。

表 3-1　德国环境刑法摘要①

德国刑法条次	罪名
第 324 条	水体污染罪
第 324 条 a	土壤污染罪
第 325 条	空气污染罪
第 325 条 a	引发噪声、震动与非游离性放射线罪
第 326 条	危害环境之废弃物清理罪
第 327 条	不法营运设施罪
第 328 条	不法交易具辐射活性物质与其他危险物质及物品罪
第 329 条	危害环境保护区罪
第 330 条	特别重大危害环境罪
第 330 条 a	逸漏毒物致重大危险罪
第 330 条 b	有效悔悟之减轻或免除其刑
第 330 条 c	没收
第 330 条 d	本章概念之定义：1. 水体；2. 核能技术设施；3. 危险物品；4. 行政法义务；5. 未经许可行为

（二）日本

日本刑法中与环境相关者仅有关于饮用水之罪章，多数环境犯罪形态之处罚系以各项环境法中以附属刑法规范。

1. 有关人体健康之公害犯罪处罚法

日本于 1970 年（昭和四十五年）12 月 25 日第 142 号法律案订定《日本有关人体健康之公害犯罪处罚法》（以下简称《日本公害罪法》），首创环境刑法之单独立法并受到国际之瞩目。然而，自该法订定至 2000 年止，仅有 12 件环境刑事案件依该法起诉，而近年来实务上几乎未使用该法。最重要的理由在于最高裁

① 郑昆山：《环境刑法之基础理论》，五南图书出版有限公司 1998 年版，第 380—398 页。

判所严格解释该法的适用要件，导致检察机关未再依该法起诉①。

2.《日本刑法》第十五章“关于饮用水之罪”

现行《日本刑法》中唯一与环境相关者为“关于饮用水之罪”，其中订有：污染供人饮用之净水致不能使用罪、污染供给公众饮用净水或其水源之水道致不能使用罪、混入毒物或有害他人健康之物于供人饮用之净水罪、前三罪之加重结果犯、混入毒物或有害他人健康之物于供给公众饮用净水或其水源之水道罪、损坏或闭塞供给公众饮用净水之水道罪等②，相当于综合了我国《刑法》第190条与水污染防治法、饮用水管理条例、自来水法、水利法等刑罚之规定。惟此章规定仍以人之健康与公共危险为保护法益，故不能说是典型之环境刑法。

3. 环境法中之附属刑法

目前日本主要环境刑法均订定于环境法中，如表3-2所示。

表3-2 日本主要环境法之刑罚摘要③

法律名称	制定日期	最新修正	刑罚罚则
环境基本法	1993年11月19日 法律第91号	2007年6月13日 法律第83号	无
环境影响评估法	1997年6月13日 法律第81号	2007年3月31日 法律第19号	无
空气污染防制法	1968年6月10日 法律第97号	2006年2月10日 法律第5号	第33—37条
恶臭防制法	1971年6月1日 法律第91号	2006年6月2日 法律第50号	第25—31条
噪声管制法	1968年6月10日 法律第98号	2005年4月27日 法律第33号	第29—33条

① 大塚直：《环境法》，有斐阁2006年版，第289页。

② 日本刑法（1907年4月24日法律第45号，最终改正：2006年5月8日法律第36号）（http：//law. e－gov. go. jp/cgi－bin/idxsearch. cgi，2008年3月查询）。

③ 整理自日本法律资料库，http：//law. e－gov. go. jp，最后浏览：2008年3月31日。

续表

法律名称	制定日期	最新修正	刑罚罚则
振动规制法	1976 年 6 月 10 日 法律第 64 号	2004 年 6 月 9 日 法律第 94 号	第 25—29 条
水污染防治法	1960 年 12 月 25 日 法律第 138 号	2006 年 6 月 14 日 法律第 68 号	第 30—35 条
海洋污染及海上灾害防治法	1960 年 12 月 25 日 法律第 136 号	2007 年 5 月 30 日 法律第 62 号	第 54 条之 2—第 59 条
废弃物清理法	1960 年 12 月 25 日 法律第 137 号	2006 年 6 月 2 日 法律第 50 号	第 25—32 条
土壤污染对策法	2004 年 5 月 29 日 法律第 53 号	2006 年 6 月 2 日 法律第 50 号	第 38—41 条
公害纠纷处理法	1960 年 6 月 1 日 法律第 108 号	2003 年 8 月 1 日 法律第 138 号	第 51—52 条

对应刑罚的提升，是对环境类法益在立法和司法上的重视，也是对危害和破坏行为的威慑和否定性评价。如柏拉图所言，“可怕的强烈的非法欲望事实上在每一个人的心里，甚至在一些道貌岸然的人心里都有。”① 人对物欲的贪婪以及基于自私而采取的破坏行为，从人性的角度看，都是可以理解的。但是，可以理解，并不等于可以容忍。为了我们共同生活的地球，为了生活于地球上的个体都能真正享有生活应该享有的最基本权利——良好的自然环境权，刑罚作为保障社会正常秩序和民众正常生活的最后防线，必须适当且具有相当威慑力。

“在某些场合，我们所以施加惩罚并且赞许惩罚，全然是基于社会整体利益的考虑，亦即，基于我们推想如果不这么做，就无法确保社会整体利益。”② 对污染环境行为的刑罚规制亦是基于整体利益的考虑和需要而对行为的破坏者实施的必要惩罚。随着社会的发展以及良好环境对于日常生活的重要性日渐凸显，法

① ［古希腊］柏拉图：《理想国》，郭斌和、张竹明译，商务印书馆 1986 年版，第 356 页。
② ［英］亚当·斯密：《道德情操论》，谢宗林译，中央编译出版社 2008 年版，第 109 页。

益保护的重要性也更加明显。因此，对破坏环境的行为，刑罚处罚的力度日渐加大，不管是道德层面还是法律层面，这似乎都是大家所赞许和支持的。毕竟，集体利益和社会公共利益日渐成为社会关注的焦点。而当集体需求体现为对良好生态环境的保持和拥有时，法律对破坏环境行为的惩罚力度自然就会加大，这是法律发展适应社会需求的自然体现。正义是维护社会正常秩序的必备条件，因此为了维护正义的存在，必要的惩罚是应该的、必需的。同样，随着污染环境行为的猖獗，加大惩罚力度也是必要而紧迫的。

二、污染环境罪的定性可升格为危害公共安全罪，法定刑可再提升

从目前我国的立法来看，虽然《刑法修正案（十一）》已经对污染环境罪的法定刑进行了调整，并将其法定最高刑调整为有期徒刑的上限。但是，从目前我国对污染环境罪的定性来看，依然将其定性为妨害社会管理秩序罪下边的罪名，意即该罪属于秩序类的犯罪，并没有把生态法益作为一个相对独立的法益进行单独保护。当然，随着我国生态文明建设的进程进一步推进，生态环境的重要性日渐深入人心。因此，我国历次修法对污染环境罪这个罪名多次进行了修订，目前配置的法定刑也得到了进一步的提升。但是，从国外立法，以及对污染环境罪的定位来看，特别是在发达国家，即便是很小的国家，也基于对生态法益的特别重视，而将污染环境罪定性为危害公共安全罪。因此，在比较的基础上，笔者亦认为我国将来亦可能把污染环境罪定格为危害公共安全罪，法定刑可进一步提升。

（一）国外对污染环境罪的定性及评析：门槛低，多定性为危害公共安全罪

欧盟各国对环境类犯罪的规定，总体有具有制裁多元化与重视环境修复之特色。具体有如下特点：各国对环境犯罪设有不同之刑罚或行政罚，但皆定有刑罚之规定；各国的罚金额度与徒刑刑期差距大，反映出不同的环境刑罚政策；徒刑的适用远低于罚金，适用徒刑时常并科罚金或其他行政罚；各国除刑罚外，并设有多种不同之制裁方式，法官选择多样化；普通应用环境犯罪后损害赔偿与损害修复制度。① 除了对欧盟这样一个相对比较整体的区域进行了解之外，在此基础上笔者对处于不同发展阶段的国家的相关立法进行了考察，并做成图表对这些国家的相关立法以及法定刑配置进行整理、比较。尽管所列举的几个国家，都

① 施奕晖："欧盟环境立法与环境罚"，载《国政研究报告》2006 年 11 月 28 日。

属于小国，但是，在本书前面部分已经比较过德国、日本的基础上，对处于不同发展阶段的下文所列几国进行比较和分析，具有一定的参考和借鉴意义，详见表3-3。

表3-3 国外对污染环境罪的规定及评析

国家	立法模式：刑法典/附属刑法	具体罪名	刑法地位	罪过形式	法定刑配置	具体条文	立法评析
保加利亚	《保加利亚刑法典》	侵害国民健康和环境罪	《保加利亚刑法典》第十一章公共危险犯罪	故意/过失	五年以下有期徒刑；并处一百列弗以上三百列弗以下罚金	《保加利亚刑法典》第352条规定，“第1款（1975年第95号《公报》修正；1991年第86号《公报》修正；1997年第85号《公报》修正；2004年第26号《公报》修正）污染或允许污染河流、港湾、地下水、领海、内海水、土壤、空气，使之危及人类、动物、植物或者使之不适合植物栽培、日常生活、生命健康、农业及其他经济需要的，判处五年以下监禁刑，并处一百列弗以上三百列弗以下罚金。”①	该国刑法将污染环境犯罪定为公共危险犯罪，即侵害的对象为不特定多数人，重视程度较高。构罪条件要求低，法定性较高

① 参见《保加利亚刑法典》，张雅译，北京大学出版社2008年版，第148页。

续表

国家	立法模式：刑法典/附属刑法	具体罪名	刑法地位	罪过形式	法定刑配置	具体条文	立法评析
瑞典	《瑞典刑法典》《瑞典工作环境法》	侵害罪；非法路径罪	《瑞典刑法典》十二章损害罪	故意/过失	刑罚配置轻缓，最高刑为罚金	《瑞典刑法典》第十二章损害罪第2条规定，“从森林、田野非法取走正在生长的树、草，或者从正在生长的树上取走嫩枝、树枝、树皮、叶子、韧皮、橡实、果仁或树脂，或者取走被风吹倒的树、石头、沙砾、草皮或类似不准备使用之物，考虑被取走财物的价值及其他情节，犯罪轻微的，以侵害罪处罚。考虑损害的财产无价值及其他情节，犯第1条之罪轻微的，侵害罪处罚金。” 《瑞典刑法典》十二章损害罪中的第4条规定，“非法穿过建筑地、种植园或其他可能被损害之地行走的，以非法路径罪处罚金。”①	《瑞典刑法典》虽然没有专门设置一章对污染环境类犯罪进行规定，但在《瑞典刑法典》第十二章损害罪中，对环境保护的规定非常之具体，体现了发达国家在立法方面的相对成熟与先进。 入罪门槛极低，属于以罚金刑为法定最高刑的微罪，对环境保护的力度较大

① 《瑞典刑法典》，陈琴译，北京大学出版社2005年版，第20页。

续表

国家	立法模式：刑法典/附属刑法	具体罪名	刑法地位	罪过形式	法定刑配置	具体条文	立法评析
挪威	《挪威刑法典》	污染环境罪	《挪威刑法典》第十四章危害公共安全罪	故意/过失	刑罚配置较重。法定最高刑达15年有期徒刑,对生命、健康造成普遍危险的,法定最高刑可达21年有期徒刑;罚金刑的配置属于选处罚金,且无具体数额规定	《挪威刑法典》第152条规定，“蓄意或者严重过失实施下列行为的，处10年以下监禁：1. 污染空气、水、土壤，对该地区的环境造成损害或者损害危险的；或者2. 储存、释放、倾倒废物造成第1项规定的逼近危险后果的；因此造成死亡、人体健康严重伤害的，处15年以下监禁。”“蓄意或者严重过失实施下列行为的，处6年以下监禁：1. 污染自然环境，使国家或者国际上遭受灭绝威胁的受保护生物的数量减少；或者2. 根据《挪威自然保护法》第2章、《挪威野生生物法》第7条、斯瓦巴德（Svalbard）法案第4条、简·梅恩（Jan	该国将污染环境罪放在危害公共安全罪中，并配置较重的法定刑，表现了对生态环境的重视。根据对人体生命、健康造成的危害，以及公共生命健康的普遍危险，法定刑达到了15年、21年监禁，这与我国目前的立法状况，存在较大的差异

续表

国家	立法模式：刑法典/附属刑法	具体罪名	刑法地位	罪过形式	法定刑配置	具体条文	立法评析
						Mayen）法案第2条、堡威特（B · Uvet）岛和皮特（Peter）岛以及倬宁 · 莫德（Droning Maud）岛法案第2条等的规定，造成地区性重大危害的；或者3. 对国家或者国际上具有特殊意义的人文环境造成重大损害的。共谋的，亦同。” 《挪威刑法典》第152条规定，“向人畜饮用的水源或者输水管道投放有害物质的，处5年以下徒刑。帮助的，亦同。对生命、健康造成普遍危险的，处21年以下监禁；造成死亡或者重伤的，处1年以上21年以下监禁。过失实施第2款规定行为的，处罚金或者1年以下监禁①	

① 《挪威一般公民刑法典》，马松建译，北京大学出版社2005年版，第35页。

续表

国家	立法模式：刑法典/附属刑法	具体罪名	刑法地位	罪过形式	法定刑配置	具体条文	立法评析
芬兰	《芬兰刑法典》	损害环境罪；侵犯环境罪	《芬兰刑法典》第四十八章自然资源犯罪	故意/过失；明确规定处罚未遂犯	刑罚配置较为轻微，损害环境罪的法定最高刑为2年有期徒刑、侵犯环境罪的法定最高刑为6个月以下监禁；罚金刑属概括式规定	损害环境罪，处刑以轻罪处理，2年有期徒刑以下或者罚金。侵犯环境罪是指，如果鉴于对环境或健康所造成的危险或损害的不严重性或犯罪的其他情况，综合评定该环境的损害行为是轻微的，犯罪人以侵犯环境罪论处，处以罚金或6个月以下的监禁	从损害环境罪及侵犯环境罪的法定刑来看，两罪属于典型的轻罪和微罪。从法定刑配置来看，该国的罚金刑属于概括式的规定，没有规定具体的计算标准和计算方法，法官的自由裁量度很大。该国规定处罚未遂犯，说明把污染环境罪认定为非常严重的犯罪看待，对生态环境持较为严肃的保护态度

续表

国家	立法模式：刑法典/附属刑法	具体罪名	刑法地位	罪过形式	法定刑配置	具体条文	立法评析
蒙古国	《蒙古国刑法典》	污染环境罪、进口有害废物罪	《蒙古国刑法典》第二十三章违反环境保护法规的犯罪	故意/过失	刑罚种类较齐全，包含监禁刑、罚金刑、资格刑。其中罚金刑采用倍比制，即按照最低工资额的倍数计算罚金数额	《蒙古国刑法典》第204条规定，“违反地壳保护和使用法规，对人类健康、家畜及其他动物造成危害结果严重的，处以最低工资额200倍以上250倍以下罚金，或者3个月以上6个月以下监禁。在矿业操作或地下施工过程中违反地壳保护和使用法规，造成危害结果严重的，处以3年以下徒刑，或者并处禁止2年内担任一定职务或从事特定职业。” 《蒙古国刑法典》第205条规定，“使用有害物或其他废物污染环境或损毁土地，造成危害结果严重的，处以最低工资额51倍以上250倍以下罚金，或者3个月以上6个月以下监禁或2年以下徒刑。将有害废物进口入境的，处以2年以上5年以下徒刑。”①	该国就环境类犯罪既设置了轻微罪也设置了重罪，其中微罪占比较大。 采用倍比制的罚金刑能较好地根据行为人不同的经济状况进行惩罚，显示刑罚的实质公平。 由于轻罪微罪较多，该国在刑罚配置方面配置了资格刑。随着我国轻刑化的发展，也有必要在立法中增设资格刑，以有效扼制污染环境类犯罪的发生

① 《蒙古国刑法典》，徐留成译，北京大学出版社2006版，第52页。

续表

国家	立法模式：刑法典/附属刑法	具体罪名	刑法地位	罪过形式	法定刑配置	具体条文	立法评析
荷兰	《荷兰刑法典》	根据污染环境的具体行为确定罪名，如噪声污染罪	《荷兰刑法典》没有专门规定污染环境犯罪一章，在危害公共秩序的轻罪中，对一些污染环境的具体行为之具体罪进行了规定	故意/过失	设定了不同等级的罚金，分一级罚金、二级罚金等	《荷兰刑法典》第431条规定，"夜里制造噪声、搅乱宁静，影响他人睡眠的，处一级罚金。"①	《荷兰刑法典》虽然没有专门规定污染环境罪一章，但立法对行为方式规定得非常具体和详尽，可以按照行为方式将污染环境行为按其他罪名处罚，比如危害公共秩序的轻罪中，对噪声污染的规定。该罪设置的罚金刑是等级制，根据犯罪危害程度分级。法官在具体裁量时，根据该判罚金的等级，根据具体情况进行数额的确定。该种罚金判定方法，虽然赋予法官的自由裁量度也较大，但已经显得较为科学

① 《荷兰刑法典》，颜九红、戈玉和译，北京大学出版社2008年版，第178页。

续表

国家	立法模式：刑法典/附属刑法	具体罪名	刑法地位	罪过形式	法定刑配置	具体条文	立法评析
不丹	《不丹刑法典》	污染环境罪	《不丹刑法典》第二十七章侵犯公共利益的犯罪	故意/过失	法定刑设置有层级	《不丹刑法典》第408条规定，“若被告人故意或鲁莽地污染了环境，包括空气、水和土地，并因此而对公共健康和安全造成危害，应犯污染环境罪。” 《不丹刑法典》第409条规定，“污染环境罪分为：(a) 轻微罪；或 (b) 轻罪” 如果基于环境的损害，造成民众严重身体伤害巨大风险的，或者污染导致了流行病、死亡或严重公害的，则构成重罪。如第407条规定的危害公共水源罪的第二款之三级重罪，和第二款的二级重罪之规定。“若造成了公众严重身体伤害的巨大风险，构成三级重罪；若污染导致了流行病、死亡或严重公害，构成二级重罪。”①	该国将污染环境罪放在侵犯公共利益的犯罪一章，将生态环境法益，作为公共利益中的重要内容进行保护。 该国对污染环境罪进行分层级，分为轻微罪、轻罪、重罪

① 《不丹刑法典》：徐曼玉、徐留成译，中国人民公安大学出版社2014年版，第85页。

续表

国家	立法模式：刑法典/附属刑法	具体罪名	刑法地位	罪过形式	法定刑配置	具体条文	立法评析
埃及	《埃及刑法典》	毁坏建筑物、纪念物或者其他公用物品罪	无专章的污染环境犯罪	故意	法定刑较为轻微，法定最高刑为拘役，并处或单处罚金	《埃及刑法典》第162条规定："故意拆除或者毁坏用于公用事业的建筑物、财产、设施或者用于装饰或者具有纪念、技术价值的艺术品，或者砍伐、毁坏种植于礼拜场所、街道、公园、集市、广场的树木的，在判决命令其支付其所毁灭、破坏、砍伐物品之价款外，处拘役，单处或者并处100埃镑以上500埃镑以下罚金。如果出于恐怖主义目的实施本罪的，处上述刑罚，上限加重1倍。"①	埃及的经济情况较为落后，因此《埃及刑法典》中对治安类犯罪规定较多，但缺乏专门的污染环境类犯罪的规定
菲律宾	《菲律宾刑法典》	根据具体的行为方式确定	没有专章规定污染环境罪	根据具体行为方式确定	根据不同罪名确定	略	《菲律宾刑法典》中没有专门对污染环境罪及相关罪名的规定。但是这也不能说明菲律宾法律对污染环境类犯罪没有规定

① 《埃及刑法典》，陈志军译，中国人民公安大学出版社2011年版，第75页。

（二）我国将污染环境罪提升为危害公共安全罪的可行性分析

就日益猖獗的环境破坏问题，不禁要问，我们为什么要破坏环境呢？哲学家分析如下，“环境的破坏是由一种囚徒困境造成的，只不过这种囚徒困境是很多人一起博弈，而不是两个人之间的博弈。囚徒困境当中的问题是如何让两个自私自利者为了更大的利益相互合作，同时要设法避免牺牲他人利益以让自己获利这样的诱惑。环保主义正面临这样的问题：怎样去防止自私者不顾其他更为审慎的居民的利益而制造污染、废物并肆意浪费资源？因为每次有人想努力节制的时候，他其实都在让不怎么考虑他人利益的同类占了便宜。我的节制其实就是为你创造机会，恰如囚徒困境中所面临的情况一样，只是这次游戏变得更难玩，因为参与博弈的人更多，而不只是两个人”①。由此可以看出，破坏环境是自私者出于自我利益考虑多方博弈的结果，人都具有自私和趋利的特点。因此，要从根本上遏制破坏环境行为，最终保护好我们生活必需的环境利益，需要更全面、更深入的思考。

三、提升宣告刑之徒刑

从调研的情况下，已被查处的污染环境刑事案例中，行为人被判处的刑罚基本都在三年以下有期徒刑。当然，这与上文所论述污染环境罪的证明难度大有直接关系。普通的污染类案件中，对污染的程度证明起来有相当的难度，对法定刑的上一个档次，是否存在重大污染情况的证明更是存在来自证据和技术方面的障碍。随着修复性司法理念在生态类犯罪中的适用，行为人在事后的态度和积极修复环境的成本支付，使得实践中宣告刑一再降低。本来就查处难、查处成本高的污染环境罪，在被查处后，基于种种原因，判处缓刑的比例居高。比如福建省漳州市 2015 年破坏环境资源保护罪被判处缓刑共 94 人，缓刑人数占该类犯罪总人数的 83% ②。当然，污染环境罪只是破坏环境资源保护罪中的一个罪名，被放在破坏环境资源保护罪这一类罪中。

从 132 份近期的污染环境罪刑事判决来看，污染环境罪都是作为一个轻罪处理，甚至很多案件都直接适用了简易程序和法官独任制。与其他犯罪相比，污染环境罪的量刑总体偏低，根据具体案情和各地刑事政策的把握，缓刑适用率也很高。笔者认为，这种偏低的量刑，一则与该罪的基础法定刑本来就不高有关；二则，与社会民众对环境法益的重视程度不够有直接关系。环境犯罪对人和社会的

---

① ［英］马特·里德利：《美德的起源：人类本能与协作的进化》，吴礼敬译，机械工业出版社 2015 年版，第 195 页。

② 张淑芬、林莉莉：“生态环境司法保护的实证探析”，载《第四届“生态文明与法治保障”研讨会论文集》，第 23 页。

影响是无形且滞后的，不像自然犯，法益侵害的后果比较明显，行为与结果之间的关联在时空对接方面间隔较小，用肉眼都能感受到行为的危险性和法益侵害的直接性。而像污染环境罪这类的法定犯，行为与后果之间的关联需要通过环境保护理念的指引加以引导，才能有深刻的体会。也正因为环境保护理念存在于个人意识领域，在我国总体环境保护意识不强、环境保护配套制度滞后的情况下，对谋求个人生活和发展的小企业者而言，在发展与环境保护发生冲突的情况下要求自发地选择后者，必然存在认知能力和认知水平的问题。

就污染环境罪个罪而言，课题组收集了2017年全国污染环境罪案例一审1313例，通过统计分析发现，最终被判处适用缓刑的案例数为566例[①]，占比43.11%。相比较而言，缓刑使用率偏高。调研发现，对污染环境罪是否适用缓刑以及缓刑适用率的高低，与当地司法部门所具体适用的刑事政策有关。如某地基层法院明确规定，对于污染环境罪，一概不能适用缓刑，必须按照实刑处理。这一内部司法文件的出台，也体现了当地打击污染环境罪，保护环境的信心和决心，也是对环境资源保护刑事政策的具体化运用。

缓刑适用率过高，给民众一个感觉便是对污染环境行为实质处罚的严厉程度不够，明显起不到威慑的作用。查处案件的难度和成本如此之高，导致实际被查处的污染环境行为只占环境破坏行为的极少数，比例非常低。而被查处的污染环境案件中，处刑又明显趋低，导致破坏环境的成本过低，才有民众对此类犯罪“贩毒的收益、嫖娼的成本”的总结。总体而言，污染环境罪的刑罚配置，依然处在过于轻刑化的状态。污染环境罪的刑罚威慑力不足，导致民众对环境资源保护意识、重视程度等严重不足，在已经构罪的刑事案件中，存在一定比例的被告人依然认为自己不构成犯罪，进而以不构成犯罪进行上诉。或者，在已经因污染环境罪被刑事处罚，还处在假释期，便又开始重操旧业，污染环境，再次构成污染环境罪。调研显示，尽管污染环境罪查处难度如此之大，实务中依然存在相当比例的污染环境罪累犯。如此可见，对污染环境罪的惩处，任重而道远。

四、提升自然人罚金刑数额

一个健全的现代法治社会的建设，对于刑罚的要求不再是一味地追求惩罚和威慑的效果，而是着眼于发挥刑罚目的性的价值。不但需要预防犯罪，而且即便是在惩罚犯罪时，也应当在犯罪人、被害人和国家三者之间寻求和达到平衡。因此，在现代的刑罚体系中，财产刑开始逐渐占有了重要的地位。财产刑在刑罚体系中的配置，其意旨在不仅对犯罪人进行必要的处罚，还需要平复被害人及其他

---

① 本人以案例数为统计单位，某些案例中涉案人数众多的共同犯罪，只要有被告人被判处缓刑，则统计为适用缓刑的案例。

关系人的心理，同时也实现国家对犯罪人经济性利益的制裁。所以，在犯罪人、被害人和国家这三者之间，刑罚都可以通过不同的方式实现各自的目的性。[①] 诚然，“罚金刑虽然不及生命刑、自由刑那样带有强烈的报应色彩，但其对罪犯实施的惩罚同样是让罪犯为自身的犯罪行为承担不利后果，承受痛苦，从而实现社会之正义。”[②]

从调研情况来看，尽管全国各地污染环境罪罚金刑的数额情况有一定的差异，但总体看趋轻。个人罚金刑的数额人民币 2 万元之下变动，有的省份罚金刑数额在 1 万元左右浮动。相比较污染环境罪对生态环境造成的实际损害后果，对犯罪人适用如此低的罚金刑数额，本书认为，刑罚配置明显不均衡。在调研的过程中，大多数法官表示：污染环境罪法定刑中规定了罚金刑但没有明确罚金刑数额如何计算，司法实务中主要根据犯罪人通过犯罪所获取的收益、具体的犯罪情节、犯罪人事后的悔罪态度等，进行罚金刑数额的计算。如此可以看出，罚金刑数额的计算，属于司法自由裁量的范围。而目前的裁量情况，主要依据传统的计量方法，犯罪之获益情况成为罚金刑裁量的重要依据。

笔者认为，随着生态环境法益之重要性的提升，将污染环境罪之罚金刑数额计算方法归类于侵财型犯罪之传统计算方法，显然已经不能符合现代法治的要求。从表面上看，行为人可能从污染行为中并没有获取暴利，但是，污染行为却给生态环境造成了严重破坏和现实的危险。笔者认为，应当从污染行为造成的侵害后果及造成的现实危险出发，对行为人适用相应数额的罚金刑。实务中具体的建议为，需增加对个人惩处罚金刑的罚金数额，加大惩处力度，并从根本上扭转不重视生态环境法益的思维。在之后的司法实践中，污染环境罪对行为人个人的罚金刑数额，需要有一个较大幅度的提升，以显示我国刑法对生态环境法益的重视和保护程度。

五、规范单位罚金数额

我国立法中，规定了对污染环境罪的单位犯罪进行处罚，且有司法解释对其进行了进一步解释说明。如《2016 年司法解释》第 16 条规定：“单位实施本解释规定的犯罪的，依照本解释规定的定罪量刑标准，对直接负责的主管人员和其他直接责任人员定罪处罚，并对单位判处罚金。”在司法实践中，对单位处以罚金的情况不在少数，但罚金的数额计算却显得无规律可循。目前我国这种无限额罚金制度，在给司法相当裁量权的同时，事实上，也给司法带来了一定困惑和

---

① 史丹如：《中国非监禁刑执行改革问题探究》，中国政法大学出版社 2016 年版，第 119 页。

② 季金华、徐骏：“20 世纪罚金刑的兴盛机理与制度化发展趋势”，载《南京师大学报》（社会科学版）2007 年第 6 期。

难题。

目前，如何对单位罚金数额进行规范？这成为困扰司法实践的一大难题。本书认为，罚金刑制度的提升和完善，需要从单位罚金数额的规范开始。调研显示，对个人判处的罚金数额不是很大，个体差异也不是非常悬殊，实务中基于个人罚金数额异议提起上诉的案子也非常少。但是，对单位罚金的数额差异，却是有目共睹。在研讨污染环境罪之刑罚配置时，需要对单位罚金部分进行优化，以提升该罪刑罚配置的科学性。

第四章

污染环境罪的未来走向

“自然环境对于人类，既有作为生存条件的生态价值和生命支持功能，也有作为劳动对象的经济价值和资源功能。现实中，这两种功能并非总是均衡配置于每个社会群体与个体，由此产生了诸多的社会矛盾与冲突。生态文明法治建设的重要目标就是通过统筹自然环境的多重价值与功能、协调多元利益诉求，实现‘绿水青山’与‘金山银山’的利益均衡，以促进人与人的和谐发展为基础，实现人与自然的和谐发展。”① 因此，环境的问题，其实是人与环境如何和谐相处的问题。而环境又包含了水、空气、土壤、噪声等方方面面，尽管我国对于污染环境罪的罪状描述中，并没有具体地将环境的各个要素进行区分描述。但在具体的实务过程中，还是需要对环境的各个要素的污染，进行不同的应对。

“自然是生命之母、文明之基，人与自然的关系是关乎人类生存和发展的根本问题。人类中心主义，强调人是价值判断的主体，自然是客体。人类利益处于至高无上的位置，是价值的原点和道德评价的依据。随着环境污染、资源枯竭、自然灾害频发、全球气候变暖等生态恶化现象的加剧，人类的生存和健康日益受到威胁，人类中心主义逐渐遭到质疑。自然中心主义日渐勃兴，包括大地伦理学、深层生态学、生物区域主义、动物权力论、生态女性主义等理论认为，人类只是自然界一部分，其生存和发展都要以自然界为基础。自然界具有独立于人类并且高于人类的价值、利益和权利，应该以自然界的内在价值为最高价值标准。自然中心主义在肯定自然价值的同时，却忽视了人的生存和发展，否定了人的主体能动性。”② 如前文所论述，人类中心主义是基于产业文明（工业文明）状态

① 吕忠梅：“习近平法治思想的生态文明法治理论”，载《中国法学》2021 年第 1 期，第 48—64 页。

② 燕连福、赵建斌、毛丽霞：“习近平生态文明思想的核心内涵、建设指向和实现路径”，载《西北农林科技大学学报》（社会科学版）2021 年第 1 期，第 1—9 页。

下自由主义思想意识下的功利主义所产生的人文思想。但是，随着产业革命的深入，在世界面临百年未有之大变局的今天，以中国为代表的大国，首先以国家战略的名义，将经济社会发展的重心，转向了生态文明建设，转而进入生态文明时代。

而从国家战略的角度来看，我国正在努力建设以生态文明为中心的经济内循环，着力进入生态文明时代。“基于人与自然关系演化的角度，从价值论角度回答了建设什么样的生态文明。面对人与自然关系冲突、生态系统被人为割裂、人与自然关系不够和谐的状态，习近平生态文明思想从主体需要、生态环境作为客体能否满足主体需要，以及如何满足主体需要三方面，从价值论角度回答了我们要建设的是‘人与自然和谐共生’的生态文明。从人与自然关系演化的角度来讲，经历了‘天人混沌、崇尚自然’的采猎文明，‘天人合一、利用自然’的农业文明，‘天人相悖、征服自然’的工业文明。我们正在建设‘天人和谐、善待自然’的生态文明。”[①] 因此，当下及可预见的未来，生态环境问题会成为中国政治经济社会领域又一重大核心问题。尽管生态保护问题讨论已久，但从国家战略的高度对生态保护进行论证，目前还是首次。因而，在可以预见的未来，污染环境罪的惩处力度将会加大，体现在刑事惩处中法定刑配置的提升，以及司法实践中案件数的增加。

具体而言，从法治的视角观察中国的环境问题，中国的环境资源保护所关涉的问题，既是一个立法问题，又是一个司法问题。但是，问题更为严重且更为紧迫的是涉及环境资源保护的刑事立法问题。诸多司法层面面临的困境，多因立法之不完善所引起。我国最新通过的《刑法修正案（十一）》对污染环境罪的罪状也进行了调整，以此扩大刑事惩处的范围和力度。同时，随着环境生态在现代国家和社会中的地位不断提升，环境资源保护的社会责任和法律责任日益加重，立法的不足处处可见。

第一节　污染环境罪配刑之优化

从功利主义的角度看，按照成本收益的计算方法，很好地解决了犯罪与刑罚之间的关系。即当犯罪成本很高时，犯罪人犯罪的概率会明显降低。在某种程度上，犯罪成本的提升（所配置刑罚的质与量的提升），有利于预防犯罪。因此，对于贪利型犯罪而言，如果犯罪的成本比犯罪的收益要大很多，则很有可能直接

---

① 王丛霞：“习近平生态文明思想内蕴的思维方法探析”，载《北方民族大学学报》2020 年第 4 期，第 109—114 页。

遏制行为人的犯罪念头。在20世纪70年代，美国对于污染环境的犯罪行为，适用罚金刑也非常低，被调侃为“付罚金即可获得污染权利”，并且认为“付罚金较之防治排放品质标准更划算”。近年来罚金刑金额虽提高不少，唯罚金刑目的在制止公害犯罪，性质上偏向于劝阻犯罪行为，且通常法官量刑上对罚金之决定亦偏低。[①]

罚金刑的适用自然是各国都面临的一大难题。同时，英美国家没有刑事附带民事赔偿，对于污染环境罪的受害人很难获得相应的民事上的补偿，这成为污染环境犯罪需要解决的另一难题。当然，对环境法益的保护，从工业发展的层面而言，与正常的企业发展形成了一定的张力。特别是对污染环境犯罪的企业给予刑事处罚或行政制裁，从短期效应看，必然对企业带来经济上的不利影响，进而可能造成经济、社会、政治等问题。大概，污染环境犯罪惩处率相比其他治安类犯罪惩处率低，在很大程度上也有地方保护主义色彩在作怪。从社会学的角度考察，是否要对污染环境行为进行惩处以及该为多大限度的惩处，实为社会之短期利益与长期利益的博弈，是经济社会短期发展与民众生活的长期福祉之间的权衡和博弈。

从国外对污染环境罪的刑罚配置来看，由于环境犯罪为贪利型犯罪，单位或法人责任问题突出，而以单位或法人作为主体的刑罚方式，罚金刑更为适宜。因而，在环境犯罪的刑罚体系设置方面，各国毫无例外地都特别重视罚金刑的适用，几乎在其规定的所有犯罪中都设置有这种刑种，在不少情节较轻的环境犯罪中，罚金刑还是唯一可以适用的刑罚措施。不少国家甚至在制定和修改环境刑事法或刑法典时，将罚金刑直接上升为主刑规定下来。如《日本公害罪法》第2条、第3条，[②]《德国刑法典》第324—330条，[③]《俄罗斯联邦刑法典》第247条、第250条，[④]《罗马尼亚刑法典》第397条、第398条[⑤]等。具体而言，国外环境犯罪刑罚种类适用特点：重视罚金刑的适用；广泛适用自由刑；注重发挥资格刑的作用；配合适用非刑罚措施。[⑥]

刑法与行政法虽同属广义的公法，然而各自有其目标、架构、基本原则、制裁手段及救济途径，故为不同之法学领域。虽然如此，在本质不同的情形下，刑法与行政法仍有可能产生交错、相互影响的现象。刑法可能对行政法产生规范效

---

① 柯泽东：“环境刑法之理论与实践”，载《台大法学论丛》2016年7月，第129页。

② 赵秉志、王秀梅、杜澎：《环境犯罪比较研究》，法律出版社2004年版，第290页。

③《德国刑法典》，徐久生、庄敬华译，中国法制出版社2000年版，第219—224页。

④《俄罗斯联邦刑法典》，黄道秀译，北京大学出版社2008年版，第128—130页。

⑤《罗马尼亚刑法典》，王秀梅、邱陵译，中国人民公安大学出版社2007年版，第118—119页。

⑥ 赵秉志主编：《环境犯罪及其立法完善研究——从比较法的视角》，北京师范大学出版社2011年版，第117—118页。

应，而行政法也可能成为刑法适用的先决条件。从本质而言，刑法是一种被动且不具弹性的法规。① “中国环境犯罪刑罚种类的适用特点为：普遍适用罚金刑；突出自由刑的适用；刑罚种类比较单一。”②

中外环境犯罪刑罚种类适用的共同点为：均重视发挥罚金刑的作用；均突出了自由刑的作用。相比较，差异之处在于：可以适用的刑罚种类不同；对非刑罚措施的重视程度不同。中国环境犯罪刑罚种类存在的主要问题为：没有确立资格刑在环境犯罪刑罚体系中的应有地位；缺乏非刑罚措施的配合适用。③ 国外有些国家的环境立法可以适用的刑罚种类较为丰富，呈现出多样化的特点。除了广泛适用的自由刑和罚金刑之外，不少国家还有关于资格刑、劳动改造、监外改造、没收犯罪工具等规定。如俄罗斯环境犯罪的刑罚种类有罚金、强制性社会公益劳动、劳动改造、剥夺自由、限制自由、拘役和剥夺担任一定职务或从事某种活动的权利，达 7 种之多。越南的环境犯罪刑罚有罚金、有期徒刑、监外改造和禁止担任一定职务、从事一定行业或者工作 4 种。《罗马尼亚刑法典》对环境犯罪规定了监禁、罚金和禁止行使特定权利 3 种。《阿尔巴尼亚刑法典》对于环境犯罪规定了罚金、监禁、劳动改造和没收犯罪工具 4 种。而我国的污染环境罪，适用的刑罚仅有自由刑和财产刑两大类，对于很多国家都广泛采用的资格刑等均没有规定。

优化刑罚配置，特别是立法层面的刑罚配置以实现刑法正义，这是我国刑法理论界和实务界想要实现的一大目标。面对层出不穷的犯罪问题，法益保护面临新情况、新问题。刑法既需要回应风险社会对风险管控的需要，又要在立法技术上进一步提升立法的明确性。同时，在确定刑罚时，应当坚持责任原则。在坚持责任原则的基础上，面对生态环境问题，刑事立法应该增设如生态法益等新法益，对以生态法益为代表的超个人法益进行刑法保护。刑事立法应当考虑对新法益的保护，在责任主义原则指引下，努力改进刑罚体系，以实现刑罚配置的科学化。

一、罚金刑制度的完善与革新

“近年来，财产刑尤其是罚金刑的作用受到了越来越多的关注，与自由刑等刑罚相比，它有利于实现刑罚的轻缓化和非监禁化，同时又不失惩罚性，尤其对

---

① 郑昆山：“从‘法治国原则’论集会游行刑事罚之‘行政从属性’——兼论‘司法院大法官’会议释字第 445 号解释”，载《律师杂志》第 222 期，第 25 页。

② 赵秉志主编：《环境犯罪及其立法完善研究——从比较法的视角》，北京师范大学出版社 2011 年版，第 119—120 页。

③ 赵秉志主编：《环境犯罪及其立法完善研究——从比较法的视角》，北京师范大学出版社 2011 年版，第 120—122 页。

于经济性犯罪而言，财产刑的惩罚更富有针对性；在适用上，财产刑的可逆转性和可分割性更强，亦可以广泛适用于单位犯罪；在执行上又可以避免因监禁所带来的交叉感染。并有利于罪犯的再社会化。”① 关于财产刑，不同国家或地区的规定有所不同。在我国，罚金刑是附加刑，但是，在某些国家或地区罚金刑为主刑。具体到污染环境罪，有学者指出：“财产刑在公害犯罪中大量适用。由于公害犯罪一般是发生在经济领域内的犯罪，很多都是在谋取高额的经济利益驱动下所进行的犯罪，生产销售伪劣商品罪就是经济领域中典型的贪财图利性犯罪，如果对这些犯罪分子不适用财产刑，往往难以遏制其犯罪动机、难以实现刑罚的特殊预防和一般预防目的。”②

（一）秘鲁采日额罚金制

《秘鲁刑法》规定了环境污染罪的一般和加重形式。《秘鲁刑法》第 304 条规定：“违反规范环境保护，污染环境通过释放固体、液体或气体废物，或任何其他性质的废物，在建立限制，导致或可能导致伤害或改变植物，动物和水生资源，处徒刑一年以上三年以下，或者判处 180 天到 365 天的罚金。这些刑罚适用于有犯罪意图的犯罪。如果代理人没有故意犯罪，适用的惩罚是监禁一年以下或社区服务一段时间，通常为 30 天。③ 秘鲁法律规定，下列因素是加重环境污染罪的因素：“（一）危害人或其财产的健康；（二）犯罪行为造成的损害或者改变是灾难性的；（三）代理人秘密地进行其活动；（四）污染行为严重影响构成经济活动基础的自然资源。在这种情况下，监禁的刑期应不少于二年或四年以上。如果污染活动导致严重损伤或死亡，监禁的处罚应当任期三年以上到或六年徒刑。导致严重病变或者导致人死亡的，判处四年以上到八年以下徒刑”。④

（二）美国采日额罚金制

任何人故意或过失违反《美国联邦水污染控制法》第 301 条、第 302 条、第 306 条、第 307 条，或者第 308 条构成犯罪的，处一年以下监禁，单处或并处每日应处以 2500 美金以上 25000 美金以下的罚金。初犯者，处以二年以下监禁，单处或并处不超过 5 万美金的罚金。“人”包括本法第 502（5）条所载的定义的

---

① 邱帅萍：《刑法目的论：基于近现代思想史的考察》，知识产权出版社 2016 年版，第 159 页。

② 熊选国：《生产、销售伪劣产品罪》，中国人民公安大学出版社 1999 年版，第 17 页。

③ Affidavit of JORGE AVENDANO V., RODOLFO ULLONOA FLORES, et al., Plaintiffs, v. SOUTHERN PERU COPPER CORPORATION, Defendant, No. 9812 (Csii). February 27, 2001.

④ Affidavit of JORGE AVENDANO V., RODOLFO ULLONOA FLORES, et al., Plaintiffs, v. SOUTHERN PERU COPPER CORPORATION, Defendant, No. 9812 (Csii). February 27, 2001.

公司法人。[①]

相比较他国的罚金刑制度，我国的罚金刑指剥夺受刑人一定数额金钱的财产刑。在我国刑法分则中，关于罚金数额的规定，有比例制、倍数制、比例兼倍数制、特定数额制和抽象罚金制五种情形。[②] 在污染环境罪中，适用罚金包括针对自然人处以罚金，也包括对单位处以罚金刑。在处罚形式上，罚金刑的适用方式，包括“单科式、选科式、并科式、复合式。立法中有不同的规定。”[③] 在我国，罚金刑是一种重要的附加刑，特别是针对贪利型犯罪，适用率很高。但是，实务中执行的效果并不佳。污染环境罪的罚金刑规定，采用的是抽象罚金制，既没有规定上限，也没有规定下限，是一种很抽象的规定，法官具有很大的自由裁量权。

“罚金刑是人民法院判处犯罪分子向国家缴纳一定数额金钱的刑罚，是我国法律规定的三种附加刑之一。它是对犯罪分子实行经济制裁的一种刑罚，属于财产刑。”[④] 作为财产刑种中很重要的一种刑罚措施，罚金刑在我国设定为附加刑。尽管我国法律规定，附加刑可以单独适用，但是，实务中真正单处罚金的案例很少。从调取的案例来看，近年我国判处的129份污染环境罪的刑事判决中，只有一份判决是单处罚金。既然是财产刑之一种，罚金刑也有其一定的缺陷。如“人们在客观上存在的贫富不均，使得判处同等数额罚金的人所承受的痛苦想去甚远。对于富人来说，罚金是无所谓的。对于贫者来说，罚金是深重的痛苦。由于罚金刑对无力缴纳者难以执行，容易造成同罪异罚，有违于刑罚的公正性”。[⑤]

我国《刑法》第338条关于污染环境罪的规定中，财产刑规定了罚金刑。罚金刑的适用方式，根据我国《刑法》的规定，有四种：（1）选处罚金；（2）单处罚金；（3）并处罚金；（4）并处或者单处罚金。[⑥] 第338条污染环境罪规定了两种刑罚适用方式：第一种情况，“严重污染环境的”，“并处或者单处罚金”；第二种情况，“后果特别严重的”，必须“并处罚金”。亦即，一种是附加于主刑之自由刑并处罚金，或者单处罚金，二选一；另一种是，自由刑之外，必须附加

---

① James L. Rigelhaupt, Jr., J. D., Criminal proceedings, under § 309 (c) (1, 3) of the Federal Water Pollution Control Act (33 U. S. C. A. § 1319 (c) (1, 3)), based on violation of § 301 (a) of the act (33 U. S. C. A. § 1311 (a)), prohibiting discharge of pollutants without a permit, American Law Reports ALR Federal Originally published in 1981 (Approx. 16 pages).

② 高铭暄、马克昌主编：《刑法学》，北京大学出版社、高等教育出版社2011年版，第241—242页。

③ 李洁主编：《刑法学》，中国人民大学出版社2014年版，第205页。

④ 张军主编：《刑法总则及配套规定新释新解》，人民法院出版社2011年版，第373页。

⑤ 张军主编：《刑法总则及配套规定新释新解》，人民法院出版社2011年版，第374页。

⑥ 张军主编：《刑法总则及配套规定新释新解》，人民法院出版社2011年版，第374页。

罚金进行处理。对于污染环境罪的财产刑设置，在罚金方面，受到的质疑和批判居于首要。当然，这与我国亟待改革的罚金刑制度息息相关。就污染环境罪而言，财产刑配置方面的革新，值得关注。

关于罚金的数额，我国《刑法》第52条规定：“判处罚金，应当根据犯罪情节决定罚金数额。”一般来说，非法获利的数额大、情节严重的，罚金数额应当多些；反之，则应当少些。罚金数额的确定，我国刑法分则具体规定了三种罚金幅度：(1) 倍比制；(2) 上下限额制；(3) 不定限额制。[①] 以犯罪情节为依据，裁量罚金数额，是我国刑法罪刑相适应原则的客观要求。依照我国新刑法分则条文的规定，犯罪情节应理解为对量刑有意义的情节：(1) 以数额表明社会危害性大小的数额情节；(2) 以行为表明社会危害性大小的行为情节；(3) 以实害表明社会危害性大小的实害情节。[②] 具体到污染环境罪，从法条规定情况看，污染环境罪虽然规定了罚金刑，但是，罚金的数额属于无限额罚金制，由法官的自由裁量决定。

罚金数额的多寡，直接反映所适用罚金刑的严厉程度。因此，准确决定罚金的数额，是正确适用罚金刑的关键环节。为了解决罚金刑对于贫富状况不一样的犯罪人的公平适用问题，很多国家和地区创设了日额罚金制度。“日额罚金制，系指依据行为人的罪责来决定罚金日数，而以行为人的经济状况来决定每日的罚金额，将罚金日数与每日罚金额相乘，即为其罚金总额。日额罚金制度源自于瑞典，德国亦采此种制度。其主要优点在于：(1) 同时考虑行为人的犯罪情节与罪责，可达到刑罚的公平性；(2) 依据行为人的经济状况来决定每日罚金额，可解决无能力缴纳的情况；(3) 若无法执行罚金刑时，得以罚金日数为执行自由刑的日数，无须另行换算，可确实达到罚金刑执行的效果。”[③] 为了凸显财产刑的重要性，“日本刑法与意大利刑法都将罚金与科料作为主刑，此外，日本刑法规定没收为附加刑（但日本有些刑法学者不将没收归入财产刑）。”[④] 由此可以看出，以罚金刑为核心的财产刑在各国刑罚体系中都有着非常重要的地位。针对我国的污染环境罪，我国规定了单处罚金，或者徒刑并处罚金的规定。亦即，罚金处罚是污染环境罪之必然后果，不管有没有徒刑之刑罚后果，对于污染环境罪而言，罚金刑是必然的。

对于我国污染环境罪的罚金刑配置，应当有相当的革新。特别是针对环境损害的具体情况，对污染环境的犯罪行为进行合适的财产性处罚。在我国目前非监

① 张军主编：《刑法总则及配套规定新释新解》，人民法院出版社2011年版，第378—379页。

② 樊守禄：“我国新刑法罚金刑研究”，载《河北法学》1998年第2期，第42页。

③ 余振华：《刑法总论》，三民书局2011年版，第510页。

④ 张明楷编著：《外国刑法纲要》，清华大学出版社2007年版，第389页。

禁刑尚不完善的情况下，对罚金刑的改革势在必行。我国污染环境罪并没有规定罚金的数额，上文所述的日额罚金制有可取之处，值得借鉴。罚金刑虽然是刑罚的一种，属于刑事处罚的范畴。从刑法与行政法、刑罚与行政处罚衔接的角度考虑，修订后的《环境保护法》明确规定了按日连续处罚的日额处罚规定，而作为与之衔接的刑罚措施，当然值得学习与借鉴。“为使排污者履行治污义务、改正违法排污行为，新修订的《环境保护法》明确规定了按日连续处罚制度。与之配套的《环境保护主管部门实施按日连续处罚办法》适时出台并与环保法同步实施，使制度适用具有较强的可操作性。”① 由此可见，日额罚金与日额处罚当为污染环境行为在财产剥夺方面的一种相对比较合适的处罚措施，在财产处罚方面，从行政处罚到刑罚，连续且一以贯之比较合适。

在欧陆刑事法治发达的国家，诸多国家将罚金刑设置为主刑，并广泛适用。在我国污染环境罪的法定刑规制中，虽然规定了可以单处罚金，但事实上适用单处罚金的比例非常低。本人随机调取的132份污染环境罪的判决中，仅有1个案例适用了单处罚金。尽管从调研情况看，污染环境罪的罚金刑执行情况尚好，被告人、被告单位基本都能积极缴纳。但是，“我国在罚金数额的确定方式上，实行的是无限额罚金制，对于罚金数额的裁量，由法官根据犯罪情节来决定；在罚金的执行制度方面，实行随时追缴制，即对于经过强制缴纳程序，仍然不能全部缴纳的，法院在任何时候发现犯罪分子有可以执行的财产，应当随时追缴。这种无限额的数额确定方式和执行方面的随时追缴制使得我国罚金刑的可操作性程度大打折扣。”②

从我国的罚金刑制度来看，鉴于罚金刑的附加刑地位，单独适用的范围较小。罚金刑的执行，欠缺相应的灵活性和人性化考量，对很多经济条件实在困难、亲友又不愿意帮忙的被告人而言，罚金刑的可执行性实在是很小。特别是诸多的贪利型犯罪，基本都规定了并处罚金刑的规定。在宣告了并处罚金刑之后，倘若犯罪人没能事实上缴纳罚金，又直接影响了服刑人员的减刑和假释。此种恶性循环，实为立法中刑罚配置不科学所导致。为解决罚金刑执行难的问题，不少国家都采取了罚金易科制度，对于不能缴清或恶意逃避罚金的犯罪分子易科其他刑罚。

如《德国刑法典》第43条规定：“不能缴纳罚金的，以自由刑代替之。1单

---

① 刘佳奇：“对按日连续处罚适用问题的法治思考：兼评《环境保护主管部门实施按日连续处罚办法》”，载《政治与法律》2015年第7期，第133页。

② 赵秉志主编：《环境犯罪及其立法完善研究——从比较法的视角》，北京师范大学出版社2011年版，第127—128页。

位日额金相当于1日自由刑。以自由刑代替的，最低为1日。”①《俄罗斯联邦刑法典》第46条第5款规定，在被判刑人恶意逃避作为主刑判处的罚金时，罚金可以在该法典分则相应条款规定的制裁限度内改判其他刑罚。②而我国刑法对于罚金刑的执行方式只是笼统地规定，罚金在指定的期限届满不缴纳的，强制缴纳；经过强制之后仍然不能全部缴纳的，应当在发现被执行人有可以执行的财产时随时追缴。这种随时追缴制的立法用意是好的，但是由于没有相关的配套措施，又无时效限制，因而执行的结果往往是罚金的缴纳被无限期拖延。③因此，笔者建议，在总体改进我国的罚金刑制度，增设自由刑易科罚金制度、罚金刑易服社会劳役制度、罚金刑易服社会劳动制度，以提升罚金刑的执行率。

污染环境罪中罚金刑的计算方法，以何种计算为科学，值得进一步研讨。有学者建议，“可以将罚金刑分为数额绝对不确定的罚金刑和数额相对确定的罚金刑两种。前者如对单位犯罪的罚金，或者对某些犯罪可以单处罚金的情形；后者则规定了罚金数额的下限和上限，只是有的是犯罪所得的比例，有的是犯罪所得的倍数、具体数额。”④本书认为，针对污染环境罪，被告人犯罪所得收益、犯罪行为对环境造成的破坏程度以及修复被破坏的环境所需经济成本，应当作为罚金数额计算的重要指标。其中，犯罪人犯罪所得收益、修复被破坏的环境所需成本，应当作为罚金数额计量的核心参考指标。但是，建议取消目前的无限额罚金制，采有一定计量标准和数额上限的罚金数额计算方法，以确保打击犯罪与保障人权双轨齐下。

二、增加非刑罚措施的适用，完善生态修复及补偿机制

“非刑罚处理方法，是指人民法院对犯罪分子适用的刑罚以外的处理方法。非刑罚处理方法的特点是：对犯罪分子适用，但不具有刑罚性质”⑤。因此，刑罚之外的处理方法，都被称为非刑罚措施。当然，从广义上理解非刑罚措施，则需要从各个部门法进行统筹了解。刑法中规定了一些非刑罚方法，民法、行政法中亦有非刑罚方法，如责令停业、关闭、限期治理、缴纳排污费、支付消除污染费用、赔偿损失、恢复正常使用、责令改正和恢复原状等。2014年新修订的《环境保护法》规定的非刑罚措施有：警告、罚款、责令其采取限制生产、停产

---

① 《德国刑法典》，徐久生、庄敬华译，中国法制出版社2000年版，第54页。

② 《俄罗斯联邦刑法典》，黄道秀译，北京大学出版社2008年版，第18页。

③ 赵秉志主编：《环境犯罪及其立法完善研究——从比较法的视角》，北京师范大学出版社2011年版，第130页。

④ 张天虹：“罚金刑问题的几点思考”，载赵秉志等主编：《当代刑法的理论与实践：第七届中国大陆及港澳台地区刑事法论坛文集》，社会科学文献出版社2015年版，第398—399页。

⑤ 高铭暄、马克昌：《刑法学》，北京大学出版社、高等教育出版社2000年版，第256页。

整治等措施，责令停业、关闭，责令停止建设，责令恢复原状，责令公开，予以公告、拘留等。应当注意的是，这些非刑罚方法的名称不一定限制为立法上的标准称谓，只要这种措施在立法上有抽象的规定即可，如植树造林、清除垃圾、义务服务等具体处罚措施在刑法、行政法、民法中都只有抽象的规定而没有具体规定①。客观而言，非刑罚措施包含的内容很多，本书在讨论非刑罚措施时，主要讨论我国刑法中有出现的且在学术界有一定争议的非总则规定的刑种的措施。主要包括：禁止令、从业禁止、社区矫正等具有保安处分性质的非刑罚措施。这类措施可能在某些国家的立法中，已经被列为刑罚种类之一。

我国司法实践中，轻刑化趋势已经非常明显，缓刑等非监禁刑在实务中运用率很高。然而，以社区矫正、禁止令为代表的配套非监禁刑措施却还处在起步和发展阶段。我国现有的刑种设置中，主刑包括死刑、无期徒刑、有期徒刑、管制、拘役，附加刑包括罚金、剥夺政治权利、没收财产。总体来看，管制刑、拘役刑、罚金刑等需要进一步优化处置，特别是随着财产利益在民众生活中的地位日益上升，财产刑的合适配置成为刑罚配置中一个越来越重要的议题。结合我国的司法改革具体措施之认罪认罚制度，在适用短期自由刑的过程中，针对犯罪人的实际情况需要出台具体配套措施，以实现刑罚执行的效果。

（一）加强非刑罚措施的适用

综观世界各国的刑事立法和刑事司法情况，在污染环境类犯罪中，除了徒刑和罚金之外，较多适用资格刑。鉴于我国在刑种中没有规定污染环境罪的法定刑包括资格刑，但是在实务中有类似于禁止令等在国外可能被规定为资格刑的处分措施。关于禁止令的属性，学说上有争议，本书主张，禁止令应当属于具有保安处分性质的非刑罚措施。正如，有学者认为，“《刑法修正案（九）》所增设的刑法职业禁止令属于保安处分措施。其适用于利用职业便利或者违背职业特定义务要求而实施犯罪被判处刑罚，且在刑罚执行完毕或者被假释之后短期内仍有可能实施危害社会行为的人。”② 本书主张，只要不是我国刑法总则规定的刑罚之刑种的，皆属于为了预防犯罪而设定的具有保安处分性质的非刑罚措施。刑法出于预防犯罪的需要，对犯罪人设定一定的行为规范，以提升刑罚执行的效果，具有保安处分的性质。同时，因为其不属于刑法规定的任何一个刑种，因此，属于非刑罚措施。正因为如此，我国有学者认为，“人身危险性因素在刑法中的地位提升预示着我国由行为刑法向综合刑法转变的趋向。作为刑法科学化的重要体现，刑法制裁措施多元化的重心是刑法制裁措施如何因应人身危险性因素的结构性变

---

① 李兰英：《公害犯罪研究》，法律出版社2016年版，第158页。

② 卢建平、孙本熊：“刑法职业禁止令的性质及司法适用探析”，载《法学杂志》2016年第2期，第22页。

化。在此基础之上，我国应当立足刑法发展的长远趋势和犯罪预防的现实需要，积极推动预防性刑法制裁措施的增设，推动刑法制裁措施的结构完善。"①

课题组调取了2015—2017年全国不同地区判决的132份污染环境罪的刑事判决书，涉及244名被告人。从判决情况看，有2份判决书涉及禁止令，有的判处缓刑的判决书也有"被告人×××回到社区后，应当遵守法律法规，服从监督管理，接受教育，完成公益劳动，做一名有益于社会的公民"的文字。以上可以看出，尽管我国污染环境罪法定刑设置中，尚无资格刑的规定，但是在适用缓刑、禁止令时，强调公民的公益劳动等，可以说是对我国刑罚制度的创新性适用。但是，禁止令的适用，以及判决中要求服刑人员参加公益劳动等，根据我国现有的刑罚体系，应当被理解为一种具有保安处分的非刑罚措施。目前，我国刑法总则规定的刑种包括主刑与附加刑，《刑法修正案（八）》增加的禁止令和社区矫正等规定的属性，在学说上有争议。有人认为类似于禁止令的规定，应当属于非监禁刑中的资格刑，属于刑罚的一种。如对我国现有的管制刑、罚金刑、剥夺政治权利刑、没收财产刑、驱逐出境刑、缓刑、假释和暂予监外执行八种非监禁刑，进行分类，分为三类。"其一是限制人身自由刑：管制刑、缓刑、假释、暂予监外执行；其二是财产刑：罚金刑、没收财产刑；其三是资格刑：剥夺政治权利刑、驱逐出境刑。"② 根据该学者的分类，资格刑被包含在非监禁刑中，是非监禁刑的重要种类。目前，我国刑法立法中有剥夺政治权利刑和驱逐出境刑两种资格刑。立法中对资格刑规定得较为简单，且剥夺的资格刑基本体现为政治上的权利，对服刑人员经济上的权利剥夺较为欠缺。

根据国外立法，"资格刑有广义与狭义之分。狭义的资格刑，是指剥夺犯罪人担任公职或作为公职候选人的资格，以及犯罪人在公法上所享有的其他某种权利，即所谓的褫夺公权。广义的资格刑，除上述狭义资格刑的内容以外，还包括剥夺犯罪人在私法上的某些权利以及从事某种职业与活动的权利。"③ 欧陆刑法学中的资格刑，最早来源于罗马法。罗马法基于报应理论，对犯罪人以人格减等的方法降低其法律地位，从而起到报应与惩罚的作用。而随着现代刑法的发展，资格刑也从之前的只剥夺公权发展为剥夺公权与私权并用的方法。于现代刑法而言，资格刑的内容不断扩大，成为现在的广义的资格刑。资格刑具有多重性格，有的资格刑具有明显的刑罚性质，因而被规定为主刑或附加刑。有些资格刑是基于社会保安的需要，是为了防止行为人利用某种资格进行犯罪，因而具有明显的

---

① 袁彬："刑法制裁措施多元化的功能审视与结构完善"，载《法学评论》2018年第4期，第81页。

② 史丹如：《中国非监禁刑执行改革问题探究》，中国政法大学出版社2016年版，第4页。

③ 张明楷：《外国刑法纲要》，清华大学出版社2007年版，第400页。

保安处分的性质。例如，《德国刑法典》第 44 条将禁止驾驶规定为从刑，第 61 条又将剥夺驾驶许可与执业禁止规定为保安处分[①]。亦即，在国外，有将类似禁止令在刑法中规定为资格刑的一种。

根据各国之立法，广义的资格刑主要包括以下几方面内容：一是剥夺公权；二是剥夺亲权；三是剥夺从事一定的职业或营业的权利；四是剥夺从事一定活动的权利[②]。从我国现有的刑罚制度来看，除了我国附加刑中的剥夺政治权利之外，刑法修正案（八）增加的禁止令，具有类似于境外资格刑的性质。但是，基于我国《刑法》第 32 条、第 33 条、第 34 条对刑罚种类的规定和划分，刑种中并没有包括禁止令这一刑种。因此，本书认为，将禁止令理解为具有预防犯罪功能之保安处分性质的非刑罚措施。

"非刑罚措施，是指审判机关根据案件的不同情况，对于犯罪分子直接适用或者建议有关主管部门适用的刑罚以外的其他处理方法的总称"。[③] 由于非刑罚措施如责令恢复原状、限期治理等作为刑事责任的一种实现方式，既表达了国家对犯罪行为的否定评价和对犯罪人的制裁，又可以使被破坏的环境得到及时整治和尽可能的恢复，因而有些国家在其环境刑事法律中明确规定可以适用特定的非刑罚措施。如《法国环境刑法》第 514.49 条第 2 款规定，在由于从事以上第（4）项、第（6）项和第（8）项指出的违法行为被判刑的情况下，法庭可以下令将未被依法处理的废弃物损害的现场复原，并规定逾期罚款。[④] 该款规定的"将未被依法处理的废弃物损害的现场复原"就是具体的非刑罚处理方法。此外，《俄罗斯联邦刑法典》第 26 章中的多数生态类犯罪、《朝鲜刑法典》第 212 条关于非法经营渔业或狩猎的犯罪和《阿尔巴尼亚刑法典》第 117 ~ 120 条关于土地关系方面的犯罪中，都规定了不剥夺被判刑人自由的类似于责令恢复环境的"劳动改造"，[⑤] 其实质就是责令犯罪人用自己的劳动去恢复被损害的环境。[⑥]

在我国修法过程中，"预防性措施的增设、罚金刑缴纳方式的改革、不同种有期自由刑并罚原则的调整和刑法修正案的生效时间问题等都是《刑法修正案（九）》的重要内容。预防性措施是以预防为主要和直接功能的措施，是相对于惩罚性措施而言的措施。"[⑦] 对预防性措施的引入问题，我国立法中是在《刑法

---

① 张明楷：《外国刑法纲要》，清华大学出版社 2007 年版，第 400 页。

② 张明楷：《外国刑法纲要》，清华大学出版社 2007 年版，第 401—402 页。

③ 马克昌：《刑罚通论》，武汉大学出版社 2002 年版，第 731 页。

④ 赵国青：《外国环境法选编》，中国政法大学出版社 2000 年版，第 717—718 页。

⑤ 《俄罗斯联邦刑法典》，黄道秀译，北京大学出版社 2008 年版，第 128—135 页。

⑥ 赵秉志主编：《环境犯罪及其立法完善研究——从比较法的视角》，北京师范大学出版社 2011 年版，第 118 页。

⑦ 赵秉志、袁彬：《刑法最新立法正义问题研究》，江苏人民出版社 2016 年版，第 204 页。

修正案（八）》增加了禁止令的规定。尽管目前我国刑法学界对禁止令的性质等存在较大争议，但不可否认的是，我国立法已经开始重视预防性措施的运用，以实现特殊预防的直接效果。刑罚从报应走向预防和矫正，这是刑罚现代化的重要体现。具体到我国的立法和司法中，注重行为人个人特点，以教育矫正为目的的刑罚个别化发展，是刑法注重预防的重要体现。在立法和制度层面，积极配套以预防性措施，以确保刑法预防效果的实现。

"刑法制裁措施是刑罚和非刑罚措施的总称。刑法制裁措施的多元化是刑法理念变化、刑法应对犯罪态势多样化和刑法与行政法不断融合的必然要求。晚近20多年，我国新增了禁止令、职业禁止等多种刑法制裁措施，促进了刑法制裁措施的多元化。"① 尽管我国的刑法制裁措施已经有了很大的改善，但从污染环境罪个罪的刑罚适用来看，非刑罚措施的适用还相当有限。特别是针对此类轻罪法定犯，刑罚的预防效果没有得到很好彰显，实务中刑罚效果不佳，这成为实务界普遍关注的一大难题。

当然，宣告刑的判断依赖于法定刑的规定。针对污染环境罪的罪状和法定刑表述，我国刑法分则中没有单独规定资格刑等非刑罚措施。但是，我国刑法总则中有相关的资格刑和非监禁刑措施的规定。在司法实务中，少数判决书中有相关禁止令的规定。由此可以看出，针对目前我国对污染环境罪的相关规定，污染环境罪作为一个轻罪罪名，在刑罚配置方面逐渐往非监禁刑的方向发展，比较符合现代刑罚理念以及刑罚体系的提升和完善之大趋势。

目前，我国《刑法》规定的资格刑共有两种：剥夺政治权利刑和驱逐出境刑。这两种资格刑在刑罚判处后，在执行方面都负担着不同的重要作用，但也分别存在着有待于完善之处。我国刑法修正案新增加的禁止令，到底是什么性质呢？可否归入资格刑的范畴？随着现代刑法的发展，刑罚轻缓化成为国际趋势。在自由刑普遍趋于轻缓的同时，财产刑适用率有所提升，资格刑的完善和刑罚体系的现代化成为刑罚改革的重要指向。本书认为，禁止令应当属于现代刑法中的资格刑。基于罚金刑与资格刑在现代刑罚体系中的重要地位，本书认为，对污染环境罪除了普遍适用罚金刑制度，还应当考虑适用以禁止令为代表的资格刑。在目前我国尚未将禁止令规定为资格刑的状况下，禁止令作为一种刑法修正新增加的具有保安处分性质的非刑罚措施，应当在实务中发挥其重要的预防犯罪功能。在条件成熟的时候，可以将禁止令等相关规定，直接规定为刑罚之重要刑种，进而成为我国刑法中真正意义上的资格刑。

国外和我国对非刑罚措施的重视程度不同，实践中产生的效果也不一样。

---

① 袁彬："刑法制裁措施多元化的功能审视与结构完善"，载《法学评论》2018年第4期，第73页。

“在环境犯罪中，非刑罚措施作为刑罚之外承担刑事责任的一种方式已经受到有些国家的重视。如法国已经在其环境刑事立法中明文规定了‘将未被依法处理的废弃物损害的现场复原’这种非刑罚处理方法。俄罗斯、朝鲜、阿尔巴尼亚等国家在其环境犯罪中规定的劳动改造和朝鲜、阿尔巴尼亚等国家在其环境犯罪中规定的没收犯罪工具，虽然在形式上作为刑罚的一种，但是实质上应是一种非刑罚措施。我国刑法在环境犯罪中并无类似于责令恢复环境、限期治理等非刑罚措施的规定，还没有重视发挥非刑罚措施在应对环境犯罪中的作用。”①

从现代刑罚轻缓化发展的角度看，非刑罚措施的完善和运用，是近现代缓刑、管制、假释适用率提升之后，必须要完善的措施。同时，非刑罚措施的完善，有利于其他处罚手段与刑罚的衔接，进而保障刑罚执行的法律效果和社会效果。就我国目前立法，虽然刑罚总则中规定了对于犯罪情节轻微不需要判处刑罚的情形，适用种类仅限于训诫、责令具结悔过、赔礼道歉、赔偿损失、行政处罚和行政处分。事实上，在实务中，很少适用相关的非刑罚措施。尤其是对于情节较轻从而判处较轻刑罚的污染环境罪，从调研情况看，适用非刑罚措施的很少。从调取的132份判决来看，只有2份判决中提到。1份判决适用了禁止令，1份判决要求犯罪人参加社会公益劳动配合改造。“在国外，类似于责令恢复原状、限期治理等非刑罚措施作为刑罚的必要替代或补充措施，已经受到一些国家的重视，如《法国环境刑法》第514·49条第2款明确规定，在由于从事该法指定的特定违法行为被判刑的情况下，法庭可以下令将未被依法处理的废弃物损害的现场复原。”②

目前，我国的环境犯罪从宣告刑来看，表现为轻罪，尤其是对有悔罪、主动赔偿等情节的犯罪人，司法实践中往往适用缓刑。结合国外的刑罚执行措施，国外有灵活多样的易科刑罚制度，比如易科罚金、易服劳役、易服社会劳动，以及缓刑附带处分措施。从调研的情况看，福建省检察院联合公安、法院联合出台文件，对被判处适用缓刑的环境类犯罪的犯罪人发出“生态修复令”，确保生态修复责任落到实处的做法，有待理论界进一步深入探讨。

现代刑罚理论认为刑罚的目的在于预防和矫正犯罪人，而不是简单的报应。面对日新月异的社会情状，以生态法益为代表的新法益需要刑事立法和刑事司法及时做出回应。而在刑罚轻缓化大趋势下，非监禁刑的适用需要实现其立法的初衷效果。因此，我国刑罚体系自身的完善和更新，便显得尤为重要。刑罚执行效

---

① 赵秉志主编：《环境犯罪及其立法完善研究——从比较法的视角》，北京师范大学出版社2011年版，第121页。

② 赵秉志主编：《环境犯罪及其立法完善研究——从比较法的视角》，北京师范大学出版社2011年版，第122页。

果是衡量立法目的能否实现的重要指标，而科学的刑罚体系建构，更是优化我国刑罚配置，实现刑罚配置科学化的关键环节。特别是在当下法定犯及轻刑化时代，通过刑罚体系的革新与完善以实现刑罚的预防效果，这是实现我国合理配刑的重要途径。

（二）完善生态修复机制

2014年7月3日，最高人民法院在出台的《关于全面加强环境资源审判工作为推进生态文明建设提供有力司法保障的意见》中，明确提出要探索建立环境修复制度。如上文所论述，生态环境破坏容易，修复难。刑罚也只是针对之前的破坏行为而进行的威慑性和补偿性惩罚，刑罚本身对环境的修复并无直接效用。因此，对于已经被破坏的环境，需要有一套完备、可行、高效的环境修复机制，对被破坏的环境进行修复和治理。治理的难度不言而喻，可持续性运作机制的完善便是为了应对现实中执行难、操作难、资金难、关系复杂等现实问题。

在实务中，环境修复遇到诸多现实难题，查处动力缺乏、可持续性欠缺、人员不足、时间长、成本高、技术依赖高等特点，导致环境修复成为困扰社会的一大难题。尽管目前随着环境类案件的案发，司法部门介入并进行引导，在实践中，依然遇到诸多难题。调研显示，目前各部门对被告人是否全面履行生态恢复义务缺乏有效监督手段，导致部分被告人存在侥幸心理，在缓刑考验期间消极履行造林管护义务，使得生态恢复效果大打折扣，达不到预期效果。此外，在大气、水体、矿产、土地等资源环境领域，相关行政机关执法重点基本停留于“制止性罚款阶段”，对如何修复生态还缺乏基本的思想理念、基本动力、工作机制和技术保障。①

从现代惩罚正义的视角看，惩罚犯罪并非刑罚的唯一目的。同样，在处理污染环境案件时，对环境的修复和事后处理，显得尤为关键。毕竟社会和民众关注的焦点在环境法益，而非刑罚本身。如有学者强调的，“罪犯受到的惩罚意味着受害者得到的正义，这种观点十分值得商榷，因为在现代宪政国家中，刑事程序不同于民事程序。此外，前者由代表共同体利益的国家检察官来贯彻执行，后者则发生在私人双方之间。至多，受害者以共同诉讼人的身份一并出现，并且惩罚决不会视为是对他们受到侵害的权利的补偿。”② 因此，国家行使刑罚权而惩罚犯罪人，并不等于被害人的权益已经得到了补偿或修复。同样，对环境破坏者的惩罚，并不必然等于环境法益的自然修复，更不能等同于环境案件受害人的权益

---

① 林玫瑰：“修复性司法理念在生态审判领域的拓展途径”，载《〈福建检察〉选集（2013－2014）》，第320页。

② ［德］梅尔（Merle J. －C.）：《德国观念论与惩罚的概念》，邱帅萍译，知识产权出版社2015年版，第9页。

得到了相应补偿。就污染环境案件，其案件的被害人有显性和隐性之分。其中，显性的被害人更为直接和具体，其受害程度也更明显。比如，因为水或土壤被破坏，身体出现非常严重或难以治愈的疾病，甚至直接导致死亡等。故除了要惩罚犯罪人，还要考虑环境的修复，同时还要应对被害人的补偿和心理、健康等的修复问题。

第二节　污染环境罪相关的立法调整

“环境是指影响人类生存和发展的各种天然的和经过人工改造的自然因素的总称，包括大气、水、海洋、土地、矿藏、森林、草原、野生动物、自然遗迹、人文遗迹、自然保护区、风景名胜区、城市和乡村等”①。相对于《刑法》中的14个罪名，我们可以发现《刑法》对于草原、湿地、海洋等方面的立法规定不尽完善。因此，对于污染环境罪的立法问题，除了立法所需求的精细化和专业化问题而引出的立法模式问题，还有相对应的刑罚配置问题。

在我国《刑罚修正案（十一）》出台之前，就有学者提出：“污染环境罪作为环境污染犯罪的最核心罪名，为了与非法处置进口的固体废物罪的法定最高刑十五年相持平，避免法院为‘平民愤’而改以投放危险物质罪定罪处罚，因应当前国家对生态文明建设前所未有的重视，其法定最高刑以提高到十五年有期徒刑为宜，即应设置污染环境罪的基本犯、后果严重、后果特别严重三个档次的法定刑幅度。”② 当然，《刑法修正案（十一）》已经对污染环境罪的法定刑进行了调整的提升。但是，从未来的发展来看，污染环境罪在刑罚配置方面，将会有继续的修订和调整。

一、立法方式的调整：期待行政刑法

刑法就立法体例不同，分为主要刑法与辅助刑法。其中，辅助刑法又分为刑法当行法与附属刑法，附属刑法也常常被称为行政刑法。在各国，行政处罚与刑事处罚之间存在着错综复杂、看似简单但异常复杂的情况。尽管我国在立法立例上，尚没有真正意义上的行政刑法。

刑法与行政法同属广义的公法，只是各自有其目标、架构、基本原则、制裁手段及救济途径，故归属于不同的法学领域。二者即便在本质存在不同，刑法与

① 《环境保护法》第2条。

② 陈洪兵：“‘美丽中国’目标实现中的刑法短板及其克服”，载《东方法学》2017年第5期，第48页。

行政法仍有可能产生交错、相互影响的现象。刑法可能对行政法产生规范效应，而行政法也可能成为刑法适用的先决条件。“从本质而言，刑法是一种被动性，且不具弹性的法规。”① 刑罚制裁在形式上要求更为严格，在内容上更为严苛，当然，处罚的时间性方面也体现了相当的滞后性。为了有效衔接社会一般违规行为之行政处罚与较为严重的犯罪行为之刑事处罚，很多国家在立法上将行政规范与刑法规范有机地联系起来，形成较为发达的行政刑法体系。

行政处罚虽然具有及时性和高效性等特点，但同时也可能带来人权保障方面的欠缺和不足。因此，对某些制裁措施的司法化处理，实质上是在程序正义与实质正义，以及效率与公正之间找寻恰当的平衡。正如《行政刑法新论》一书中所表述的，“司法化的目的就是为了推进国家法治化，包括刑事法治的进程。其意义当然在于切实地保障人们的正当权益。”② 相比较而言，在行政刑法较为发达的国家，行政法与刑法的关系如下：（1）行政法的位阶与刑法位阶同阶；（2）行政处罚与刑事处罚在立法上进行无缝对接，形成了真正意义上的行政刑法；（3）随着法定犯时代的到来，刑法的行政从属性在立法和司法中得到一以贯之；（4）以日本为例，发达的行政刑法体例，既确保了刑法的稳定性，又在立法技术和司法运作方面，有效地规制了不断出现的社会新矛盾、新问题。

社会是不断变化发展的，在不断变化发展的社会情状下，社会问题层出不穷。以恒定之刑法，将不足以规范人类各项社会行为，因而常有无法与时俱变，实际发挥保护法益之功能。因而针对社会治安及价值观日益复杂的社会发展之趋势，往往有以刑罚作为贯彻行政目的之手段，扩大“行政刑法”之立法③，或将部分犯罪构成要件委任行政机关以行政命令或行政处分补充之④。客观而言，行政刑法的发展，事实上是严密刑事法网、科学化刑法立法的直接结果。目前，较为通说的观点为，“行政刑法是指在行政法规中所附加规定的有关犯罪与刑罚的刑事规范的总称”。⑤ 在法制较为发达的日本，有着较为繁荣的行政刑法立法和立法实践。尽管在理论上对行政刑法的属性有所争议，但各国的发展情况都表明：尽量地用司法权约束行政权，通过司法化的形式保证惩罚的程序正义，进而实现保障人权的目的，这是现代法治进步的表现。

行政刑法在诸多国家的繁荣和发展，在实时上发展了刑法的行政从属性，也

---

① 郑昆山：“从‘法治国原则’论集会游行刑事罚之‘行政从属性’—兼论‘司法院大法官会议’释字第四四五号解释”，《律师杂志》第222期，第25页。

② 李晓明：《行政刑法新论》，法律出版社2014年版，第185页。

③ 林山田：《刑法通论》，1995年作者自版，第21—22页。

④ 郑昆山：《环境刑法之基础理论》，1998年作者自版，第178页。

⑤ 张金鉴主编：《〈云五社会科学大辞典〉（第七册）·行政学》，台湾商务印书馆1973年版，第265页。

是在立法和制度上，很好地衔接了行政处罚与刑事处罚二者之间的间隙。“刑法之行政从属性，就人类文明及社会环境的现况，自有其必要，且在法学的发展，亦属无法避免之现象。然而，此一刑法特殊之情形，不仅异于传统刑法原理原则的思考，可说是行政法对刑法的渗入”。与其说行政刑法的发展是行政法对刑法的渗入，不如说是刑罚措施与行政处罚二者全方位的融合，是一个国家制裁体系和谐化、科学化、现代化、可操作化发展的具体体现。当然，尽管各国对行政刑法态度不一，立法体例也各有差别，但从专业的角度而言，在立法层面将行政处罚与刑罚直接对接的立法方式，给司法实务带来了诸多方便。既有利于司法裁量的具体操作，又给现实中常常处在模糊状态的行政处罚与刑罚的纠结关系，变得清晰。

根据目前我国现有的刑事立法，从环境犯罪的刑事立法可以发现，环境犯罪它不是一个具体的罪名，它是一个类罪，共9个条文15个罪名。这15个罪名分为污染型环境犯罪和破坏资源型环境犯罪两大类。其中，污染型环境犯罪包括刑法第338条的污染环境罪和第339条第1款的非法处置进口的固体废物罪。我国刑法关于污染环境犯罪，主要规定在第338条的污染环境罪，及第339条的非法处置进口固体废物罪和擅自进口固体废物罪。作为中国污染环境犯罪中的核心罪名，第338条规定的污染环境罪，囊括了对包括大气、水、土壤等环境类造成污染进而构成犯罪的犯罪行为，承载了中国打击惩处污染环境犯罪的主要使命。与其他国家或地区大量适用附属刑法的二元立法模式不同，中国主要将以污染环境罪为核心的污染环境类犯罪，集中规定在刑法典第六章（妨害社会管理秩序罪）的第六节（破坏环境资源保护罪）中。

从比较法视野以及实务调研情况看，污染环境罪的构罪形式多种多样，既包括对水的污染，也包括对土壤的污染。并且行为方式多种多样。尽管我国司法解释对污染环境罪的定罪进行了细致规定，但实务中，还是问题多多，困境丛生。因此，本书建议，将污染环境犯罪类型化为无数多个具体相关罪名。比如，分别针对水污染犯罪、大气污染犯罪、土壤污染犯罪、噪声污染犯罪等犯罪，以及不同的犯罪方式，进行细化规定不同的罪名，进而改变目前粗犷的立法样态。

从立法模式方面，目前我国采取一元的立法模式。即便是如上文所述，将破坏环境资源保护罪单独规定为一章。基于现实的需要，有关专业领域的立法，本书认为，在必要的时候，依然可以考虑并用附属刑法的立法模式。客观而言，附属刑法在我国并非理论上不可行之路径，而是基于现实中的立法路径选择，将立法的重点倒向了刑法典独大的一元立法模式。从现实的状况看，随着我国国家和社会的继续发展，民众对于立法的清晰性和准确性要求的提升；以及，即便侵害的是同一法益，但基于不同的行为方式和行为样态可能会构成不同的犯罪，并对应不同法定刑的情况渐多，罪名的增加是情理中的事。但是，增加罪名，特别是诸多的轻罪，需要与行政处罚进行无缝对接。不管是行为方式，还是法益侵害的后果，甚或是责任承担方式等，采取附属刑法的形式，都有其特有的优势。结合各国采取附属刑法的经验和收获，本书认为，针对污染环境犯罪，从立法的层面进行考量，的确有必要采取附属刑法的形式，以解决目前我国因为立法之不明确而导致的种种司法困境。

二、立法增加过失污染环境罪

从严格的刑法解释学的角度看，目前我国《刑法》第 338 条规定的污染环境罪的罪过形式，应当是故意。如有学者所言，“污染环境罪的基本犯的责任形式只能是故意，不可能是过失，因而也不能采取混合说或者模糊罪过说。[①]”对污染环境罪的罪过形式的争论，历时已久，但一直没有定论。为了消除这一无法有定论的纷争，笔者认为，需要从立法上下功夫，进一步明确污染环境罪的罪过形式[②]。从调研情况看，实务中也部分污染环境罪案例，法院判决为过失构成污染环境罪。这说明，实务中的确存在不是故意犯罪，而构成污染环境罪的。实务和现实的需要，是立法调整的重要基础，也是刑事一体化思想的宗旨所在。

虽然有学者认为，从目前刑法解释学的角度，依然能解决污染环境罪的惩处问题。“如果过失排污行为单纯地环境污染，没有造成人身伤亡，也没有造成危害公共安全的其他结果，不符合其他过失犯的构成要件的，对之不以犯罪论处，只追究行政责任或者民事责任，也不缺乏合理性。这是因为，既然危害并不严重，预防的必要性也较小，不以犯罪论处就是完全合适的。换言之，与刑法第 115 条第 2 款、第 119 条第 2 款的规定相比，对这种行为不以犯罪论处，没有不当之处。[③]”但是，笔者认为，要彻底消除污染环境罪之罪过形式长期以来的论争，明确污染环境罪的刑罚配置，则需要增设污染环境罪的过失犯，即立法明确规定，过失可以构成污染环境罪。通过立法明确处罚污染环境罪的过失犯，既从源头上解决了污染环境罪的责任形式，也从刑罚配置的角度，明确了污染环境罪的刑罚配置量。即不管是故意，还是过失，只要达到“严重污染环境”标准的，即构成污染环境罪。从刑罚配置的角度而言，事实上也是加大了污染环境罪的刑罚配置量，以防控日益猖獗的污染环境类犯罪。

三、前置法需严厉惩处，刑法需恪守谦抑

相比其他行政刑法发达的日本等国家或地区，我国行政制裁体系有着自身独

---

① 张明楷：“污染环境罪的争议问题”，载《法学评论》2018 年第 2 期，第 1 页。
② 何群、储槐植：“论我国刑罚配置的优化”，载《政法论丛》2018 年第 3 期。
③ 张明楷：“污染环境罪的争议问题”，载《法学评论》2018 年第 2 期，第 19 页。

特的特点。如,(1)行政法自身体系庞杂、滞后;(2)行政法规、规章实质上的权力膨胀和重要影响,与法律位阶偏低之间的矛盾;(3)行政处罚在处罚严重程度,在性质评价上的位阶低,与事实上的处罚严厉之间的矛盾;(4)我国现有立法并没有真正解决刑法的行政从属性问题,导致行政处罚与刑事处罚二者之间关联度欠缺,对接不畅。客观而言,我国行政制裁体系自身的特点,是阻碍我国行政刑法繁荣发展的重要制度原因。客观而言,即便是在我国目前只有独立统一刑法典,将几乎所有的罪刑规范都规定在刑法的状况,看似目前立法统一、明了,不会给司法带来操作上的麻烦。但事实上,表面上的统一和易于操作,已经不能在事实上适应现代社会发展的要求。建立、完善、丰富、发展较为完备的行政刑法体系,不管是在立法层面,还是制度建设方面,都是目前我国法治发展所亟须解决的重要问题之一。

在我国立法权、行政权、司法权三种权力的分配中,基于种种历史原因,行政权过于膨胀,亟须法制化进行规范和合理约束。但同时,与之相对应的行政法及其各种行政性法规,在立法上缺乏相应的系统性,包括部门法规、规章等行政性法规,存在样态多样、影响深远、涉及经济生活的方方面面,但在法的位阶上又不及其他部门法高。因此,便形成了行政法自身之重要性与其法律位阶不足,以及行政处罚在本质上轻于刑事处罚但在事实上可能超过刑事处罚等紧张关系。基于此,行政处罚与刑事处罚二者之间的对接和配合对我国法治化的推动有着非常积极的重要意义。

为了对过于膨胀的行政权进行规范和限制,目前,我国刑法立法出现了行政违法行为入罪化的特点和趋势,《中华人民共和国刑法修正案(九)》(以下简称《刑法修正案(九)》)表现最为明显。所谓行政违法行为的犯罪化,是指将原本属于行政违法的行为在刑法中规定为犯罪。尽管《刑法修正案(八)》之前的历次刑法修正中已有将行政违法行为犯罪化的情况,但《刑法修正案(九)》是将行政违法行为犯罪化规模最大的一次。有十余种行政违法行为被规定为独立的犯罪或者在原有犯罪中被增加规定为其中的一种情形。[①] 这种通过刑法修正案的形式,协调行政处罚与刑罚之间的关系,将之前的行政违法行为入罪化和司法化处理,具有中国刑事立法的独特特点。当然,也是基于我国特有的刑事司法制度和司法特点,所采取的一种立法处理模式。

行政法与刑法二者之间的关联与衔接,关系到一个国家的治安状况及社会秩序状况。尽管二者都是公法,但是二者在性质上有着较大的差别。行政法具有主动性和灵活性,行政机关处理问题,可以更灵活主动地介入,以实现国家监督、

---

① 刘志伟:"《刑法修正案(九)》的犯罪化立法问题",载《华东政法大学学报》2016年第2期,第23页。

管理的职责。然而，刑法具有最后性，需要穷尽其他各种法律手段，最后再考虑刑法。因此，刑法的谦抑性，导致了很多违法行为处在入罪化和除罪化的边界点，界限也可能是模糊的。在具体操作过程中，也存在行政制裁手段是否足够威慑、制裁违法行为的忧虑，即刑法是否要介入的思考。

刑法与行政法都属于公法，其首要功能在于维护社会的稳定和正常秩序。对很多社会失范行为而言，既是刑事犯罪行为，同时亦是行政违法行为。亦即，刑法规范规制的诸多犯罪行为，在行政法层面，同样也具有行政违法性质。从制裁体系的系统化和合理化的角度出发，立足于我国现有独特状况，借鉴域外行政刑法立法和司法方面的宝贵经验，建议发展出一套符合我国国情的行政刑法理论，并付诸实践，以推动我国法治化进程。从我国的现实情况出发，合理衔接行政处罚与刑罚系统以实现我国制裁体系的科学化和现代化。当然，这也是一个系统性的问题。从世界各国的情况看，行政刑法的繁荣和发展，是社会发展的需要，行政刑法规范可以使得刑法随着行政法规或命令，迅速对当代社会环境作出适当的反应，以实现刑法保障法益的功效。当然，行政刑法在各国的繁荣和发展，既显示了刑法的行政从属性，也是在有效衔接行政处罚体系与刑罚体系以促进各国制裁体系合理化发展的理性选择。笔者认为，行政处罚与刑事处罚之间在立法、司法以及制度层面的衔接，在很大程度上倚赖于行政刑法的繁荣和发展。期待我国行政刑法在立法和实践面上的繁荣，拭目以待。大概，这也是李晓明教授长期以来研究行政刑法理论之目标和内心期待。

随着我国刑法学朝着“严而不厉”的方向纵深发展，行政处罚与刑罚之间的关系，变得日渐复杂且急需处理。一般而言，刑事处罚应该要比行政处罚更为严重。但随着刑法的轻刑化发展，非监禁刑的大量适用，以及刑法中轻微犯罪类型的增加等，导致了诸多刑罚处罚在事实上的过于轻缓，而一再颠覆了一般人对行政处罚与刑罚之间正常位序的理解。比如，行政处罚中的行政拘留是事实上的约束行为人的人身自由，事实比刑罚中的管制、缓刑处罚得轻，尽管二者在性质的划分上，一个属于行政处罚，一个属于刑罚。再比如，行政处罚中针对行政违法行为的资格罚，对企业等相关行为人所处的吊销营业执照等处罚，在事实上就可能比刑罚中对单位犯罪的企业所处的罚金刑在实质上更为严重。因为对于需要经营的企业而言，丧失营业资格要比单纯的罚金，事实上造成的损失要大得多。二者在事实上的严重程度对比，与常人理解的行政处罚与刑罚之关系有了一定程度的反差。因此，随着刑法轻刑化时代的到来，行政处罚与刑罚之间的衔接和体系性融合，日趋重要。让环保理念深入人心，除了刑罚的介入，还需要有系统性的配套措施加以跟进。刑法作为最后的保障法，依然需要保持其特有的谦抑性，但行政性等前置性措施需要加大处罚，以确保刑法的最后性和权威性。

第三节 污染环境罪的司法走向

司法是实现立法目标的重要途径，因此，在应对污染环境罪相关问题的时候，司法应对也非常重要。在我国立法对污染环境罪进行调整的情况下，司法除了出台司法解释对相关解释和适用标准进行细化和标准化之外，从司法制度的层面，具体到污染环境罪，也存在一些规律性的具体调整。从长远来看，污染环境罪的司法走向主要包括：加强行政处罚与刑罚的衔接；加大行政处罚的惩处力度；在立法的扩张形式下，尽量通过司法进行限缩等。

一、加强行政处罚与刑罚的衔接，注重提升行政处罚的效果

行政处罚与刑罚都是用来应对社会违规行为的重要制裁措施，在不同国家，甚至同一地区的不同时期，都有其自身的特点。当然，不管是哪国的制裁体系，行政法规制的违法行为与刑法规制的犯罪行为，都存在诸多的交叉和模糊阶段。因此，一个行为到底属于行政违法行为，还是犯罪行为，很多时候可能只是一个判断问题。量和程度上的差别，很可能直接导致了行政处罚与刑罚方面的差异。自古以来，各国的行政权与司法权之间便存在着诸多交叉难解的关系。因此，行政处罚与刑事处罚之间的关系，既清晰又模糊。对一个违法行为，到底是进行行政处罚，还是刑事处罚，在理论上二者的界限异常清晰、不可辩驳，即对行政违法行为应该进行行政处罚，犯罪行为应当进行刑事处罚。但是，在事实上，二者却有着诸多的交叉、重叠，甚至在处罚的严重性上存在不对称的情况。一般而言，犯罪应该是比行政违法行为法益侵害程度更大，或主观恶性更甚的违法行为。因此，对同类行为的刑事处罚应该要比行政处罚不管是质还是量上，都应该要处罚得更为严重。行政处罚与刑罚制裁二者之间在制裁手段和制裁内容上的衔接，对促进我国的制裁体系的科学化有着非常重要的理论和现实意义。

污染环境罪作为典型的法定犯，当然具有法定犯具有的二次违法性的特征。作为一次法的行政法，在对污染环境行为的惩处方面，应该加大惩处力度，并希望通过惩处的及时性和不可避免性来实现控制违法行为的现实效果。特别是针对已经构成单位犯罪的污染环境行为，行政处罚要比刑罚对单位犯罪所设置的唯一惩处方式罚金，惩处方式更多，力度也可能更大。对于单位这种拟制的人，刑法的惩处是单一而有限的，尽管对于自然人而言，刑罚是最严厉的惩罚。但是，对于企业法人（单位）而言，行政处罚所规定的暂定营业、吊销营业执照等具体的惩处措施，在某种意义上类似于自然人的监禁刑，甚或死刑。

刑罚对单位所规定的罚金，虽然理论上认为本质上与行政处罚有本质上的差别，一个是行政处罚，一个是刑罚。但对于法人（单位）这种拟制的人而言，罚款和罚金，事实并没有本质的差别，且二者在数额上都没有设置具体的上限。事实上，在英文的表述中，二者的表述一样，都是 fines，并没有实质的差别。如有学者亦认为，“不可否认的是，在刑法犯、行政犯和秩序违反行为之间，一般来说在法益侵害或者社会伦理的非难程度上是存在差异的，但是，应当认为，这种差异只是量上的，而不是本质上的。这样的话，则刑法的原则中由制裁的性质所推导出的那部分基本性原则，也应该适用于行政制裁。当然，《刑法》总则的规定并非都适用于行政制裁，但至少罪刑法定主义、责任主义以及罪刑均衡这些近代刑法的大原则应当一般性地适用于行政制裁。”① 当然，如果我国学者认为行政处罚与刑罚之间有本质的差别，也大概是认为两个部门法在法的性质上有差别。因为行政法和刑法分属于不同的部门法，进而认为行政处罚与刑罚在本质上有所不同。本书认为，在对待单位犯罪方面，行政处罚的力度实质上比刑法所设定的罚金刑的力度更大。虽然刑罚在本质上属于最为严厉的惩处措施，但是对于单位犯罪而言，需要加强行政惩处的力度，加强行政处罚的及时性和不可避免性方面的落实，并注重提升行政处罚的效果，尽量把污染环境行为遏制在行政违法阶段。

二、加大行政处罚的惩处力度，实现行政法的过滤功能

污染环境罪是典型的法定犯。在将污染环境行为界定为犯罪行为之前，应该先对其进行充分的考量，即到底是行政违法行为，还是刑事犯罪行为。“只有在其他的社会统制手段不够用，并且行为具有高度的违法性和有责性因而值得动用刑罚时，才能科以刑罚，除此之外的大部分违反行政义务的行为应该作为行政罚的对象。”② 尽管对单位而言，惩处力度最大的应该是行政处罚，但是对于单位的“负责人”，即自然人而言，刑罚是最严厉的惩罚。

关于单位犯罪，我国在立法上肯定了单位犯罪肯定说，但没有解决单位犯罪中自然人责任的依据以及受刑主体范围的问题。单位犯罪内的犯罪主体是否仅限于单位，学理上尚未达成一致观点。在这一犯罪中，到底是两个犯罪主体、两个受刑主体（双罚制）还是一个犯罪主体、两个受刑主体，一直是备受讨论的问题。张明楷教授认为，单位犯罪是单位本身的犯罪，单位内部职员并不是单位犯罪的主体，内部职员之间也不构成共同犯罪，因此他主张的是“一个犯罪，一个犯罪主体，两个受刑主体（双罚制）的观点”。责任主义下“两个受刑主体”

---

① ［日］佐伯仁志：《制裁论》，丁胜明译，北京大学出版社 2018 年版，第 16 页。

② ［日］佐伯仁志：《制裁论》，丁胜明译，北京大学出版社 2018 年版，第 25 页。

的提出引发了学者的诘难。采取“一个犯罪主体”的观点，无论是在双罚制还是单罚制下都面临着责任主义原则的批判。

根据同一主体原理，单位意志具有拟人化的独立性，与单位犯罪行为有实质关联的董事会、高级管理人员等自然人的主观意志可归结为单位意志。在承认单位意志具有独立性的同时也变相承认了单位内部特定自然人意志的双重性。单位内部自然人独立的意志，决定了其在意志自由的情况下负有不实施犯罪行为的义务和条件。因此，可以认为单位内部自然人是在意志自由的情况下积极参与了单位犯罪。另外，单位内部自然人的意志及行为又是导致单位犯罪的重要原因，因此，黎宏教授认为单位内部自然人具有承担刑事责任的理论基础。但是，既然承认单位犯罪主体只有一个，即仅为单位自身，且已经将单位内部自然人的意志上升为单位的整体意志、单位内部自然人实施的行为归结为单位的犯罪行为，那么相应的自然人已经失去了独立评价的意义，完全成为单位这一犯罪主体的组成部分要素了，处罚单位内部特定自然人是对现代责任主义原则的违反。对此，黎宏教授认为处罚单位其他直接负责的人员和其他直接责任人员是功利主义的结果。因为单位是无法感受刑罚带来的身体的、精神的剥夺和痛苦的，故将单位内部自然人视作为单位犯罪的受刑主体即便有违罪责自负原则，也只能通过惩罚单位背后特定的自然人才能够发挥刑罚威慑的作用，实现预防犯罪的目的①。同时，“为防止自然人利用单位犯罪的外壳作为减轻其刑罚的理由，刑法也必须惩罚法人面纱背后的自然人②”。

为了更好地发挥刑罚的经济效应，应该只有对单位犯罪事实负有直接责任的人员才需要承担刑事责任。为此，刑法限定了只有对单位犯罪直接负责的人员才是受刑主体。但对于主管人员工作失察、放任下属进行单位犯罪活动是否应该为此对其进行处罚，理论上有不同观点。从司法实践的情况来看，虽然我国刑法规定承担刑事责任的个人，应该为“直接责任人”。但是，实务中存在大量没有决策权力，没有实质参与决策，甚至对自身行为缺乏违法性认识的普通工人，成为污染环境行为的刑事责任承担者。本书认为，在惩处污染环境这类从行政违法行为发展起来的行为时，特别是对于诸多危害后果不明显，又是初犯、偶犯，应当着重教育。考虑刑法的经济性和最后性，在可能出罪的情况下，通过司法的手段进行出罪处理，但责成相关司法行政部门，对涉及的企业（单位）进行严厉的行政惩处。亦即，在可能的情况下，加大行政惩处的力度，通过行政处罚的形

---

① 黎宏：“论单位犯罪中‘直接负责的主管人员和其他直接责任人员’”，载《法学评论》2000年第4期，第63—69页。

② 郭自力、陈文昊：“单位犯罪的刑事政策意涵”，载《辽宁师范大学学报》（社会科学版）2016年第5期，第22—30页。

式，将生态法益保护提前化。尽管从制度设计来看，行政处罚一直是刑罚的前置要件，但实务中，行政处罚并没有很好地发挥其重要作用，进而将刑罚推向了“前端”。因此，基于刑罚的负面效果，以及刑法本身的滞后性和谦抑性，应当将制度设计中的行政处罚的效用发挥好，并确保行政法的过滤功能，以确保刑罚的最后保障性。

三、立法扩张，司法限缩

根据上文所述规范违反说理论，规范本身具有宣示功能，即立法本身便预示着国家的立场和方向。因此，“在社会期待的巨大压力之下，立法者即便明知特定的规范很少有事实上的作用效果，也乐于制定一些象征意义的规范。这正是现代刑法从功利范式向象征范式转变的体现。传统的刑法观念固守刑罚预防犯罪的目的，因而认为刑法必须通过行为模式的控制完成犯罪预防的功利性任务。不过象征主义的观念认为，刑罚首先宣泄了公众对犯罪行为的愤怒，因而它也必然具有宣示的功能，并以此间接地迎合了公众的期待。”①

具体到污染环境罪，立法扩张，司法相对限缩的状态，依然适用。比如，随着生态法益日益重要，立法上对于生态法益的保护法网日渐严密，所设置的法定刑也不断“高配”的时候，司法所体现出来的应当是相对限缩的状态。司法的限缩是相对于立法的不断扩张而言的，即污染环境罪在不断提升法定刑，从调研的情况看，事实上的宣告刑的平均数也不见得必然与宣告刑保持同样的上升幅度。事实上，对于罪刑确定，立法确实是核心和基础，但其也带有“象征性”和“宣示性”。通过立法的形式，确定生态法益的重要地位，实务中的宣告刑从概率的层面，当然也是有一定的提升。但是，总体来看，司法在确定宣告刑时，总体上会更体现刑法谦抑的特点。相对于立法的扩张，司法在宣告刑上的升幅是缓慢的。因此，笔者将其定义为：立法扩张，司法限缩。此处的限缩，是相对于立法的扩张速度和幅度，而不是相对于之前的司法状态。因为从总体来看，立法上配置的法定刑有所提升，司法所确立的宣告刑一定会有一定幅度的提升。本书所指之“司法限缩”，则是指相对于污染环境罪之刑罚配置之立法增幅，司法更体现为谦抑和缓慢变化。

正如储槐植先生所言：“对于法定犯，罪过不是很明显，甚至很多都不是坏人，从某种角度而言，甚至是推动社会发展的力量。因此，罪过都不是很大，徒刑不需要很重，剥夺自由时间过长，对特殊预防没有太大的作用。从罪过对应刑

---

① 陈金林：《积极的一般预防理论》，武汉大学出版社2013年版，第33页。

罚的角度而言——主观恶性，与传统的自然犯的罪过不一样。当然，如果出于刑事政策的考量，要将污染环境罪的罪过解释为一种非常重大的恶，则可以考量加大法定刑。但从传统的一般法感觉而言，相比较自然犯，法定犯的危害不是那么直接，有一定的时空差距，且需要其他因素的参与。法定犯惩治的不是行为人的主观恶性，而是危害的结果，或者说是危险。——因此，不需要太重，特别是自由刑部分，不需要太重。”① 当然，污染环境罪作为典型的法定犯，其主观恶性当然与传统的暴力犯罪有所差异。同时，生态法益的重要性，也是随着社会和时代的变化发展而有所提升。基于规范违反说的立法宣示功能，笔者认为污染环境罪立法所配置的法定刑肯定会继续高走。而在具体实践中要实现刑法的谦抑性，则有赖于司法的限缩。

具体到我国通过司法对犯罪圈进行缩小，目前则是需要努力改进和制度化革新的重要方面。目前，我国的刑事司法程序，呈现出正向不可逆的局面，即一旦进入刑事司法程序，则很难进行出罪处理。“刑事司法是具有严肃性和严厉性的，不能轻易动用。一旦轻易动用，反而会破坏这种严肃性和严厉性，就变得不好用了。这就是刑事司法的边际效应，用多了，就不被当回事了。”② 当然，在制度设置方面，我们也因为刑法的严厉性，而一直强调刑法的最后性。因此，我们将行政处罚置于刑事惩罚之前，作为前置法进行处理。特别是我们所讨论的法定犯，更是将前置法的定性和惩处作为刑罚的“必备”程序。

但是，从目前我国的司法状况来看，尽管我国采取了违法——犯罪二元的制裁体系，在入罪之初通过较高的入罪门槛，将很大一部分较为轻微的违法行为通过违法处罚的形式将其“阻隔”在刑事司法程序之外。这种阻隔的方法，既包括刑法中的“定量”因素的规定，也包括诸多犯罪中的“情节犯”的规定。但是，在通过刑事司法确定了具体的数额和入罪情节之后，行为一旦进入刑事司法程序，则很难有办法出罪。即便是目前刑事诉讼法认可的认罪认罚从宽制度，也只是在刑罚的裁量方面从宽，并没有确立实质的出罪标准。尽管我国刑事诉讼法也规定了酌定不诉制度，但事实上，真正通过刑事司法制度出罪的案例，非常少。笔者认为，在未来的刑事司法改革过程中，刑事出罪制度将成为实现刑法谦抑的重要途径。而这种出罪路径，需要对我国目前的刑事司法制度，特别是考核机制进行反思和革新。在转变观念的基础上，努力实现司法限缩的功能。

---

① 2018年4月19日，在北师大进行博士后研究期间，作为先生的指导学生与先生畅聊学术。在先生北大承泽园的家里，先生口述的内容。

② 刘哲：《司法观》，清华大学出版社2020年版，第7页。

也正因为刑事司法的需要，我国的刑事法需要通过司法制度和司法程序的改革，在实质上实现刑罚处罚的范围缩小的问题，因此，有研究者提倡“我们已经迈入了一个新的法治时代，人性司法正在成为新的司法价值观。[①]”在人性司法时代，更要将刑法谦抑理念融会贯通于司法实践中，不断通过案例和程序的刑事，将某些形式上的轻微犯罪，通过司法限缩的形事，将刑罚处罚范围限缩在司法过程中，进而实现立法扩张，司法限缩的结果。

---

① 刘哲：《司法观》，清华大学出版社2020年版，第163页。

附 录

附录一 最高人民法院关于审理环境污染刑事案件具体应用法律若干问题的解释（失效）

（经2006年6月26日最高人民法院审判委员会第1391次会议通过，由最高人民法院于2006年7月21日发布，自2006年7月28日起施行。）

为依法惩治有关环境污染犯罪行为，根据刑法有关规定，现就审理这类刑事案件具体应用法律的若干问题解释如下：

第一条 具有下列情形之一的，属于刑法第三百三十八条、第三百三十九条和第四百零八条规定的“公私财产遭受重大损失”：

（一）致使公私财产损失三十万元以上的；

（二）致使基本农田、防护林地、特种用途林地五亩以上，其他农用地十亩以上，其他土地二十亩以上基本功能丧失或者遭受永久性破坏的；

（三）致使森林或者其他林木死亡五十立方米以上，或者幼树死亡二千五百株以上的。

第二条 具有下列情形之一的，属于刑法第三百三十八条、第三百三十九条和第四百零八条规定的“人身伤亡的严重后果”或者“严重危害人体健康”：

（一）致使一人以上死亡、三人以上重伤、十人以上轻伤，或者一人以上重伤并且五人以上轻伤的；

（二）致使传染病发生、流行或者人员中毒达到《国家突发公共卫生事件应急预案》中突发公共卫生事件分级Ⅲ级情形，严重危害人体健康的；

（三）其他致使“人身伤亡的严重后果”或者“严重危害人体健康”的情形。

第三条 具有下列情形之一的，属于刑法第三百三十八条、第三百三十九条规定的“后果特别严重”：

（一）致使公私财产损失一百万元以上的；

（二）致使水源污染、人员疏散转移达到《国家突发环境事件应急预案》中突发环境事件分级Ⅱ级以上情形的；

（三）致使基本农田、防护林地、特种用途林地十五亩以上，其他农用地三十亩以上，其他土地六十亩以上基本功能丧失或者遭受永久性破坏的；

（四）致使森林或者其他林木死亡一百五十立方米以上，或者幼树死亡七千五百株以上的；

（五）致使三人以上死亡、十人以上重伤、三十人以上轻伤，或者三人以上重伤并十人以上轻伤的；

（六）致使传染病发生、流行达到《国家突发公共卫生事件应急预案》中突发公共卫生事件分级Ⅱ级以上情形的；

（七）其他后果特别严重的情形。

第四条 本解释所称“公私财产损失”，包括污染环境行为直接造成的财产损毁、减少的实际价值，为防止污染扩大以及消除污染而采取的必要的、合理的措施而发生的费用。

第五条 单位犯刑法第三百三十八条、第三百三十九条规定之罪的，定罪量刑标准依照刑法和本解释的有关规定执行。

附录二 最高人民法院、最高人民检察院关于办理环境污染刑事案件适用法律若干问题的解释（2013）（失效）

（2013 年 6 月 8 日最高人民法院审判委员会第 1581 次会议、2013 年 6 月 8 日最高人民检察院第十二届检察委员会第 7 次会议通过，自 2013 年 6 月 19 日起施行。）

为依法惩治有关环境污染犯罪，根据《中华人民共和国刑法》《中华人民共和国刑事诉讼法》的有关规定，现就办理此类刑事案件适用法律的若干问题解释如下：

第一条 实施刑法第三百三十八条规定的行为，具有下列情形之一的，应当认定为“严重污染环境”：

（一）在饮用水水源一级保护区、自然保护区核心区排放、倾倒、处置有放射性的废物、含传染病病原体的废物、有毒物质的；

（二）非法排放、倾倒、处置危险废物三吨以上的；

（三）非法排放含重金属、持久性有机污染物等严重危害环境、损害人体健康的污染物超过国家污染物排放标准或者省、自治区、直辖市人民政府根据法律授权制定的污染物排放标准三倍以上的；

（四）私设暗管或者利用渗井、渗坑、裂隙、溶洞等排放、倾倒、处置有放射性的废物、含传染病病原体的废物、有毒物质的；

（五）两年内曾因违反国家规定，排放、倾倒、处置有放射性的废物、含传染病病原体的废物、有毒物质受过两次以上行政处罚，又实施前列行为的；

（六）致使乡镇以上集中式饮用水水源取水中断十二小时以上的；

（七）致使基本农田、防护林地、特种用途林地五亩以上，其他农用地十亩以上，其他土地二十亩以上基本功能丧失或者遭受永久性破坏的；

（八）致使森林或者其他林木死亡五十立方米以上，或者幼树死亡二千五百株以上的；

（九）致使公私财产损失三十万元以上的；

（十）致使疏散、转移群众五千人以上的；

（十一）致使三十人以上中毒的；

（十二）致使三人以上轻伤、轻度残疾或者器官组织损伤导致一般功能障碍的；

（十三）致使一人以上重伤、中度残疾或者器官组织损伤导致严重功能障碍的；

（十四）其他严重污染环境的情形。

第二条 实施刑法第三百三十九条、第四百零八条规定的行为，具有本解释第一条第六项至第十三项规定情形之一的，应当认定为“致使公私财产遭受重大损失或者严重危害人体健康”或者“致使公私财产遭受重大损失或者造成人身伤亡的严重后果”。

第三条 实施刑法第三百三十八条、第三百三十九条规定的行为，具有下列情形之一的，应当认定为“后果特别严重”：

（一）致使县级以上城区集中式饮用水水源取水中断十二个小时以上的；

（二）致使基本农田、防护林地、特种用途林地十五亩以上，其他农用地三十亩以上，其他土地六十亩以上基本功能丧失或者遭受永久性破坏的；

（三）致使森林或者其他林木死亡一百五十立方米以上，或者幼树死亡七千五百株以上的；

（四）致使公私财产损失一百万元以上的；

（五）致使疏散、转移群众一万五千人以上的；

（六）致使一百人以上中毒的；

（七）致使十人以上轻伤、轻度残疾或者器官组织损伤导致一般功能障碍的；

（八）致使三人以上重伤、中度残疾或者器官组织损伤导致严重功能障碍的；

（九）致使一人以上重伤、中度残疾或者器官组织损伤导致严重功能障碍，并致使五人以上轻伤、轻度残疾或者器官组织损伤导致一般功能障碍的；

（十）致使一人以上死亡或者重度残疾的；

（十一）其他后果特别严重的情形。

第四条 实施刑法第三百三十八条、第三百三十九条规定的犯罪行为，具有下列情形之一的，应当酌情从重处罚：

（一）阻挠环境监督检查或者突发环境事件调查的；

（二）闲置、拆除污染防治设施或者使污染防治设施不正常运行的；

（三）在医院、学校、居民区等人口集中地区及其附近，违反国家规定排放、倾倒、处置有放射性的废物、含传染病病原体的废物、有毒物质或者其他有害物质的；

（四）在限期整改期间，违反国家规定排放、倾倒、处置有放射性的废物、含传染病病原体的废物、有毒物质或者其他有害物质的。

实施前款第一项规定的行为，构成妨害公务罪的，以污染环境罪与妨害公务罪数罪并罚。

第五条 实施刑法第三百三十八条、第三百三十九条规定的犯罪行为，但及时采取措施，防止损失扩大、消除污染，积极赔偿损失的，可以酌情从宽处罚。

第六条 单位犯刑法第三百三十八条、第三百三十九条规定之罪的，依照本解释规定的相应个人犯罪的定罪量刑标准，对直接负责的主管人员和其他直接责任人员定罪处罚，并对单位判处罚金。

第七条 行为人明知他人无经营许可证或者超出经营许可范围，向其提供或者委托其收集、贮存、利用、处置危险废物，严重污染环境的，以污染环境罪的共同犯罪论处。

第八条 违反国家规定，排放、倾倒、处置含有毒害性、放射性、传染病病原体等物质的污染物，同时构成污染环境罪、非法处置进口的固体废物罪、投放危险物质罪等犯罪的，依照处罚较重的犯罪定罪处罚。

第九条 本解释所称"公私财产损失"，包括污染环境行为直接造成财产损毁、减少的实际价值，以及为防止污染扩大、消除污染而采取必要合理措施所产生的费用。

第十条 下列物质应当认定为"有毒物质"：

（一）危险废物，包括列入国家危险废物名录的废物，以及根据国家规定的危险废物鉴别标准和鉴别方法认定的具有危险特性的废物；

（二）剧毒化学品、列入重点环境管理危险化学品名录的化学品，以及含有上述化学品的物质；

（三）含有铅、汞、镉、铬等重金属的物质；

（四）《关于持久性有机污染物的斯德哥尔摩公约》附件所列物质；

（五）其他具有毒性，可能污染环境的物质。

第十一条 对案件所涉的环境污染专门性问题难以确定的，由司法鉴定机构出具鉴定意见，或者由国务院环境保护部门指定的机构出具检验报告。

县级以上环境保护部门及其所属监测机构出具的监测数据，经省级以上环境保护部门认可的，可以作为证据使用。

第十二条 本解释发布实施后，《最高人民法院关于审理环境污染刑事案件具体应用法律若干问题的解释》（法释〔2006〕4号）同时废止；之前发布的司法解释和规范性文件与本解释不一致的，以本解释为准。

附录三 最高人民法院、最高人民检察院关于办理环境污染刑事案件适用法律若干问题的解释（2016）

（2016年11月7日最高人民法院审判委员会第1698次会议、2016年12月8日最高人民检察院第十二届检察委员会第58次会议通过，自2017年1月1日起施行。）

为依法惩治有关环境污染犯罪，根据《中华人民共和国刑法》《中华人民共和国刑事诉讼法》的有关规定，现就办理此类刑事案件适用法律的若干问题解释如下：

第一条 实施刑法第三百三十八条规定的行为，具有下列情形之一的，应当认定为“严重污染环境”：

（一）在饮用水水源一级保护区、自然保护区核心区排放、倾倒、处置有放射性的废物、含传染病病原体的废物、有毒物质的；

（二）非法排放、倾倒、处置危险废物三吨以上的；

（三）排放、倾倒、处置含铅、汞、镉、铬、砷、铊、锑的污染物，超过国家或者地方污染物排放标准三倍以上的；

（四）排放、倾倒、处置含镍、铜、锌、银、钒、锰、钴的污染物，超过国家或者地方污染物排放标准十倍以上的；

（五）通过暗管、渗井、渗坑、裂隙、溶洞、灌注等逃避监管的方式排放、倾倒、处置有放射性的废物、含传染病病原体的废物、有毒物质的；

（六）二年内曾因违反国家规定，排放、倾倒、处置有放射性的废物、含传染病病原体的废物、有毒物质受过两次以上行政处罚，又实施前列行为的；

（七）重点排污单位篡改、伪造自动监测数据或者干扰自动监测设施，排放化学需氧量、氨氮、二氧化硫、氮氧化物等污染物的；

（八）违法减少防治污染设施运行支出一百万元以上的；

（九）违法所得或者致使公私财产损失三十万元以上的；

（十）造成生态环境严重损害的；

（十一）致使乡镇以上集中式饮用水水源取水中断十二小时以上的；

（十二）致使基本农田、防护林地、特种用途林地五亩以上，其他农用地十亩以上，其他土地二十亩以上基本功能丧失或者遭受永久性破坏的；

（十三）致使森林或者其他林木死亡五十立方米以上，或者幼树死亡二千五百株以上的；

（十四）致使疏散、转移群众五千人以上的；

（十五）致使三十人以上中毒的；

（十六）致使三人以上轻伤、轻度残疾或者器官组织损伤导致一般功能障碍的；

（十七）致使一人以上重伤、中度残疾或者器官组织损伤导致严重功能障碍的；

（十八）其他严重污染环境的情形。

第二条 实施刑法第三百三十九条、第四百零八条规定的行为，致使公私财产损失三十万元以上，或者具有本解释第一条第十项至第十七项规定情形之一的，应当认定为“致使公私财产遭受重大损失或者严重危害人体健康”或者“致使公私财产遭受重大损失或者造成人身伤亡的严重后果”。

第三条 实施刑法第三百三十八条、第三百三十九条规定的行为，具有下列情形之一的，应当认定为“后果特别严重”：

（一）致使县级以上城区集中式饮用水水源取水中断十二小时以上的；

（二）非法排放、倾倒、处置危险废物一百吨以上的；

（三）致使基本农田、防护林地、特种用途林地十五亩以上，其他农用地三十亩以上，其他土地六十亩以上基本功能丧失或者遭受永久性破坏的；

（四）致使森林或者其他林木死亡一百五十立方米以上，或者幼树死亡七千五百株以上的；

（五）致使公私财产损失一百万元以上的；

（六）造成生态环境特别严重损害的；

（七）致使疏散、转移群众一万五千人以上的；

（八）致使一百人以上中毒的；

（九）致使十人以上轻伤、轻度残疾或者器官组织损伤导致一般功能障碍的；

（十）致使三人以上重伤、中度残疾或者器官组织损伤导致严重功能障碍的；

（十一）致使一人以上重伤、中度残疾或者器官组织损伤导致严重功能障碍，并致使五人以上轻伤、轻度残疾或者器官组织损伤导致一般功能障碍的；

（十二）致使一人以上死亡或者重度残疾的；

（十三）其他后果特别严重的情形。

第四条　实施刑法第三百三十八条、第三百三十九条规定的犯罪行为，具有下列情形之一的，应当从重处罚：

（一）阻挠环境监督检查或者突发环境事件调查，尚不构成妨害公务等犯罪的；

（二）在医院、学校、居民区等人口集中地区及其附近，违反国家规定排放、倾倒、处置有放射性的废物、含传染病病原体的废物、有毒物质或者其他有害物质的；

（三）在重污染天气预警期间、突发环境事件处置期间或者被责令限期整改期间，违反国家规定排放、倾倒、处置有放射性的废物、含传染病病原体的废物、有毒物质或者其他有害物质的；

（四）具有危险废物经营许可证的企业违反国家规定排放、倾倒、处置有放射性的废物、含传染病病原体的废物、有毒物质或者其他有害物质的。

第五条　实施刑法第三百三十八条、第三百三十九条规定的行为，刚达到应当追究刑事责任的标准，但行为人及时采取措施，防止损失扩大、消除污染，全部赔偿损失，积极修复生态环境，且系初犯，确有悔罪表现的，可以认定为情节轻微，不起诉或者免予刑事处罚；确有必要判处刑罚的，应当从宽处罚。

第六条　无危险废物经营许可证从事收集、贮存、利用、处置危险废物经营活动，严重污染环境的，按照污染环境罪定罪处罚；同时构成非法经营罪的，依照处罚较重的规定定罪处罚。

实施前款规定的行为，不具有超标排放污染物、非法倾倒污染物或者其他违法造成环境污染的情形的，可以认定为非法经营情节显著轻微危害不大，不认为是犯罪；构成生产、销售伪劣产品等其他犯罪的，以其他犯罪论处。

第七条　明知他人无危险废物经营许可证，向其提供或者委托其收集、贮存、利用、处置危险废物，严重污染环境的，以共同犯罪论处。

第八条　违反国家规定，排放、倾倒、处置含有毒害性、放射性、传染病病原体等物质的污染物，同时构成污染环境罪、非法处置进口的固体废物罪、投放危险物质罪等犯罪的，依照处罚较重的规定定罪处罚。

第九条　环境影响评价机构或其人员，故意提供虚假环境影响评价文件，情节严重的，或者严重不负责任，出具的环境影响评价文件存在重大失实，造成严重后果的，应当依照刑法第二百二十九条、第二百三十一条的规定，以提供虚假证明文件罪或者出具证明文件重大失实罪定罪处罚。

第十条 违反国家规定，针对环境质量监测系统实施下列行为，或者强令、指使、授意他人实施下列行为的，应当依照刑法第二百八十六条的规定，以破坏计算机信息系统罪论处：

（一）修改参数或者监测数据的；

（二）干扰采样，致使监测数据严重失真的；

（三）其他破坏环境质量监测系统的行为。

重点排污单位篡改、伪造自动监测数据或者干扰自动监测设施，排放化学需氧量、氨氮、二氧化硫、氮氧化物等污染物，同时构成污染环境罪和破坏计算机信息系统罪的，依照处罚较重的规定定罪处罚。

从事环境监测设施维护、运营的人员实施或者参与实施篡改、伪造自动监测数据、干扰自动监测设施、破坏环境质量监测系统等行为的，应当从重处罚。

第十一条 单位实施本解释规定的犯罪的，依照本解释规定的定罪量刑标准，对直接负责的主管人员和其他直接责任人员定罪处罚，并对单位判处罚金。

第十二条 环境保护主管部门及其所属监测机构在行政执法过程中收集的监测数据，在刑事诉讼中可以作为证据使用。

公安机关单独或者会同环境保护主管部门，提取污染物样品进行检测获取的数据，在刑事诉讼中可以作为证据使用。

第十三条 对国家危险废物名录所列的废物，可以依据涉案物质的来源、产生过程、被告人供述、证人证言以及经批准或者备案的环境影响评价文件等证据，结合环境保护主管部门、公安机关等出具的书面意见作出认定。

对于危险废物的数量，可以综合被告人供述，涉案企业的生产工艺、物耗、能耗情况，以及经批准或者备案的环境影响评价文件等证据作出认定。

第十四条 对案件所涉的环境污染专门性问题难以确定的，依据司法鉴定机构出具的鉴定意见，或者国务院环境保护主管部门、公安部门指定的机构出具的报告，结合其他证据作出认定。

第十五条 下列物质应当认定为刑法第三百三十八条规定的“有毒物质”：

（一）危险废物，是指列入国家危险废物名录，或者根据国家规定的危险废物鉴别标准和鉴别方法认定的，具有危险特性的废物；

（二）《关于持久性有机污染物的斯德哥尔摩公约》附件所列物质；

（三）含重金属的污染物；

（四）其他具有毒性，可能污染环境的物质。

第十六条 无危险废物经营许可证，以营利为目的，从危险废物中提取物质作为原材料或者燃料，并具有超标排放污染物、非法倾倒污染物或者其他违法造成环境污染的情形的行为，应当认定为“非法处置危险废物”。

第十七条 本解释所称“二年内”，以第一次违法行为受到行政处罚的生效之日与又实施相应行为之日的时间间隔计算确定。

本解释所称“重点排污单位”，是指设区的市级以上人民政府环境保护主管部门依法确定的应当安装、使用污染物排放自动监测设备的重点监控企业及其他单位。

本解释所称“违法所得”，是指实施刑法第三百三十八条、第三百三十九条规定的行为所得和可得的全部违法收入。

本解释所称“公私财产损失”，包括实施刑法第三百三十八条、第三百三十九条规定的行为直接造成财产损毁、减少的实际价值，为防止污染扩大、消除污染而采取必要合理措施所产生的费用，以及处置突发环境事件的应急监测费用。

本解释所称“生态环境损害”，包括生态环境修复费用，生态环境修复期间服务功能的损失和生态环境功能永久性损害造成的损失，以及其他必要合理费用。

本解释所称“无危险废物经营许可证”，是指未取得危险废物经营许可证，或者超出危险废物经营许可证的经营范围。

第十八条 本解释自2017年1月1日起施行。本解释施行后，《最高人民法院、最高人民检察院关于办理环境污染刑事案件适用法律若干问题的解释》（法释〔2013〕15号）同时废止；之前发布的司法解释与本解释不一致的，以本解释为准。

后 记

2021 年的春天来得有点晚，但终归是来了。在人间最美的四月，静静坐在电脑前，一幕幕回想过去几年发生的种种。距离上一本专著的出版已经过去了五年。有人说，人生就是一场告别，今天与昨天告别，现在的自己与过去的自己告别，当下与过往告别。然而，于很多人，最最难忘的，应该是 2020 年。于我，亦然。

刚刚过去的 2020 年，的确给世界带来了太多的冲击和改变。辐射到个人，这种改变也是“巨大”的。在曾经的期盼和规划中，我的 2020 年，应该是在日本的中央大学访学，2019 年忙活了大半年的各种英语培训和考试，以及项目申请等，一切准备皆为 2020 年 6 月 1 日的出国做铺垫。当万事俱备只需静候时间的到来时，等来的并不是计划的有序实施，而是夏天之后的“措手不及”。当然，当我回想我的 2020 年时，常常用的词，叫“低谷”。低谷本身并不代表什么，只是人生所处的某种“际遇”。当身边的所有人都看着我一切“顺风顺水”，似乎一切都很好的时候，我也只是默然一笑。就当曾经经历过的“坐卧不安”，各种身体不适，全都是在梦里。也许，一切过往皆为序章，一切过往该为序章！在此，特别感谢我的先生对我的包容、照顾、体谅和支持。正是因为有了他的关心和照顾，我才能顺利平稳，看起来一切如常地度过了 2020 年这个猝不及防的低谷，并顺利迎来了 2021 年的春天。

在 2021 年的春夏之交，迎来了我人生中的第三本专著。多少年来，学术渐渐成为我生活中很重要的一部分，是我生命中非常重要的精神享受。从小就酷爱读书的我，在不经意间爱上了文字这种简单而快乐的表达方式。当然，也是某种机缘巧合，之后的我，自觉不自觉地走上了学术的道路。有了学术陪伴之后的日日夜夜，灵魂似乎寻找到了某种归处。同时，也正是这种简单的喜欢和孜孜以求的追寻，让自己任何时候，即便身处陋室，只要有书为伴，依然能安之若怡。

坐在书堆中，嗅到阵阵书香。书架上博士毕业时的照片，时不时提醒我曾经在北京有过的追梦时光。放眼望向窗外，窗外旗山风景秀美，连绵不绝的山脉延伸到远方，让人不由得想到自己的家乡。顿时，一股暖流涌过，心底不由得生出欣喜和快乐来。从何时起，作为异乡的福州已在不知不觉中幻化成了故乡?! 此时，初夏的风吹过，凉爽爽的，像来自远方的亲人的问候。远眺群山层峦叠嶂，此情此景像极了儿时仰望苍穹，面对群山，梦想着有朝一日能跨越群山，将山峦踩于脚下，努力实现心中所想之初心。人生就像登山，只有通过努力攀登，付出辛苦和汗水，才能看到高处的美景。人也只有在用脚步丈量过生活的艰辛和苦涩之后，才能更懂得珍惜当下的美好和眼前人的温暖。

此时的我，静静地坐在电脑前，听着熟悉而欢快的键盘跳跃声，内心宁静而略带喜悦。再次回顾自己博士毕业后入职福州大学法学院以来的五年做了些什么？又有哪些是需要继续努力的？回望，代表了某个阶段的结束，也代表了某个征程的开始。尽管这五年，学术成果需要进一步提升，但某些方面的收获，还是值得庆幸的。谢谢我的学生们，在我最艰难的时候，给了我最贴心的关心和帮助。比如，最最贴心的范炎鑫同学。2020 年下半年，每次要去铜盘校区上课，她都会提早告知天气预报，嘱咐我多穿衣服，多保暖……还有，是她陪着我背 3 万余字的政治题，帮我梳理要点。在我“脑袋进水”的 2020 年下半年，虽然艰难，但还是较为顺利地拿到了 2020 年该拿的证。当熬过了最难的 2020 年，每每回想，内心都是温暖而幸福的，尽管的确艰难！在此，深表感激！

2021 年的春天，春暖花开。我和我的研究生黄雪颖、康志雄、黄郭良，在福州大学法学院我的办公室里，每天从早忙到次日凌晨。每每回想，真是感激。学生们会经常留言，“老师，有事你随时喊我，我都在！”我说，“好，谢谢！”黄郭良同学的实证研究，做得的确不错。我们在办公室里一边忙着整理、校对文字材料，一边深入研讨有关 MATLAB 软件数据化分析罪量与刑罚的关系。当我们到凌晨离开办公室，同学们不无兴奋地感叹与老师相处的学术收获和喜悦之时，郭良同学背包上不断晃动的青蛙玩偶，惹得我哈哈大笑！这些与学生们相处的愉快点滴，填补了过去两年成果较少的遗憾。大概，工作后的五年多时间里，也的确是因为花了较多心思在辅导学生上。不管是每年为研究生准备不一样的主题讨论，还是无数遍地反复修订批阅学生们的论文，都让我体会到作为一名老师的责任和艰辛。角色的变化，的确让我的生活发生了一些变化。但是，每每看到学生们发表论文，或者，学生毕业有了很好的就业去向，真是发自内心的欣喜。这种欣喜，的确不亚于自己专著出版时的开心。在此，也深深地感激我带过的每一个学生，谢谢他们陪伴我成长，给了我磨炼心性和提升自我的机会。从他们身上，我也不断地反观自己的优缺点，常常看到自己的不足，并不断提升。

在此，特别感激以下硕士同学：去年已经毕业的陈茹，以及在读的曾铮萤、范懿安、杜莉妤、黄境恒、李翠云、俞莲、赵晓旭、官国浩等。他们都曾在过去很长一段时间里，在我繁忙的教学和研究生涯中，帮我分担了一些具体的事务。

在此，表示感激！

此时此刻，记忆翻涌，要感激的人和事，太多！怕挂一漏万，也实在害怕泄露朋友们的隐私，在此，不再具体提及人名和具体事项。但是，感激的心，是永恒的。六年前，当我办完广西的各种手续，只身一人来到福州，手里提着各种重要的证件。那天，下飞机入住酒店的时候，才发现，正巧是自己的农历生日。人世间的事，蹊跷也好，巧合也罢！踏上福州这片土地，在这里安居乐业，开心而爽朗地笑；在这里，即便遇到低谷，一样从容平静地迈过。我们用信心和智慧圆融而坦然地面对世间的一切挑战，把生活给予的酸甜苦辣酝酿成一杯美酒，只待时间来见证。每每回望，不得不感叹，当初的选择竟然是另外一种美好的开始！同时，再次发自内心地感恩身边的亲友，让我在福州这个事实上的异乡，活成了带有美好记忆的"新故乡"！

未来的路还很长，愿时光不老，学术之树常青！愿我的恩师们，身体康健，在我想念他们的任何瞬间，拨通电话，依然能幸福地分享和讨论！愿我的学生们，都能学业有成，家庭事业双丰收！愿我的每一位朋友，都能得到上天的护佑，健康幸福地生活！

2021 年，希望是一个美好的开始。愿我和我的家人，2021 年之后的每一年，每一天，都能平安喜乐，其乐融融！走过 2020 年的低谷，煎熬过最难的瞬间。愿我们，在未来的日子里，感恩与努力同在！

愿每一个志存高远的人，既能翱翔苍穹，又能不忘初心，坚守本心！

漫漫人生路，学术伴左右！愿未来的日子，忘了 2020 年的煎熬，阻隔世俗的侵扰，能更幸福地翱翔书海，继续沉醉于心心念念的学术！

学术是一种快乐而艰辛的求索，感恩一路走来有家人、师长、友人、同事、学生们的关爱和体谅，让我能一路踏歌而行，平静而快乐地享受学术带来的美好和宁静！

感恩文字，让这个世界的美好，皆能留驻字里行间！

让文字记录下点滴美好，让我们在往后的生活中，继续开创新的美好！加油！

2021 年 4 月 20 日　于福州　旗山